- 마음과 짝하지 마라, 자칫 그에게 속으리니

마음과 짝하지 마라, 자칫 그에게 속으리니

【이지누의 폐사지 답사기 | 전남편】

저곳이 절집이었던가. 먼 곳의 탑은 어슷어슷 서 있는 나무들 사이로 그 모습을 내놓고 있다. 한 폭의 담채화 인 양. 곁에는 진달래가 피었는가, 옅은 물감을 흩뿌려놓은 듯 보랏빛 농담濃淡이 출렁이며 에워싸고, 새움이 터진 나뭇가지가 노랗게 물들어 바람에 흔들리고 있다. 아! 이처럼 경건한 헌화공양을 어디에서 또 만날 수 있을까. 애써 모른 척, 딴 곳을 보고 있어도 삽시간에 달려든 그 아련한 정경이 너무도 그리워 고개를 다시 그곳으로 돌리지 않을 수 없다.

글·사진 이지누

들어가는 글
아름다운 남도에서 읊는 시대정신

　　몇 해 전 여름, 천운당天運堂 상원대종사尙遠大宗師의 다비식이 치러진 두륜산 대흥사에 다녀왔다. 연화대는 일주문 곁에 마련되었고 영결식은 절 마당에서 엄수됐다. 영결식장에서 연화대까지는 겨우 300미터 남짓한 거리여서 식이 끝나자마자 만장 행렬이 이어진 듯 만 듯, 순식간에 연화대는 불길에 휩싸였다. 해거름이 가까워오자 불길이 사그라지는 연화대 주위에는 대여섯 스님들의 독송 소리만 텅 빈 하늘에 울려 퍼졌다. 모든 생각을 그친 채 망연히 연화대 주변을 오가던 나는 퍼뜩 놀라 걸음을 멈췄다. 일주문에서 부도전浮屠殿으로 이어지는 길섶에 듬성듬성 치자꽃이 피어 있었기 때문이다. 지금은 폐사가 된 원주 거돈사에 머물며 선교일치禪教一致를 주장했던 원공국사圓空國師 지종(930~1018)은 수행할 당시 담복 향기 말고는 맡지 않았다고 한다. 그 말을 떠올리며 나 또한 치자꽃 향기를 흠씬 들이마시려고 이 꽃 저 꽃 옮겨 다니며 코를 들이대고 눈을 지그시 감았다. 한 시간 남짓, 짙은 치자꽃 향기에 취했다가 정신을 차리고 공부방으로 돌아왔다. 먼 길이었지만 꽃향기 덕분인지 몸은 가벼웠고 마음마저 경쾌해질 만큼 행복했다.

　　전라남도에 다녀올 때면 몸과 마음을 가리지 않고 언제나 행복한 순간들로 충만해지곤 했다. 걸음을 나눴던 장소가 온전한 절집이거나 피폐한 폐사지여도 상관없는 일이다. 드문 경우지만, 그 장소가 아름답지 않았다고 할지라도 그곳에 깃들어 살았던 사람들조차 아름답지 않았던 곳은 없다. 이 책에 실린 아홉 군데의 폐사지들 거의가 그렇다. 스스로 빼어난 풍광을 뽐내는 곳이 있는가 하면, 가슴 아플 정도로 피폐한 모습인 곳들도 있다. 하지만 그 어디라도 그곳에 깃들었던 스님까지 아름답지 않은 곳은 없다. 그들이 남긴 말 한마디 그리고 행동 하나하나가 지극히 아름다워 되뇌며 흉내 내고 싶은 마음이 들 정도다. 더구나 자연이 아름다운 곳에 그에 버금가는 아름다운 스님들까지 함께 머문 곳들도 있었으니, 그런 곳에 다녀온 날이면 벅찬 가슴을 달래기가 만만찮았다.

그중 선종禪宗을 태동시킨 구산선문九山禪門의 사찰들이 폐사지로 남지 않고 온전한 절집의 모습을 갖추고 있는 것은 인상적이다. 가지산문迦智山門인 장흥 보림사와 동리산문桐裡山門인 곡성 태안사가 전라남도에 소재한 구산선문 사찰이다. 두 곳 모두 1980년대와 1990년대 들어 중창불사를 일으켜 지금의 모습을 갖췄다. 이는 강원도나 충청도의 구산선문 사찰들이 폐사지가 되어버린 것과 대조적인 모습이기에 더욱 아름답게 보인다.

전라남도는 나말여초에 구산선문의 성립에 큰 영향을 미친 지역으로, 이곳의 완도 청해진을 통해 선종 불교가 한반도로 유입되었다. 또한 고려시대에 접어들어서는 선종과 교종을 따로 구분하지 않고 회통하려는 결사結社운동이 벌어진 곳이기도 하다. 지리산 오대사의 수정결사水精結社와 널리 알려진 조계산 수선사修禪社의 정혜결사定慧結社, 그리고 강진 만덕산의 백련결사白蓮結社가 그것이다. 물론 세 곳 모두 같은 주장을 한 것은 아니다. 그중 대표적이라고 할 수 있는 정혜결사는 선종과 교종을 아우르는 새로운 불교운동을 주창한 시대정신이었다고 할 수 있다. 이러한 결사운동이 모두 전라남도 땅에서 이루어졌거나 꽃을 피웠다는 점에 주목할 만하다. 그리고 이때 유불을 가리지 않고 결사에 참가한 고려의 유자儒者들은 모두 내로라하는 선비이자 정치가들이었다. 이들은 수선사나 백련사에 입사하기는 했으나 개경과는 멀리 떨어진 지리적인 조건 때문에 실제로 사찰에서 수행을 하는 적극적인 참여는 하지 못했다. 하지만 그로 인해 태동된 또 하나의 흐름이 고려 전기에 유행하기 시작한 거사불교居士佛敎라고 할 수 있다.

　조선 후기에는 두륜산 대흥사를 중심으로 불유동원佛儒同原의 사상들이 확산되기 시작하는 독특한 현상이 나타난다. 이는 전라남도가 중앙정부와 멀리 떨어진 곳이어서 가능했던 일로 유자들의 유배가 잦았기 때문이다. 이 무렵 대흥사를 중심으로 수행을 하던 스님들은 선종보다는 교종에 뜻을 두고 있었다. 당시 스님들은 하안거와 동안거 시기에도 참선에 들지 않고 안거를 하며 화엄 강의를 90일 동안 이어가곤 했다는 이야기가 전하기도 한다.

　이와 같이 화엄 수행에 매진하던 스님들과 유배 온 유자들은 서로 사상을 교섭하는가 하면 논쟁을 벌이기도 하고, 스님들이 유가의 경전에 매료되는가 하면 유자들 중 불가에 귀의하는 이들도 생겨나곤 했다. 이는 당시 지식사회의 변화를 예고하는 것이었다. 전라남도, 특히 해남을 중심으로 하는 이러한 변화는 전라남도가 한반도에 새로운 사상을 전개하는 중심지 역할을 하는 곳이었다는 뜻이기도 하다.

나말여초에 완도를 중심으로 선종 불교를 받아들임으로써 기존의 교종과는 다른 새로운 사상을 진작시켰는가 하면, 고려시대에는 불교 자체로서 선교양종兩宗의 회통을 꾀하려는 움직임이 강하게 일어났다. 또 조선 후기에는 대흥사를 중심으로 선종과 교종을 구분하지 않고 둘 다를 하나로 받아들이는 것은 물론 유교와의 교류도 서슴지 않았다. 이는 기존 사회에 새로운 기운을 불어넣는 신선한 계기가 되었다. 전라남도의 폐사지를 거닐며 되새겨야 할 것은 이와 같은 신선한 시대정신이다.

남도가 이렇듯 긴 세월 동안 시대정신이 움튼 특별한 곳이 될 수 있었던 까닭은 지역민들의 호방한 성격 때문이기도 하겠지만 지리적인 조건이 강하게 작용했기 때문이다. 남도는 불교문화가 활발히 꽃을 피우던 통일신라시대부터 중앙정부인 경주와는 동떨어진 곳에 위치해 있었다. 또한 고려의 개경, 조선의 한양과도 멀리 떨어져 있어 중앙정부의 직접적인 통제 사정거리 안에 단 한 차례도 있지 않았다. 물론 그 때문에 경제나 문화적인 측면에서는 낙후되었지만 오히려 사상은 분방할 수 있었다. 이에 따라 불교사상은 물론 불교미술 또한 여타 지역과는 다른 모습을 보인다. 이처럼 기존 질서와는 다른 불교문화는 우리들을 더욱 풍성하게 만들어주는 단비와도 같은 존재다. 그렇기에 남도는 아름답다.

2012년 봄,
무빙재無憑齋에서 이지누

차례

들어가는 글 | 아름다운 남도에서 움튼 시대정신 _005

【1장】 **진도 금골산 토굴터** | 귀양살이 선비의 쓸쓸한 암자순례

새벽하늘에 피어난 하얀 꽃 _014
선비가 읊은 게偈 _021
마애불 앞에서 해원을 빌다 _032

● 금골산 삼굴 _041

【2장】 **장흥 탑산사터** | 화엄이 잡화雜花려니, 천관산에 피었구나

동살에 물든 아육왕탑, 구름이 뒤덮고 _046
설화는 설화일 때 가장 아름다운 법 _055
바람 소리마저 천관보살의 설법 같구나 _058
화엄이 은빛 억새가 되어 온 산에 가득하네 _063

● 천관산 탑산사터 _073

【3장】 **벌교 징광사터** | 내 몸을 새와 짐승들이 마음대로 먹게 하시오

수조엽락이면 체로금풍이라 _080
백대의 원수가 되려면 나를 다비하시오 _085
철감국사가 쉬면서 선법을 닦던 곳 _092
맑은 선풍이 에워쌌던 선종 사찰 _099
염불이나 선은 같은 것이라네 _105
가혹한 종이 부역으로 절을 떠난 스님들 _109
유불은 서로 다르지만 또 같은 것 _119
중도 선비도 아닌 초의선사 _123

● 금화산 징광사터 _129

【4장】 화순 운주사터 | 그대, 어찌 이렇게 아름다운가

절인가 하면 절터이고, 절터인가 하면 절이네 _ 136
진한 여운이 넘실거리는 현재진행형 _ 144
법당이 된 쌍배불감과 추석 때의 난장 _ 151
운주사의 두 축, 천불천탑과 쌍배불감 _ 160
전체가 하나를 이뤄 큰 너울이 되었네 _ 169

● 천불산 운주사터 _ 177

【5장】 영암 용암사터 | 누가 눈물겨운 그곳에 절집을 지었는가

먼 곳에서만 보이는 절터의 본래면목 _ 184
애써 모른 척해도 이내 그리워지는 _ 189
산중에 은거 중인 절터와 마애불 _ 195
불교를 비방하는 것이 곧 유교를 비방하는 것이다 _ 202
유성이 흐르듯, 불꽃이 튀듯 수행하라 _ 208
높이 계신 까닭은 구름을 타고 하생하려는 것인가 _ 212
특이한 1마애불 쌍탑의 가람 구조 _ 221
모질게도 잊히지 않는 붉은 노을빛 _ 225

● 월출산 용암사터 _ 229

【6장】 영암 쌍계사터 | 아름다운 천축대를 감쌌을 화엄의 물결

퉁방울눈과 주먹코를 지닌 순박한 돌장승 _ 236
화엄의 종장들이 모여든 그윽한 골짜기 _ 244
땀을 흘린 불상과 탑에 묻은 햇살 _ 249

● 영암 쌍계사터와 성풍사터 _ 258

【7장】 강진 월남사터 | 혜심이 연못 속에 노닐던 중을 우연히 만나다

공명이란 하나의 깨질 시루이네 _ 264
저 위, 저 건너 혹은 고개 너머 _ 272
전체로 살고 전체로 죽다 _ 276
존재하는 모든 것을 아우르는 힘 _ 279

◉ 월출산 월남사터 _ 286

【8장】 곡성 당동리 절터 | 그릏께 저 팔 옆에도 아그들이 안 달라붙었소

젓갈처럼 짭짤한 보성강 풍경 _ 294
이것이 강인가, 아니면 술인가 _ 299
그 어느 근사한 대웅전의 부처님이 이만하실까 _ 304
"거그가 어덴지는 우덜도 모르제" _ 314

◉ 곡성 당동리 절터 _ 319

【9장】 무안 총지사터 | 씻김을 벌여야 하나, 수륙제를 치러야 하나

무뚝뚝하게 서로의 연꽃 방죽을 거닐다 _ 326
옴 마니 반메 홈 _ 330
촌옹의 분개, 그리고 권세가들의 탐욕 _ 338
사람이나 사물이나 지켜야 할 제자리가 있다 _ 341
민간신앙과 불교의 만남, 돌장승 _ 346
"묵고 살라고 안 그랬소, 땅이라도 파 묵어야지." _ 350

◉ 무안 총지사터 _ 359

【1장】
진도 금꼴산 토굴터

―

귀양살이 선비의 쓸쓸한 암자순례

❋

새벽하늘에 피어난 하얀 꽃

선비가 읊은 게偈

마애불 앞에서 해원을 빌다

새벽하늘에 피어난 하얀 꽃

사람들이 입을 모아 남도로 가는 길이 좋아졌다고 말한다. 그 말을 듣고 생각해보니, 어느 순간부터 남도는 '공사 중'이었다. 뻥 뚫린 고속도로 덕분에 진도에 다다르는 물리적인 시간은 분명 줄어들었다. 하지만 마음의 시간만큼은 줄지 않았다. 여전히 멀기만 한 그곳, 진도의 금골산에 오르기 위해 겨울이 지나가기만을 기다렸던 적이 있다. 바늘 하나 꽂을 틈도 없이 빼곡하게 쏟아지던 눈을 맞으며 진도의 겨울을 걸어보지 않은 것도 아니다. 황홀한 노을에 취해 짙은 구름이 노을의 끝자락을 삼킬 때까지 한덩이 바위라도 된 양 자리를 지켰던 적도 있다. 그럼에도 들썩이는 엉덩이와 드잡이라도 하듯 실랑이를 벌이며 봄을 기다렸다. 논틀밭틀에 가득 피었을 보랏빛 자운영이 빚어내는 황홀한 정경을 떠올리며 말이다. 막 배동 선 청보리가 일렁거리는 모습도 눈에 밟혔다. 결국 아지랑이가 남기嵐氣처럼 대지를 뒤덮은 날, 목포를 지나 강진 언저리로 달려갔다.

길섶부터 산기슭까지 보리밭은 흔해 빠졌다. 때마침 한더미의 바람이 배동이 서기 시작한 보리를 희롱하며 지나가자 묘한 소리가 뒤따랐다. 귀 기울여 들으니 저희들끼리 서로 몸을 부딪는 소리다. 세상에 존재하는 모든 소리가 몸짓이나 동작을 머금고 있지 않던가. 보리밭도 마찬가지다. 보리밭에서 소리가 날 때마다 신기루가 펼쳐지는 것같이 황홀했다. 청보리가 은빛 물결을 이루었다가 금세 푸른 물결이 되곤 했다. 그 아름다운 정경은 나 자신이 수년 동안 두타행을 이어오는 순례자라는 사실도 잊게 할 만큼 매혹적이었다. 보리밭에 취한 것도 잠시, 넋을 잃은 돌장승이 된 것처럼 논틀에 우뚝 서버렸다. 발걸음이 돌덩이처럼 천근만근이 되어 도무지 뗄 수가 없었다. 그 까닭은 청보리와 바람의 유희가 자아내는 고혹적인 아름다움 때문만은 아니었다. 하필이면 보리밭을 거니는 내 앞의 논 두둑에 지천으로 피어난 보랏빛 자운영 때문이다.

참 아름다웠다. 그것 말고 눈앞에 펼쳐졌던 정경을 달리 표현할 문장력이 내게는 없다. 더구나 그 정경은 다른 미사여구로 치장할 필요조차 없이 빼어났다. 이미 지나칠 만큼 아름다운데 그 이상 형용할 무엇이 더 필요할까. 군더더기 같은 감상을 주저리주저리 늘어놓는 것 또한 무슨 소용일까. 무량한 햇살은 산하대지에 맑게 부서지고, 투박한 자태로 유혹하는 자운영 그리고 갖은 몸짓으로 일렁대는 청보리가 펼쳐지지 않았는가. 그때 알았다. 옛사람들이 툭하면 '풍경에 취한다'고 했던 까닭을 말이다. 그토록 흠씬 남도의 봄에 젖어버렸는데 어찌 절터로 향하는 걸음을 서붓서붓 뗄 수 있었겠는가. 그저 논 두둑을 미친 듯이 쏘다녔을 뿐, 흥에 겨운 걸음을 절터가 있는 진도를 향해 성큼 옮기지 못했다.

미필적 고의의 냄새가 진하게 풍겼지만 기어코 진도를 코앞에 두고 하룻밤

농익은 봄, 다보록하게 피어난 자운영꽃이 수놓은 남도의 논틀은 강력한 자석과도 같다. 그 앞에 설 때마다 섣불리 발길을 뗄 수 없었다. 꽃도 아름답지만 꽃을 품은 남도가 더욱 아름답기 때문이다.

을 묵고 말았으니, 만행卍行이 더디고 더딘 만행漫行이 되어버렸다. 그러나 만행卍行이 만행漫行이며, 만행漫行 또한 만행卍行이다. 내 안의 부처를 찾아가는 길에 서두를 일이 무엇이겠는가. 운이 따라 내가 부처를 이루어 법어를 한다면, 오늘 마주한 아름다운 남도의 봄에 대해 말할 것이다. 그리하면 모든 불보살들과 신장들까지 전각에서 걸어 나오지는 않을까. 꽃길을 걷다가 저마다 마음에 맞는 양지뜸에 우뚝 서거나 큰 바위로 들어가 머물면서, 산하대지와 들판을 바라보는 석불상이나 마애불상이 되지는 않을까. 터무니없는 허튼 생각이 끝 모르고 이어질 만큼 아름다운 남도가 앞에 펼쳐져 있었다.

　이튿날, 머뭇거린 만큼 서둘렀다. 한치 앞도 보이지 않는 어둠을 헤치고 금골산 정상에 오르자 굼뜬 태양이 그때서야 먼 하늘을 물들이고 있다. 바다에서 불어온 거친 바람이 하늘의 먼지를 씻어내고 있었던 것인가. 하늘이 맑아질수록 새벽노을은 더욱 붉게 타올랐다가 일순간에 스러졌다. 그날 모질게 불어대던 바람을 정상에서 돌계단을 따라 내려간 굴속에서 피했다. 산 정상부는 온통 바위투성이었고 군데군데 움푹하게 파여서 크고 작은 자연 굴을 만들어놓은 기묘한 모습이다. 내가 머물렀던 굴은 깊숙하지 않고 움푹하게 파인 정도일 뿐이어서 굴이라고 하기에도 마땅찮고, 또 아니라고 할 수도 없는 모습이었다. 그곳에도 바위에 잇대어 전각이 있었다고 전한다. 그러나 흔적이라고는 겨우 바닥에 뚫린 둥근 구멍 하나가 전부다. 짐작컨대, 흔히 생각하는 금당金堂과 같이 버젓한 전각이 아니라 비바람을 가릴 수 있을 정도의 움막과도 같은 것이었으리라.

　그렇게 옹색한 그곳에는 나만 바람을 피하고 있는 것이 아니었다. 부처님

동굴東窟에 다다라 마주한 봄 해다. 내 보기에 이른 봄 해는 돈오頓悟이고, 늦가을 해는 점수漸修다.

한 분이 바위에 덩그마니 새겨진 채, 바다에서 곧추 떠오르는 해를 바라보며 바람을 피하고 있었다. 소금기를 잔뜩 머금은 해풍은 거칠었지만 차갑지는 않았다. 부처님이 새겨진 바위 벽에 부딪치고 그 아래 웅크리고 있는 내게로 다가올 때쯤에는 오히려 훈훈하기까지 했다. 그 바람을 맞으며 무작정 앉아 있었다. 비록 야트막한 산이지만 수직에 가까운 경사여서 저 아래는 까마득하게 보이고 고개를 돌리면 바다까지 한눈에 들어왔으니, 그 어느 곳에 또 이런 자리가 있을까 싶어 쉽사리 움직이지도 못했다.

그렇게 하루를 노닐다가 떠나온 그곳으로 다시 가는 지금은 늦가을이다. 여전히 새벽이슬조차도 마르지 않은 시간, 진도 읍내는 짙은 안개에 잠겨 있고 밤새 차창에 내려앉은 안개는 호된 추위에 시달려 꽁꽁 얼어 있었다. 날씨 때문일까, 아니면 어제 치러진 진도씻김굿의 탁월한 전승자였던 무형문화재 제72호 고故 박병천 선생의 장례식 여운이 채 가시지 않은 때문일까. 내 마음 또한 차창처럼 얼어붙어 있기는 마찬가지다. 박 선생의 구성지면서도 기품 넘치던 소리와 북춤은 이제 더 이상 듣고 볼 수 없는 것이 되고 말았다는 아쉬움이 컸다. 종일 장례 행렬을 뒤따르며 처연해졌던 마음은 밤이 지났음에도 추슬러지지 않았다. 어쩌겠는가. 해장국 국물은 한 방울도 남기지 않았으며 김밥 두 줄까지 챙겨서 산으로 향했다.

안개 자욱한 길을 달려 금골산 아래에 다다르자 곧추 선 바위 벽이 앞에 있어야 하건만, 아무것도 보이지 않았다. 산 아래는 안개가 더욱 짙어 아예 산을 삼켜버린 것 같았다. 더구나 먹물을 뿌려놓은 것처럼 짙은 어둠마저 더하니 어디가 어디인지 가늠조차 하기 힘들었다. 저어하며 선뜻 산으로 들어서기를 머뭇거렸다. 얼마의 시간이 지나고 마주 보이는 첨찰산의 능선이 벌건 새벽노을로 달아오르는 것을 보고서야 산길에 들어섰다. 길은 온통 감장 물감을 풀어놓은 듯, 멀고 가까운 것은 물론 높고 낮은 것조차 구분하기가 쉽지 않았다.

엉금엉금, 10분이나 걸었을까. 큰 굽이를 돌아서다가 자지러지는 비명을 삼키며 그 자리에 멈춰 서고 말았다. 순간 가슴은 헐떡거리고 벌어진 입을 다물지 못했다. 벅차오르는 가슴에 환하게 열려버린 동공은 닫히지 않았고 마치 상고대를 뒤집어쓴 한 그루 깡마른 나무처럼 그 자리에 서 있을 뿐, 꼼짝도 하지 못했다. 푸른 기운 짙은 새벽하늘에 붉다 못해 하얗게 타버린 한 송이 꽃이 피어 있었던 것이다. 탐스러운 백련白蓮이나 덩치 큰 모란보다도 더 큰 송이로 피어 있는 그것은, 보름달이었다.

등 뒤로는 붉은 새벽노을이 타오르고 눈앞에는 둥근 보름달이 하얗게 비추고 있으니, 수미산의 새벽이 이랬을까, 무릉도원의 새벽이 이럴까. 난데없이 맞닥뜨린 환희로운 정경 앞에서 마음이 흔들리지 않을 자, 그 누구이겠는가. 절로 마음이 흔연해 나도 모르게 입가에는 미소가 번졌고 순간 감사하다는 마음이 불끈 치솟았다. 부처님, 그가 아니었다면 어찌 순례자의 발길이 이 시간, 이곳에 닿았을까 싶었다. 그러나 빤히 바라보지는 못했다. 하얀 달을 바라보고 있자면 등 뒤의 새벽노을이 궁금하고, 그곳으로 고개 돌리면 하얀 함박꽃처럼 피어 있는 달이 이내 기울고 말 것 같아서 안절부절 어쩔 줄 몰랐다.

선비가 읊은 게偈

삭발한 머리 위로 한줄기 서늘한 바람이 지나가자 마음은 절로 추슬러졌고

동살에 환한 모습으로 나투시는 부처님, 그가 새겨진 바위 모습이 워낙 독특해 신비로움마저 감돈다.

그때부터는 달을 등졌다. 낙엽 깔린 산길에는 달빛이 빚어내는 나무 그림자가 묻어 있는 내 모습도 있었다. 얼마 만인가. 달빛에 옅은 그림자를 이끌며 걸어본 적이 말이다. 가뭇없이 사라져간 기억을 떠올리며 오른 정상에서 숨을 고를 틈도 없이 더듬더듬 깎아지른 듯 아찔한 절벽을 내려서기 시작했다.

조심스럽기만 한 걸음은 가파른 경사의 절벽에 파놓은 돌계단을 디딘 채 또다시 멈추고 말았다. 한 시간이 넘게 푸른 하늘을 달구던 해가 첨찰산 등성이 너머로 슬그머니 고개를 디밀기 시작했기 때문이다. 겨울이 코앞인 늦가을의 해는 지난봄에 마주했던 해와는 달랐다. 봄에는 바다에서 솟구치더니 이번에는 산등성이 위로 뜨고 있다. 다른 것은 그뿐만이 아니다. 봄의 해가 돈오頓悟라면, 오늘 해는 점수漸修에 가깝다. 지난봄에 마주친 해는 솟아오르는 것도 금세였지만 떠올라서도 이내 발끈하며 대지를 밝히고 뜨겁게 타올랐다. 하지만 오늘 해는 오래도록 산등성이를 달구는 것은 물론 점차 하늘을 물들인 후, 차츰차츰 산하대지로 번져나가며 자연이 지닌 본연의 색을 되찾아주고 있었다. 산등성이 위로 완연히 해가 솟아오르고 나서야 불편하게 서 있던 발을 떼어 한 걸음 더 내려섰다.

장관이다. 부처님은 물론 모든 바위들이 서기瑞氣가 드리운 양 붉게 물들어 환희로운 장면을 내놓고 있었다. 그뿐 아니다. 소슬한 금풍金風에 제 모습 드러내기 시작한 숲과 함께 발아래 넘실거리는 안개마저 붉었으니, 순례자인들 붉게 물들지 않을 수 있었겠는가. 온통 붉게 젖은 몸을 하고는 서둘러 바위틈에 향을 꽂아 사르고 붉은 부처님을 향해 절을 했다. 그러고 나서 대지를 물들이던 붉은 기운이 사라질 때까지 바람을 피해 동굴 구석에 웅크리고 앉았다.

그렇다고 무릎에 얼굴을 묻고 앉아서 부처님만 생각한 것은 아니다. 오히려 머릿속에는 갓 서른 즈음이었을 한 사내의 모습이 맴돌았다. 사실 이곳에 토굴과도 같은 암자터가 있다는 사실을 알게 된 것은, 그가 쓴 글 한 편을 읽고 난 후였다. 〈금골산록金骨山錄〉이라는 글은 그의 문집인 《망헌유고忘軒遺稿》에 실려 있다. 그 글을 통해 금골산에 상굴上窟과 동굴東窟 그리고 서굴西窟이 있었으며, 세 굴 모두에 불전佛殿이 버젓하게 있었다는 사실을 알았다. 지금은 마애불이 새겨진 동굴만 그 흔적을 찾을 수 있을 뿐, 상굴과 서굴은 짐작으로만 가늠할 수밖에 없는 지경이다.

일반적으로 섬에서 찾을 수 있는 불교의 흔적은 그리 많지 않다. 따지고 보면 험한 뱃일과 바다 일을 하는 사람들이 기대기에는 불교보다는 민간신앙이 제격일 수 있다. 그들은 삶의 터전인 바다를 향해 제를 올리며 풍어를 기원해야 하며, 바다에서 죽어 간 영혼들을 달래야 하기 때문이다. 그러므로 나라 안에 있는 모든 섬에서 아직도 불교보다는 민간신앙인 굿과 같은 것들이 성행한다. 그러니 이곳 금골산은 섬에서 찾은 불교 유적의 보고라고도 할 수 있기에 멀다 않고 찾아든 것이며, 이곳까지 발길을 나눌 수 있는 계기를 만들어준 그에게 고마운 마음이 크다.

그의 호는 망헌忘軒, 이름은 이주(?~1504)다. 그는 지금으로부터 500여 년 전인 1502년 10월, 이곳에 올라 지금의 나처럼 부처님 앞을 서성거린 것은 물론이고 무너져가는 전각에 몸을 뉘이기도 했으며 동행한 스님들과 시문을 읊조리기도 했다. 스스로를 '조롱에 갇힌 새'라고 했던 그는 진도로 유배를 온 처지였다. 그가 유배를 온 때는 연산군이 집권한 시절이던 1498년 7월이다. 무오

늦가을에 다시 동굴에 올랐다. 굼뜬 해는 불쑥 솟아오르지 못하고 머뭇거렸다.

사화 당시 정언正言이었던 그는 '성종은 내 임금이다成宗吾君'라는 발언을 서슴지 않았다.《연산군일기》에 따르면 그를 잡아들인 연산군은 추관推官을 시켜 심문했는데, 그는 '성종은 내 임금이다'라는 말만 되풀이했다고 한다.

> 추관이 이주에게 묻기를 "네가 성종을 일러, '내 임금이다'라고 했다면 금상은 유독 네 임금이 아니란 말이냐?" 하니, 이주는 말하기를 "《맹자》에 '내 임금이 놀지를 못하면'이란 대목이 있고, 또 '내 임금의 아들'이란 말이 있기 때문에 신도 역시 성종을 내 임금이라 이른 것이옵니다" 하므로, 상은 명하여 고쳐 묻게 했는데 이주의 대답은 전과 같았다.
> 推官問李胄曰 "爾謂成宗爲吾君則今上獨非爾君歟?" 胄曰《孟子》有云 '吾王不豫' 又云 '吾君之子' 故臣亦謂 '成宗爲吾君' 也" 上命改問, 胄對如前

이주는 왕 앞에서도 기개를 굽히지 않은 강직한 인물이다. 그러나 그 일로 대사헌 강귀손姜龜孫(1450~1505)으로부터 탄핵을 당했으며 점필재佔畢齋 김종직(1431~1492)의 문인으로 연루되어 1504년 4월 제주로 옮겨가기까지, 진도는 그의 유배지였다. 그해 10월, 연산군의 명령으로 서울로 압송된 이주는 군기사軍器寺 앞에서 백관이 지켜보는 가운데 효수전시梟首傳屍의 극형을 받고 죽음에 이르렀다. 그뿐 아니다. 이주의 아버지 또한 부관참시를 당했는가 하면 그의 자녀들은 노역에 동원되는 정역定役을 선고받았다. 또 그의 동생 이육李育은 경북 청도로 도망을 가고 막내인 이려李膂는 거제도로 유배를 갔으니, 집안이 풍비박산이 난 것이다. 그런 그가 금골산에 오른 까닭은 진도로 내려온 지무려 4년여가 지났지만, 사면령을 받아 풀려나지 못한 처지를 비관해서다. 다른 죄인들은 1502년에 죄를 사면받고 풀려났는데 말이다.

> 무오년(1498) 가을에 나는 죄를 짓고 이 섬으로 귀양살이를 왔다. 그해 겨울에 이 산을 둘러보고, 이른바 삼굴이 있다는 것을 알게 되어 마음에 기억해두었다. 4년이 지난 임술년(1502) 가을 9월에 왕세자를 책봉하고 이날 나라 안에 큰 사면령을 내렸는데, 유독 무오년 한때에 죄를 입은 신하들은 용서해주는 줄에 끼지 못했다. 나는 탄식하여 사군자가 이 세상에 나면 반드시 충효로써 세상에 기여하기를 스스로 바라는데, 지금 나는 죄악이 자못 깊어 조정에서 버림받은 물건이 되었으니, 신하 노릇을 하고 싶지만 임금에게 충성할 수도 없고, 자식 노릇을 하고 싶지만 부모에게 효도할 수도 없었다. 형제와 붕우, 처자가 있지만 또한 형제와 붕우, 처자와 즐거움을 가져보지도 못하니, 나는 사람의 무리가 아니라는 생각이 들어 더욱 이 세상을 살아갈 뜻이 없었다.
>
> 歲戊午秋 胄以罪謫來島上 其冬 遍觀此山 得所謂三窟者 心記之 越四年壬戌秋九月 册封王世子 是日 大赦國中 獨戊午一時被罪縉紳之士 不在原例 余私自訟日 士君子 生斯世 必以忠孝自期 今我罪惡深重 爲聖朝棄物 欲爲臣而不得忠於君 欲爲子而不得孝於親 有兄弟朋友妻子 而又不得兄弟朋友妻子之樂 吾非人類也 忽忽益無人世意_〈금골산록〉 부분

자신의 처지를 비관한 이주는 산에 올라 23일 동안 머물렀다. 그때의 일을 꼼꼼하게 기록한 것이 〈금골산록〉이다. 글에 의하면 금골산 아래에는 이미 폐

사가 된 해원사海院寺와 9층석탑이 있었다. 그리고 산에는 세 개의 굴이 있는데, 기슭에 있는 것이 서굴이었다. 서굴에는 일행一行이라는 스님이 향나무로 16나한을 깎아 모셨으며 굴 곁으로 따로 고찰 67칸이 있어 다른 스님들이 머물렀다고 한다. 그곳에서 정상으로 오르는 길이 험하기 짝이 없어 정상에 거의 다다라서는 돌을 포개어 만들어놓은 계단 13칸을 올라야 한다고 했으니, 지금의 등산로와는 다른 길이다. 요새는 산 정상까지 돌계단을 오르는 수고 없이 수월하게 다다를 수 있다. 더불어 67칸이나 되는 전각이 있었다고 하는데, 그만한 공간이 어디에 있었는지도 종잡을 수 없다. 웃자란 나무들이 뒤덮어버렸는지 두어 차례 산 아래의 바위 언저리를 맴돌았지만, 아무리 찾아도 내 눈에는 보이지 않았다.

　산 정상에 대한 묘사는 지금과 다르지 않다. 이주는 정상 부근에서 아래를 내려다보면 눈 둘 곳조차 없는 벼랑이어서 현기증이 일어날 지경이라고 했다. 상굴은 정상에서 동쪽으로 더 나아가 벼랑에 파놓은 계단 12칸을 내려가 다시 열 발자국쯤 가면 다다를 수 있다고 했다. 그가 말하기를 "굴이 중봉 절정의 동쪽에 있어 기울어진 비탈과 동떨어진 벼랑이 몇 천 길인지 알 수 없으니, 원숭이같이 빠른 동물도 오히려 지나가기 어려울 정도다"라고 했는데, 그 난감함은 지금도 매한가지다. 그가 힘겹게 상굴에 다다랐던 당시에 전각은 있었지만, 거처하는 스님조차 떠나버려 이미 폐허와 같이 변했던 모양이다. 그가 맞닥뜨린 상굴의 모습은 이렇다.

　굴과 아울러 불전과 재주가 모두 두 칸인데, 비어둔 햇수가 너무 오래되었고 사는

상굴上窟로 추정된다. 이주는 이 굴에 머문 것으로 보이며, 관음제마굴觀音制魔窟이라는 공간은 스님이 머물다가 떠난 흔적이다.

중도 없어 낙엽이 문을 메우고 먼지와 모래가 방에 가득했다. 산바람이 부딪고 바다 안개가 스며들어 남장이 꽉 들어차 거처할 수가 없었다.

窟倂佛殿齋廚 總二間 空曠年多 無有居僧 落葉塡門 塵沙滿房 山風觸之 海霧侵之 霾陳瘴積 不可堪處_〈금골산록〉 부분

재주란 절의 부엌인 공양간을 말하는 것이고, 남장嵐瘴이란 열병의 원인이 된다는 나쁜 기운을 일컫는다. 법당과 공양간이 각각 한 칸씩이었던 상굴과는 달리, 지금 내가 서성이며 이주의 글을 읽고 있는 이 동굴은 어땠을까? 상굴과 오가는 길은 바위를 파서 계단을 만들고 위태로운 벼랑에 비계飛階를 걸쳐놓아 그것을 붙잡고서야 겨우 오갈 수 있을 정도로 험한 형태였다. 또한 전각에 대해서는 "앞 칸의 주사廚舍는 모두 비바람에 퇴락되었다"고 했다. 주사 또한 공양간과 같은 것이니 아마도 승려들의 거처인 요사寮舍를 겸했던 듯, 굴의 오른쪽 끝에 기둥을 세운 구멍이 흔적으로 남아 있다. 그것으로 미루어보면, 자연적인 굴을 이용해 그 앞을 막고 굴 안으로 방을 들여놓은 것이 아닌가 짐작된다. 그러나 이주가 남긴 시 〈동굴〉에는 "전각이 모두 세 칸이지만 반도 남아 있지 않다三間精舍半無存"고 했다. 그만큼 퇴락의 정도가 심했으며, 서굴보다는 규모가 작고 상굴보다는 조금 컸던 것으로 짐작된다.

마애불 앞에서 해원을 빌다

이주는 동굴에 대해서 "굴 북쪽 비탈을 깎아서 미륵불을 만들었는데, 옛날 진도 군수 유호지가 만든 것이다窟北崖 斲成彌勒佛 古郡守柳好池所創"라고 썼다. 유호

금골金骨이란 금강金剛의 신골身骨, 곧 부처님의 뼈와 같은 산이라는 뜻이다. 그 산에 새겨진 마애여래좌상은 1469년부터 3년 동안 진도 군수를 지낸 유호지가 산의 영험한 기운을 누르려고 조성했다.

지가 1469년(예종 19년)부터 1472년(성종 4년)까지 미륵불을 조성했다고 알려져 있지만, 유자였던 군수가 미륵불을 새긴 것은 의아한 일이 아닐 수 없다. 그럼에도 그가 발원해 마애불을 새겼으니 그 까닭이 자못 궁금했다. 아니나 다를까, 미륵불을 새기게 된 연유가 나라 안에서 그 유래를 찾아볼 수 없어 흥미롭다.

> 불가에서 전해오기를, "이 산이 옛날에는 영험이 많아서 매년 빛을 뿜는 신기한 일이 일어나고, 유행병이나 장마와 가뭄의 재앙에도 기도를 드리면 반드시 효과가 나타났는데, 미륵불을 만들어놓은 뒤부터는 산이 다시 빛을 뿜는 일이 없었다"라고 하며, "그 유씨는 김동과 같은 외도꾼이거나, 아니면 반드시 산 귀신을 누르는 사람일 것"이라고 한다. 그 말이 황당하나 역시 들을 만하다.
> 僧家相傳 此山古多神驗 每年 能放光示異 疫厲旱 凡有祈禱必應 自斲彌勒成 而山無復放光 彼柳也若非外道金同者流 必是壓山鬼人 其言虺幻 亦足可聽 _〈금골산록〉 부분

신비스러운 일이다. 이주의 기록대로라면 유호지는 불법을 숭앙해 마애불을 조성한 것이 아니다. 다만 불가에 전해 내려오는 신비로운 영험과 이적異蹟의 기운을 억누르려 불상을 새긴 것이다. 산 이름인 금골金骨은 금강金剛의 신골身骨을 일컫는다. 이는 부처님의 유골이므로, 금골산이라는 이름은 부처님의 진신사리가 묻혀 있다는 뜻이다. 그래서 빛을 뿜는 것과 같은 이적들이 끊임없이 일어났는데, 유호지가 이를 못마땅하게 여겨 부처를 새겨 부처를 누르려고

진도에는 금골산 마애여래좌상 외에 마애불 입상 두 구가 더 있다. 한 구는 고군면 향동리 가련봉 범바위 동굴 벽에 있으며, 다른 한 구는 금골산 아래 해언사海堰寺에 있다. 어깨까지 조각의 흔적이 있으나 상호 부분만 뚜렷하다. 원만한 얼굴형과 앙다문 입술 그리고 큰 귀에 비해 눈매는 날카롭다.

했다는 것이다.

그 마애불이 지금 내 눈앞에 있다. 그러나 아무리 봐도 기를 누르려고 작정을 한 사람이 발원해 새긴 것이라고는 믿어지지 않는다. 부처님의 상호相好에는 은은한 미소가 감돌고 있으며, 전체적인 모습 또한 세련되어 숭엄하기보다는 수더분하다. 어디선가 한번쯤 어깨를 맞대고 스쳐 지나간 얼굴인 것만 같다. 그런데 이주가 이 마애불을 가리켜 미륵불이라고 한 것은 반드시 미륵의 상호를 갖춰서가 아니다. 당시 유자들은 불상을 일컫는 일반명사로 미륵이라는 용어를 사용했다.

한편 외도꾼 김동이란 사람은 금강산 표훈사에 머물며 장안사의 나옹선사와 불상 조각 솜씨를 겨룬 거사다. 표훈사에서 보덕굴로 향하는 길목의 삼불암 앞에 있는 세 분의 부처는 나옹선사가, 뒤에 있는 60구의 작은 부처는 김동이 새겼다. 당시 장안사와 표훈사의 스님들이 불상을 심사해 나옹선사의 마애불이 더 뛰어나다고 하자, 김동은 그만 불상 앞을 흐르는 울소鳴淵에 뛰어들어 죽고 말았다고 한다. 그가 거사불교를 신봉하던 유자였을 것으로 판단되는 이유는 이주가 그를 외도꾼이라 했기 때문이다. 유학을 배운 사람으로서 부처를 받들었으니 외도꾼인 것이다. 유호지 또한 사대부 관료의 신분으로 불상을 새겼으니 이주의 입장에서 볼 때 당연히 외도다.

이주가 금골산에 올랐을 때, 그는 서굴에 머물던 스님인 언옹彦顒과 지순知純 그리고 시중을 드는 동자 한 명과 동행했다. 서굴과 상굴 그리고 동굴을 모두 둘러본 이주는 그중 가장 높은 곳에 있기도 하려니와 깊숙한 굴의 형태인 상굴에 거처를 정했다. 불전과 공양간에 수북하게 쌓인 먼지를 쓸어내고 벽을 새로 바르고 나무를 베어 부엌에 불을 때고 문을 열어 공기를 통하게 한 다음, 상굴에 머물렀다. 그는 들판과 바다 그리고 먼 산이 한눈에 보이는 그곳에서 게偈를 짓기도 했다. 게는 모두 다섯 가지였는데 〈청송게靑松偈〉와 〈낙엽게落葉偈〉〈조게潮偈〉〈백운게白雲偈〉 그리고 〈죽게竹偈〉로, 이는 마음 붙일 곳 없던 그가 불가의 게송偈頌을 본떠 지은 것이다. 무엇보다도 〈백운게〉를 보면 불가의 게송을 흉내 냈다는 것을 금세 알 수 있다.

흰 것은 그 색깔 볼 수 있지만　白其色可以見
바탕이 없으니 잡지를 못하네　無其質捉不見
잡을 것이 없고 흰 것이 보이지도 않으면　無可捉白不見
색깔과 바탕에 분별 있으랴　色與質無分別

그러고는 동행한 지순스님에게 자신이 지은 게를 새벽 네시가 넘도록 소리 내어 읽게 하고 자신은 누워서 들었다고 한다. 가만히 생각하니 고약하기도 하다. 스님더러는 게송을 소리 내어 읽게 하고 자신은 누워서 듣고 있었다니까 말이다. 하지만 일순 그런 그의 모습이 이해가 된다. 당시 그는 "한낮에 밥 한 사발을 먹고 아침저녁으로는 차 한 잔씩을 마시며, 닭의 울음을 들어 새벽인 줄 알고 앞바다의 밀물을 살펴 때를 짐작하며, 침식寢息을 마음대로 하고 동작을 편한 대로 따랐다"고 한다. 그러나 이는 '배고프면 먹고 졸리면 잠자는飢來喫飯困來卽眼' 무심의 경지에 다다른 행동이 아니다. 오히려 자포자기의 심정이 강하게 드러난다. 이는 그가 금골산에 올라 남긴 몇 편의 시에서도 적나라하게 볼 수 있다. 상굴에 머물던 어느 비 오는 밤, 그 참담한 심정을 〈밤에 앉아서夜坐〉라는 시에 고스란히 토해놓았다.

소슬바람 쌀쌀하고 비는 추적추적　陰風慘慘雨淋淋
바다 구름 산에 닿아 굴이 깊숙하다　海氣連山石竇深
이런 밤 뜬 인생은 흰머리만 남았는데　此夜浮生餘白首
등불 켜고 때로 옛 마음을 돌이키네　點燈時復顧初心

그런가 하면 누군가에게 주었던 듯 보이는 〈기증寄贈〉이라는 두 연의 시에 배인 고독과 외로움은 너무나 선연해 애틋한 마음을 가눌 길이 없다.

종소리 달을 울려 가을 구름에 떨어지고　鐘聲敲月落秋雲
산에 오는 비 쓸쓸한데 그대 보이질 않네　山雨修修不見君
염전은 문 닫아걸고 불만 아직 남았는데　鹽井閉門猶有火
시내 건너 사람 소리 밤 깊도록 들리네　隔谿人語夜深聞

뜬세상 남은 인생 가을철의 쓰르라미요　浮世餘生秋後蜩
백년 생에 귀밑털 벌써 스산하네　百年雙鬢已蕭蕭
술잔 앞에 눈물 떨어지고 달은 대낮 같은데　樽前淚落月如晝
맑은 밤 멀리서 올빼미 어지러이 소리치네　鵬鳥亂呼清夜遙

시간이 얼마나 흘렀을까. 어느덧 해는 중천을 향해 치달리고 있었다. 나는 저자를 피해 산중으로 숨어든 한 사내의 처연했을 심정을 헤아리는 일을 그만두었다. 그렇게 쓸쓸한 심정을 헤아리기에는 해가 너무 맑고 밝았다. 동굴에서 나와 이주가 머물렀던 상굴에 올라 바다가 잘 내려다보이는 자리를 찾아 앉았다. 그러나 내 영혼은 자유롭지 않았다. 스스로를 사람도 아니라는 식으로 폄하하며 고독한 자괴감에 젖었던 한 사내를 떨쳐버렸는가 싶더니, 이내 찾아드는 것은 어제 치러진 굿과 장례의 몇 장면이었다. 그중 가장 두드러진 것은 비록 녹음된 것이긴 하지만, 박병천 선생 자신의 목소리로 당신이 가는 북망산천 길을 수놓던 장면이다. 그것은 죽어서야 비로소 스스로를 자신에게서 풀어놓는 해박보解縛步를 걷는 것과 같았다. 그러니 내가 어찌 그가 지녔던 한의 크기를 쉽사리 가늠할 수 있겠는가. 몸도 놓고 정신도 놓고 마음마저 놓아둔 채, 뚫어져라 바다만 바라보다가 일어섰다. 무거워지는 마음을 달랠 길이 막연했기 때문이다. 그러고는 다시 동굴로 내려가 부처님 앞에 향을 사르고 절을 올렸다. 진도에서 만난 두 남자의 해원解寃을 빌면서 말이다.

내려오는 길은 걸음이 가벼웠다. 굴에 있을 때 그토록 나를 슬프게 했던 이주의 원 하나를 풀어준 것만 같았기 때문이다. 그 이유는 굴에서 내려와 해원사 석탑 앞에서 작별을 고하던 이주와 두 스님의 말 속에 남아 있다.

"산승의 종적이란 구름같이 방향이 없는데 어찌 일정한 머무름이 있겠으며, 그대도 또한 머지않아 임금의 은혜를 입어 떠날 터이니 어찌 이 금골산에 다시 처하게 되겠는가. 그렇다면 한마디 말을 써서 후일의 면목이 되게 하지 아니하려는가" 하므로,

나는 말하기를 "스님의 말을 들어서도 쏠 만하거니와 《여지승람》을 상고해보니 이 섬의 명산 가운데 금골산은 들어 있지 아니하고 절에 있어서도 삼굴이 빠졌으니, 이는 예전에 판적이 잘못된 것으로 금골산의 큰 불행이오. 지금 두 스님의 말에 따라 금골산을 기록해서 뒷날에 이 기록을 보는 자로 하여금 이 섬에 금골산이 있는 줄을 알게 하고, 이 산속에 삼굴이 있는 것을 알리며, 또 두 스님과 늙은 제가 함께 굴에서 거처한 줄을 알게 하면 장차 오늘로부터 옛일이 되지 않겠소?"라고 했다.

山僧蹤跡 如雲無鄕 何有住着 候亦朝夕蒙恩 其復處此金骨歟 盍盡一言以爲後日面目乎 余曰 師之言 因可書也 且攷諸輿地勝覽 於此島名山 金骨不錄 於佛宇 三窟闕載 此聖明版籍之所闕失也 金骨之大不幸也 今因兩師之言而錄金骨 使後之觀是錄者 知此島有金骨山 山中有三窟 又知兩師之與老夫居窟 則將不自今而作古歟_〈금골산록〉 부분

이주는 스님의 부탁에 대답한 대로 〈금골산록〉을 썼다. 또 내가 그의 글을 읽고 마애불뿐 아니라 삼굴을 찾아 헤매었으니 내 걸음이 수고로운 것이 아니라, 이주의 생각과 눈이 오늘 새벽에 마주친 보름달과 같이 밝은 것이다. 더구나 그와 내가 500여 년의 시공을 초월해 이렇듯 만날 수 있었음은 부처님의 존재 때문이었으니, 인연이란 모질고도 질긴 것이 아니고 무엇이랴.

금골산 삼굴

바위로 이루어진 금골산(193미터)은 진도군 군내면 둔전리에 있다. 뭍에서 진도대교를 건너 진도읍을 향해 10분 남짓 달리면 오른쪽으로 나타난다. 국도변에 군내우체국과 주유소가 보이는데, 그곳에서 제법 넓은 농로를 따라 우회전, 50미터 정도 들어가다가 길가의 이정표를 따라 금성초등학교 방향의 농로로 다시 우회전한다. 300미터가량 들어가 학교 정문 못미처 좌회전하면 산 아래에 주차장이 있다. 주차장까지 오는 내내 마주 보이는 바위산이 금골산이다. 주차장에서부터 걸어서 유자밭을 지나면 왼쪽으로 이정표가 보이고, 오른쪽으로 보이는 금성초등학교 건물 왼쪽 끝에는 보물 제529호로 지정된 고려시대의 5층석탑이 있다.

이주는 〈금골산록〉에서 산 아래 해원사의 폐사지에 9층석탑이 있다고 했으나, 지금 남아 있는 탑은 5층이어서 이주가 본 것과는 다른 것일지도 모른다. 하지만 강원도 오대산을 유람한 유자들이 남긴 시에서도 오대산 월정사에 있는 국보 제48호인 8각9층석탑을 두고 9층 또는 11층, 13층과 같이 다양하게 층수를 표현했다. 그것으로 미루어 탑이 달라졌다고 하기보다, 층수를 셈하는 방법이 달랐다고 볼 수밖에 없을 것 같다. 탑은 한눈에 봐도 길쭉하며 날렵한 몸매를 하고 있다. 특히 기단부

금성초등학교 안에 있는 5층석탑은 보물 제529호다. 고려 후기에 조성된 것으로 보이며 1층 몸돌이 2층 몸돌의 서너 배에 가깝게 길고 홀쭉한 모습을 하고 있다.

와 1층 몸돌이 길게 만들어져 보물 제167호인 정읍 은선리 3층석탑과 친연성이 느껴진다. 이에 따라 조성 연대는 고려 후반으로 보며 전남 지역의 특징인 백제계의 양식을 버리지 않았다. 탑 위로 오르면 해언사라는 사찰이 있는데 〈금골산록〉으로 미루어보건대, 이곳이 해원사가 있었던 곳으로 짐작된다.

　서굴은 해언사를 바라보면서 왼쪽으로 난 산길을 1~2분 정도 올라 해언사 뒤편, 금골산의 바위 벼랑이 시작되는 지점을 따라가야 한다. 벼랑의 오른쪽으로 돌아들어 석문 두엇을 지나면 큰 굴 서넛이 보이는데, 서굴은 그곳 어디였을 것으로 짐작된다. 더러 와편들도 흩어져 있으며 굴은 이곳저곳에 산재해 있어 이주의 말대로 굴마다 크기에 따라 수는 다르겠지만, 충분히 스님들이 머물 만한 정도의 공간이다. 또한 학교 건물의 오른쪽 끝 부분에 보면 산자락에 큰 굴이 보이는데 그곳을 서굴이라고 하기도 한다. 마애불이 새겨진 동굴로 가려면 우선 암벽으로 이루어진 산 정상으로 올라야 한다. 서굴에서 다시 등산로로 빠져나와 20분 정도 산을 오르면 정상에 닿고 정상에서 산 아래로 5분 정도 내려가면 동굴이다. 정상에서 아래로 내려가는 길은 아찔할 만큼 가파르지만, 이주의 말대로 바위 벽을 오목하게 파서 돌계단을 만들어 놓았으며 쇠 난간이 설치되어 있다.

어른 50명 정도도 너끈히 머물 수 있는 동굴암의 옛 모습은 이주가 남긴 〈동굴東窟〉이라는 시에 남아 있다. 그가 동굴을 처음 찾았던 날에는 밤낮 없이 비가 내렸으며 세 칸의 정사는 텅 비어 아무도 없었다고 한다. 곧, 마애불 곁에 전각이 있었다는 말이다. 전남 문화재자료 제110호로 지정된 금골산 마애여래좌상은 석굴 벽에 얕은 돋을새김으로 새겼으며 선으로 새긴 연화대좌 위에 앉아 있다. 전체적으로 친근한 이웃과 같은 느낌이 강하며 불상으로서의 숭엄한 권위는 찾아보기 힘들다. 어깨에서부터 시작된 두광頭光이 얼굴 전체를 감싸고 있으며 목에는 삼도三道가 분명하다. 법의는 통견通肩이며 가슴에는 선운사 동불암 마애여래좌상과 같이 사각형의 감실龕室이 파여 있다. 오른손은 시무외인을, 왼손은 엄지와 네 번째 손가락을 맞댄 하품중생인을 하고 있어, 아미타여래를 표현한 것인가 하는 생각이 든다. 그러나 이 마애불은 서방정토를 향하고 있는 것이 아니라 동쪽을 향하고 있어 의문이다. 전하는 이야기에 따르면, 가슴에 파인 홈에서 쌀이 나와 수행하는 스님의 식량이 되었으나 어느 날 구멍을 더 크게 하면 많은 쌀이 나올까 싶어 후벼 팠더니 그날 이후로 쌀이 나오지 않았다고 한다. 또 그 지역에 사는 중년 부부의 이야기로는 돌을 던져 구멍에 단숨에 집어넣으면 아들을 얻는다고 했다.

청산도에도 불상이 있다. 하마 비라고 하는 바위에 선각으로 새겨 놓았는데 섬에서 드물게 만나는 불교유적 중 하나다.

상굴은 마애불에서 정상으로 올라가 오른쪽으로 난 등산로를 따라 40~50미터가량 바위 너덜을 가다가 오른쪽 절벽 아래에 있다. 등산로에서 불과 15미터가량 아래로 내려갈 뿐이지만, 등산로에서는 쉽게 보이지 않는다. 그 언저리를 두리번거리며 살펴야 겨우 찾을 수 있는데 위험하기 짝이 없다. 그곳에서 바위에 파놓은 돌계단을 만나면 굴의 입구와 가깝지만, 달리 설명할 길이 없다. 굴은 두 개로 이루어졌으며, 한 곳은 제법 넓은 굴의 형태를 갖추고 있다. 앞이 탁 트여 바다나 산은 물론이고 진도 일대의 조망이 빼어나 지금도 간혹 토굴 삼아 수행하는 스님들의 흔적이 발견되곤 한다.

【2장】

장흥 탑산사터

―

화엄이 잡화^{雜花}려니, 천관산에 피었구나

✽

동살에 물든 아육왕탑, 구름이 뒤덮고
설화는 설화일 때 가장 아름다운 법
바람 소리마저 천관보살의 설법 같구나
화엄이 은빛 억새가 되어 온 산에 가득하네

동살에 물든 아육왕탑, 구름이 뒤덮고

별이 총총했다. 대신 불을 밝히지 않으면 천관산은 한발도 허용하지 않을 태세다. 그래도 저어하지 않고 대뜸 산길로 들어섰다. 이 먼 곳까지 달려와 탑산사터에서 떠오르는 해를 맞이하지 않을 수 있겠는가. 더불어 절터 뒤에 우뚝 솟아 있는 아소카Aśoka, 곧 아육왕阿育王의 탑에 새벽노을이 스미는 장면은 더더욱 놓치고 싶지 않았다. 큰 바위 하나가 지붕을 이룬 반야굴般若窟 앞에서 한 차례 숨을 돌리자 곧이어 와편들이 발에 밟히기 시작했다. 길 오른쪽으로 탑산사터의 긴 석축이 여명 속에 뚜렷했으며, 먼 봉우리에는 동살이 비쳐들어 어둠과 빛이 공존하는 시간이 다가왔다. 옛터에 새롭게 지어진 탑산사는 보는 둥 마는 둥 하고는 절 뒤편 등성이에 올라 아육왕탑을 찾았다.

아! 거기 있었다. 커다란 돌덩이가 공교하게 포개진 탑이 동살에 감싸여 환하게 빛났다. 온 산이 붉게 물들며 깨어나는 시간, 거대한 탑은 구름 한 점 없는 푸른 하늘로 거침없이 솟았다. 탑 꼭대기로부터 아래까지 환하게 밝아오는 시간은 찰나였다. 마음은 느렸지만 온 산에 드리웠던 어둠은 순식간에 사라지고 나뭇잎 하나하나와 모든 풀잎의 끝마저도 반짝였다. 망연해 말을 잃은 이 시간, 내게 이처럼 절터를 순례하는 까닭이 서넛쯤 있다면, 그중 한 가지는 동살이 비치는 순간에 대한 지독한 연정 때문이다. 때로 간밤의 어둠으로부터 새롭게 밝아오는 새벽 시간에 대한 그리움이 불끈 치밀어 오를 때가 있다. 그때마다 모든 일을 제쳐두고 달려간 까닭은 절터에 비치는 동살의 아름다움이 잊히지 않기 때문이다. 홀로 새벽이슬에 젖어 마주하는 그 순간은 비록 두렵고 고독할지라도 독락獨樂이어야만 한다. 독락의 즐거움에 취하다 보면 더러 절터가 뒷전일 때도 있었지만 개의치 않았다. 독락의 고독은 동살만큼이나 아름답기 때문이다. 더구나 묘한 것은 수십 차례, 아니 수백 차례가 넘도록 그 일이 되풀이되어도 좀체 싫증이 나지 않는다는 사실이다.

오늘 또한 그와 다르지 않다. 종종걸음을 친 덕분에 이렇듯 아름다운 정경 앞에 서 있을 수 있으니, 이 얼마나 행복하며 다행인가. 한동안 등성이에 머물다가 의상암터로 올랐다. 그나마 옛 모습을 떠올려볼 수 있는 석등 부재라도 남아 있으니 그곳으로 가보고 싶었다. 아육왕탑 아래를 돌아드니 옹색한 터에 불을 켜던 화사석火舍石을 잃어버린 채, 간주석幹柱石에 지붕돌을 올려놓은 키 낮은 석등 잔재가 그늘 속에 서 있다. 그 옆 의상암터는 웃자란 넝쿨들이 뒤덮어 버려 어디가 어디인지 도무지 분간할 수 없을 지경이다.

신라 32대 왕인 효소왕(재위 692~702) 당시 의상암에는 부석존자浮石尊者가 머물렀다. 부석존자란 해동화엄초조海東華嚴初祖인 의상대사(625~702)를 일컫는다. 고려시대에도 의상암에는 고승대덕들의 발걸음이 끊이지 않았다. 수선사의 2세 사주社主인 진각국사眞覺國師 혜심(1178~1234)은 이곳에 머물며 〈천관산 의상암에 깃들어 사는데 몽인거사가 남긴 시를 보고 운을 빌려 마음을 적

옛 탑산사터에 오르니 아육왕탑이 돌살을 벌고 섰다. 탑산사터는 축대만 남았다.

다寓居天冠山義相庵 見夢忍居士留題次韻敍懷〉라는 시를 남겼다.

총림에 머물러도 이 또한 걱정　主席叢林是所憂
세상 싫은 승려들이 귀찮게도 찾아드네　厭離雲水苦相侵
바위 사이로 뚫린 길은 이끼 길러 끊고　養苔封斷巖間路
바닷가에 솟은 산은 사립 닫아 밀쳐둔다　掩戶推還海上峰
종일 부는 솔바람 맑은 소리 듣기 좋고　竟日松風淸可耳
때맞춰 뜨는 산 달은 내 좋은 친구로세　有時山月好知音
다행히 내 집은 저절로 속박을 벗었으니　儂家幸自脫羈絆
일생을 납자의 마음으로 살아갈까 하노라　誓畢一生雲水心

진각국사에게 조계선曹溪禪을 배웠다고 전하는 정명국사靜明國師 천인(1205~1248)은 원묘국사圓妙國師 요세(1163~1245)에 이어 강진 만덕산 백련사白蓮社의 2세 사주가 된 스님이다. 그가 1240년 가을, 이곳 천관산을 찾아 순례하고 남긴 기문이 〈천관산기天冠山記〉다. 천인이 남긴 의상암의 모습은 아름답기 그지없다.

탑 앞의 깎아지른 듯한 낭떠러지 위에 한 길 남짓하게 우뚝 솟아 있는 층대가 있으니, 이것은 우리 부처님과 가섭이 편안히 앉았던 곳이다. 상고하건대, 〈불원기〉에 이르기를 "내가 입적한 뒤에, 나와 가섭이 편안히 앉았던 곳에 탑을 세워 공양하겠노라고 아육왕이 말했다"라고 했는데 아마 이곳이리라. 신라 효소왕이 왕위에 있을 때 부석존자가 그 아래에 살았는데, 지금의 의상암이 그곳이다. 형세가 요충지고 맑고 수려하기가 천하에 제일이어서 창문을 열어놓고 내려다보면 호수와 산의 온갖 아름다움이 한꺼번에 한가로이 앉아 있는 자리로 들어와, 나로 하여금 마음이 엉기고 형상이 풀리어 심오한 진리의 경지로 들어가게 한다. 이를 보면 우리 부처님과 가섭이 여기에 편안히 앉아 있었다는 것이 참으로 빈말이 아님을 알겠다.

塔前斷崖之上 有層臺斗起丈餘者 是吾佛與迦葉宴坐處也 按佛願記云 我與迦葉宴坐之所 有阿育王 於我滅後 起塔供養 盖此所也 新羅孝昭王在宥之時 有浮石尊者 卜居其下 今義湘庵也 面勢得要 清秀甲天下 開戶而下瞰 湖山萬朶 幷入於几案閒坐 使人心凝形釋 入希夷之境 是知吾佛與迦葉宴坐于此 眞不虛也_〈천관산기〉부분

하지만 지금은 석등의 부재 외에는 아무런 흔적도 찾을 수 없다. 우거진 등라 넝쿨을 헤쳐보다가 내처 아육왕탑의 꼭대기가 보이는 곳으로 올랐다. 바다는 연무가 끼어 희뿌옇게 보일 뿐이지만 멀리 대덕읍의 들판은 누렇게 물들어가고, 하늘에는 장대한 구름이 펼쳐졌다. 아육왕탑은 막 붉은 기운을 벗은 햇살에게 온몸을 내맡긴 채 우뚝 솟았고, 이른 아침 나들이를 나온 바람이 살랑거리며 근처를 맴돌았다. 나라 안에 두 곳밖에 세워지지 않았다는 아육왕탑이어서 그런가. 구름은 마치 불단을 장엄한 화려한 닫집과도 같다. 시시각각 모습을 달리하며 탑을 뒤덮었다간 벗겨지며 잠시도 변상變狀을 멈추지 않았다. 맑은 새벽의 산 향기가 향공양을 올리고, 이제 막 붉게 물들어가는 단풍이나 하얗게 피어나는 억새가 헌화공양을 올리니 순례자는 머리 숙여 절을 할 뿐이다. 내가 서 있는 곳이 가파른 절벽 위가 아니라면 108배라도 마다하지 않으련

아육왕탑을 장엄하던 동살이 벗겨지자 바다에서 일어난 구름이 쏜살같이 달려들어 닫집이 되었다.

만, 한 발 디디기조차 마땅찮은 것이 못내 아쉽다.

조령鳥嶺 남쪽 바닷가 옛적 오아현 경계에 천관산이 있는데, 꼬리는 궁벽한 곳에 서리고 머리는 큰 바다에 잠기어 일어났다 엎드렸다 하며 높고 우뚝하게 솟아 여러 고을 땅에 걸쳐 있으니, 큰 기운이 쌓인 것이라. 서로들 전하기를 "이 산을 지제산이라고도 한다"는데, 《화엄경》에도 나오듯이 "보살이 머물렀던 곳을 지제산이라 하고 현재 보살이 있는 곳을 천관이라고 한다"는 설도 이와 같았다. 서축의 아육왕이 성인의 신통력을 빌려서 8만 4,000기의 탑을 세웠는데, 천관산 남쪽 언덕에 두어 길이나 포개져 우뚝 선 돌이 그중 하나다.

則嶺之南濱 海之地 古烏兒縣之境 有天冠山 尾蹯荒阪 首漫 大洋 起伏穹隆 距數州之壤 其氣積之大者乎 相 傳云 此山亦名支提山 如華嚴經說有菩薩住處 名支提山 現有菩薩 名曰天冠是也 山之陽 有累 石屹立數仞者 是西竺阿育王 假聖師神力 建八 萬四千塔 此其一也_〈천관산기〉 부분

더불어 세종 28년(1446)에 죽은 소헌왕후昭憲王后(1395~1446)의 명복을 빌기 위해 수양대군 등이 세종의 명을 받아 부처님의 일대기를 만들고 이를 한글로 번역한 《석보상절釋譜詳節》에도 아육왕탑에 대한 내용이 나오는데, 간추리면 다음과 같다.

아육왕이 사리탑을 세우려 사병四兵을 데리고 왕사성王舍城에 가서 아도세왕阿闍世王이 세운 탑에 있는 사리舍利를 다 내고(아육왕은 아도세왕의 자손이다), 다른 일곱 탑

에 있는 사리도 다 내어서 … 왕이 밤에 귀신들을 시켜 칠보七寶가루로 8만 4,000기의 보탑寶塔을 만들었다. … 8만 4,000기의 탑을 함께 세우니 그 탑이 중국에만 열아홉이고, 우리나라에도 전라도 천관산과 강원도 금강산에 이 탑이 있어서 영험한 일이 있었다〔아육왕이 탑을 세운 것이 려왕厲王 마흔여섯째 해인 무진년戊辰年이었다〕.

설화는 설화일 때 가장 아름다운 법

아육왕이 부처님 열반 후에 8만 4,000기의 탑을 세웠는데, 그중 두 기가 우리나라에 있다. 한 기는 금강산에, 다른 한 기는 지금 내 눈앞에 있는 이것이다. 그러나 무진년을 언제로 볼 것이냐가 문제다. 대략 이들의 활동 시기를 비교해보면, 기원전 233년으로 볼 수 있다. 하지만 이때는 우리나라에 불교가 전래되기 이전이다. 문화 수준 또한 불교문화를 수용할 만한 정도가 되지 않았다. 아육왕은 석가모니불이 입멸한 지 100년이 지나 대인도제국을 건설한 마우리아왕조의 제3대 왕으로, 한역 불전에는 아육왕阿育王 또는 아수가阿輸迦로 기록되어 있다. 그의 재위 연대는 기원전 272년~232년, 265년경~238년 등으로 알려져 있어, 무진년을 기원전 233년으로 짐작할 수 있다. 이 아육왕탑의 설화가 맞는다면, 우리나라에 불교가 전래된 시기는 앞당겨지게 된다.

하지만 아직 어둠일 때 탑산암을 그냥 지나친 까닭은 절 마당의 게시판에 붙어 있는 몇 장의 사진과 문서 그리고 지방신문의 기사 탓이다. 그 내용은 민간기록단체인 한국기록원이라는 곳에서 정명국사의 〈천관산기〉와 《석보상절》의 내용을 바탕으로, 탑산사를 우리나라 불교의 최초 도래지로 공인했다는 것이었다. 그것을 보는 순간 나는 놀라지도 않았다. 그저 피식하고 헛웃음이 빼져나왔을 뿐이다. 〈천관산기〉와 《석보상절》의 내용을 역사적 사실로 인정해 그간의 통설을 한순간에 바꿔놓을 수 있는 한국기록원이라는 곳의 능력에 찬탄을 금할 수 없었다. 설화는 설화일 때 가장 강력한 시너지 효과가 생기는 법이다. 설화를 역사적 사실로 단정지어버리면, 그것이 지니고 있던 신화소神話素는 사라지고 신성성 또한 더불어 흐트러지는 것 아니던가.

불교계를 비롯한 우리들이 지니고 있는 수많은 민간설화는 모두 어떻게 할 것인가. 그것마저도 모두 기문이나 문집과 같은 것에 기록되어 있다 해서 역사적 사실로 인정해버릴 것인가. 그렇게 신화나 설화를 하나씩 잃어버린 우리들은 도대체 얼마나 무미건조한 지경에서 살아갈 것인가. 신화나 설화는 꿈이며 상상의 출발점이자 과거와 현재를 잇는 통로와도 같다. 그렇다고 해서 그것이 모두 허무맹랑한 이야기는 아니다. 전부 다 그런 것은 아니지만, 대개는 그 내용을 증거할 만한 바위나 나무와 같은 자연물들이 존재하는 법이다. 그리고 이야기의 구조는 언제나 지난 시간에서 시작해 현재로 이어진다. 곧, '옛날에'로 시작해 '지금도'로 끝나는 것이 일반적이다.

이곳의 돌탑이 아육왕탑이라는 설화는 사람에 따라서 허황된 이야기라고 치부하는가 하면, 설화에 근거해 사실로 받아들이는 사람도 있다. 그 두 생각의 충돌로 인해 설화는 더욱 견고한 구조를 지닌 이야기로 발전해왔다. 민간설화는 대개 입에서 입으로 전하는 구전이다. 구전의 힘은 근간은 있되 그것이 이곳저곳으로 옮겨다니며 살이 붙거나 군더더기가 빠진 형태로 변형되어 여러 갈래가 되기도 한다는 점이다. 나 또한 정명국사의 〈천관산기〉나 《석보상절》의 내용을 부정하지는 않는다. 하지만 그것을 역사적 사실이라기보다는 전해오는 설화로 믿고 싶을 뿐이다.

　15세기 중반에 쓰여진 《석보상절》은 13세기 후반에 정명국사가 쓴 〈천관산기〉의 내용을 차용했을 가능성이 크다. 그렇다면 정명국사는 무엇을 모본으로 삼았을까? 정명국사는 기문의 마지막에서 순전히 자신만의 창작이 아님을 밝히고 있다. 자신이 산을 순례한 것은 맞지만, 이미 초본이 있어서 그것을 대략적으로 정리했다고 말한다.

　　지난 경자년(1470) 가을 7월에 내가 일찍이 이 산에서 놀면서 성스러운 자취를 탐방했는데, 탑산의 주지인 담조가 내게 고적을 보여주며 "이 초본이 산 뒤 민가에 유락되어 있었는데 우연히 가서 얻게 되었소. 세월이 오래되어 파손되고 썩어서 없어진 글자가 많으니, 그 뜻의 실마리를 찾아내 새롭게 해서 후세에 보여주면 책이 널리 퍼지는 하나의 방법이 될 것이오"라고 했다. 그때 마침 내가 다른 곳의 청을 받아 가므로 생각을 모아볼 겨를이 없었는데, 뒤에 담일이라는 자가 또 이 초본을 내게 주었다. 상자 속에 넣어둔 지가 오래되었는데, 요즘 한가한 날에 우연히 살펴보게 되어 대강 그 줄거리를 기록하여 그의 뜻에 부응하고 초본과 함께 돌려보내노라.
　　嚮者庚子秋七月 予嘗遊此山 搜訪聖迹 塔山公曇照 示予古迹曰 此草本遺 落在山後民家 偶往而得之 歲久破爛 文多盖闕 若紬繹而新之 照示於後 斯亦流通之一段也 時予方赴他請 未遑屬思 後有湛一者 又以此本遺予 委在篋中久矣 今於暇日 偶獲檢閱 粗記其梗槩 以副其意 幷其本而歸之_〈천관산기〉 부분

　이는 이미 있던 내용을 정명국사가 첨삭해 다시 고쳐 쓴 것일 뿐, 스스로 내

2장　장흥 탑산사터 · 57

용에 대해 자신하지 못한다는 것을 의미한다. 더불어 그 원본이 사찰이나 관청에 보관되어 있던 것이 아니라, 민가에 흩어져 있던 것을 탑산암의 주지가 우연히 구해서 보관하고 있었다는 사실도 말해준다. 그 초본이 어떤 형태였는지 또 누가 썼는지 모를 일이지만, 관청이나 사찰도 아닌 민가에 있었다는 것은 무엇을 말하는 것일까? 대개 역사적 사실에서 그 사실을 입증할 만한 자료의 신빙성은 상당히 중요한 요소다. 소략한 글 한 편을 쓰는 데도 자료의 신빙성은 글 자체에 대한 신뢰를 생성하며 자료는 1급, 2급과 같은 형태로 구분된다. 하물며 불교의 최초 도래지에 대해서는 오죽하겠는가. 하지만 나는 믿는다. 한국기록원에서 발행한 인증서에 담긴 내용이 아니라 옛사람들의 이야기를 말이다. 오래전부터 전해오는 아육왕탑의 이야기에서 생성되었을 아름다운 마음은 얼마나 컸을까. 그로 인해 삶에서 받은 위안은 또 얼마나 많았으며 깊었을까. 나는 이 돌탑 앞에서 그것을 헤아릴 뿐이다.

바람 소리마저 천관보살의 설법 같구나

천관산은 예로부터 지제산支提山이라고도 불렀다. 정명국사가 〈천관산기〉에서도 말했듯 《당화엄경唐華嚴經》 제45권 〈제보살주처품諸菩薩住處品〉에 "동방에 지제산이 있는데 예부터 보살이 많이 거처했으며, 지금은 천관보살이 그 권속 일천 인과 함께 그 속에서 설법을 하고 있다"는 그 산이다. 또 《화엄경》 권29 제27품 〈보살주처품〉에도 "동남방에도 보살들이 사는 곳이 있는데, 이름은 지견고枝堅固로서 과거에 보살들이 살았고 현재는 천관이라는 보살이 살면서 일천 보살을 권속으로 두고 항상 그들을 위해 설법하고 있다"고 되어 있다. 이는 금강산에는 담무갈보살曇無竭菩薩, 양양 낙산에는 관음보살 그리고 평창 오대산에는 문수보살이 상주하며 설법한다는 것과 같은 보살주처신앙의 하나라고 할 수 있다.

천관보살신앙은 원표대덕元表大德에 의해 신라로 수용되었다. 원표대덕은 당나라 천보千寶 연간(742~756)에 당을 거쳐 인도까지 순례한 후《화엄경》80권을 인도에서 가져와 곽동의 지제산에 머물다가 신라로 돌아왔다. 그는 경덕왕 18년(759)에 장흥의 가지산사迦智山寺, 곧 보림사를 창건했으니, 천관산을 지제산이라고 부른 까닭은 그가 당나라의 지제산에 머물렀기 때문이 아니겠는가. 천관보살신앙은 이때 장흥에 자리 잡았다. 원표대덕 외에도 또 한 분의 스님이 천관산의 보살주처신앙을 빛냈는데, 신라 애장왕(재위 800~809) 당시의 통령화상通靈和尙이 그분이다. 통령화상이 원력을 모아 아육왕탑 곁에는 탑산사를 짓고 그 반대편의 천관산 기슭에는 천관보살을 모신 천관사를 개창했는데, 당시의 일이 〈천관산기〉에 자세하게 나온다.

> 후에 통령화상이 탑 동쪽에 절을 창건했는데, 지금의 탑산사다. 이 대사가 하루는 꿈을 꾸었는데, 북갑이 땅속에서 솟아 나오는데 가지고 있던 석장이 날아서 산봉우리를 지나 북갑에 가서 꽂혔다. 석장이 꽂혔던 곳이라고 어렴풋이 짐작되는 곳에 가 시덤불을 베어내고 절을 지었으니, 지금의 천관사다.
> 後有通靈和尙 創寺于塔之東 今塔山寺也 是師嘗夢 北岬從地而湧 所持錫杖飛過山頂 至北岬而植焉 於髣髴植杖處 剪榛莽而創迦藍 今天冠寺是也_〈천관산기〉 부분

왼쪽에 솟아오른 바위들은 불법의 외호신장인 팔부중처럼 생겼다고 해서 신중암이라 한다.

이로부터 천관산을 중심으로 천관보살신앙이 장엄한 꽃을 피우게 되었다. 통령화상에 대해서는 널리 알려진 바가 없다. 그저 천관산으로 오기 전 오대산에 머물렀다고 알려졌을 뿐이다. 그가 머문 오대산이 중국의 오대산인지 강원도의 오대산인지는 분명하지 않지만, 이는 중요한 사실이다. 그가 어느 오대산에 머물렀건 당연히 문수보살신앙의 이적을 경험했을 테니까 말이다. 그에 따라 천관산에 사찰을 창건하며 천관보살신앙을 퍼뜨린 것은 아닐까 하는 생각이 든다.

그런데 이 아육왕탑이 무너졌었다는 기록이 있다. 이순신 장군의 진영에서 참모로 활약하기도 했던 헌헌헌軒軒軒 김여중(1556~1630)이 1609년 9월 천관산을 유람하고 남긴 〈유천관산기遊天冠山記〉를 보자. 기문에 따르면, 아육왕탑 아래 의상암에서 독서를 하던 사람들이 있었는데 탑이 무너져 승려들은 모두 죽고 암자도 부서졌으나 선비들은 화를 입지 않았다고 한다.

같은 이야기가 1779년 존재存齋 위백규(1727~1798)가 지은 천관산에 대한 인문지리지인 《지제지支提誌》에도 나온다. 앞서 김여중의 글에는 독서를 하던 사람들의 이름이 나오지 않는다. 그러나 위백규의 글에서는 독서를 하던 사람으로 청금공聽禽公 위정훈과 선세휘宣世徽를 꼽고 있다. 탑이 무너진 때는 조선 선조 때의 일이라고만 할 뿐, 정확한 연도는 나오지 않는다. 다만 캄캄한 시각인 삼경三更이 되었을 때 하늘이 무너지고 골짜기가 내려앉는 것 같은 굉음과 함께 탑이 무너졌다고 한다. 다행히 위정훈은 골짜기 너머에 있는 불영대佛影臺로 나들이를 나가 화를 면했고, 선세휘는 탑이 무너지기 직전 "세휘는 빨리 나오너라"라는 말을 세 번이나 듣고 빠져나와서 살았다. 돌탑에 깔려 암자는 무너지고 승려들은 모두 죽었지만, 그들은 살았다고 하니 기이한 일이 아닐 수 없다.

어느새 태양이 높이 솟구쳐 오른 것인가. 쏜살같은 몸짓으로 천변만화하던 하늘의 구름이 움직임을 그치고 고요해졌다. 돌탑을 향해 두 손 모아 예경禮敬을 올리고 구룡봉으로 올랐다. 용 아홉 마리가 승천했다고 전하며 아직 용의 발자국들이 군데군데 남아 있다고 하지만, 그보다는 한눈에 들어오는 천관산의 장대한 산등성이가 더욱 아름답게 보이는 곳이다. 가만히 앉아 고개 돌리는 곳마다 정상인 연대봉烟臺峯은 물론이고 대장봉大藏峯과 진죽봉鎭竹峯, 석선봉石船峯 그리고 지장봉地藏峯과 같은 기암들이 펼쳐져 있으니, 모두 이 산으로 불경을 옮겨온 이야기가 가득한 봉우리들이다.

대장봉 위에는 환희대歡喜臺가 있는데, 정명국사는 이를 두고 "산에 오르는 자가 위험한 길에 곤란을 겪다가 여기서 쉬면 기쁘다는 뜻이다"라고 했지만, 어디 그것뿐이겠는가. 환희대 앞으로 뻗어내린 산등성이에는 당간지주를 뜻하는 당번봉幢番峯과 보현봉普賢峯 같은 불교와 관련된 봉우리들이 늘어서 있으니, 이는 단순히 험난한 산길을 헤치고 온 사람들의 휴식에서 오는 기쁨만이 아니라 법열法悅을 말하는 것이 아니고 무엇이겠는가. 진죽봉은 관음보살이 돌배에 불경을 가득 싣고 이곳에 와 쉬다가 그 돛대를 두고 간 것이라고 하니, 홀로 솟은 돌기둥이 마치 돛대와 같다. 그 왼쪽 앞으로 석선봉, 곧 경을 가득 실은 돌배가 있으니 더욱 그러하다.

화엄이 은빛 억새가 되어 온 산에 가득하네

정명국사의 〈천관산기〉에 따르면, 산 너머에 있는 천관사에 머문 스님 중

구룡봉을 지나자 오른쪽에 환희대, 왼쪽에는 화엄경을 걸고 왔다고 전하는 석선봉과 지장봉이 있다.

에 화엄華嚴 홍진대사洪震大師라는 분이 있었다고 한다. 대사는 837년 신라 제45대 왕인 신무왕(?~839)이 태자의 신분으로 왕에게 견책을 당해 완도로 귀양 갔을 당시 그 근처의 천관사에 머무르고 있던 스님이었다. 대사는 태자를 위해 밤낮을 가리지 않고 기도를 올려 화엄신중華嚴神衆을 불렀다고 한다. 대사의 기도에 감응해 모여든 신중들이 바위로 변해 천관사의 남쪽 산등성이에 늘어섰으니, 신중암神衆岩이 그것이다. 이는 홍진대사가 화엄신중을 감동시킬 만큼 《화엄경》에 밝은 스님이었음을 입증하는 내용이다. 화엄신중이란 무한한 힘을 가진 자들로서 정각正覺을 이룬 부처님과 불법을 수호하는 역할을 하는 무리들이다. 더불어 갖가지 재난을 막아주는 선신善神이기도 한 까닭에 그들 스스로가 신앙의 대상이 되기도 했는데, 그것이 바로 화엄신중신앙이다. 이로 미루어 보면, 천관산은 보살주처신앙과 함께 화엄신중신앙이 공존하는 곳으로 산 전체에 화엄이 아름답게 꽃을 피운 거룩한 도량이라고 할 수 있다.

　　탑산사터를 찾는다고 해놓고 그곳은 흘깃 지나치고 발길은 점점 정상의 환희대로 향한다. 해마다 가을이면 한 차례씩 하얀 억새꽃이 산마루를 뒤덮으니 어쩌겠는가. 불설과 불법이 가득한 산이 아름다운 헌화공양을 받는 장엄한 순간을 모른 체할 수는 없다. 환희대에 올라서자 그야말로 눈이 환희롭다. 그동안 눈길을 사로잡았던 바위 봉우리들은 뒷전으로 물러나고 넘실거리는 햇빛 따라 은빛 물결을 쏟아놓는 억새의 향연이 날카롭게 가슴속으로 파고든다. 그 아름다운 모습을 감당하지 못해 피어나는 얼굴의 미소를 구태여 감출 필요가 있을까. 이러한 정경을 맞닥뜨릴 때마다 눈이 휘둥그레지고 감동에 겨워 어쩔 줄 몰라 한다. 채 못다 핀 억새꽃인들 어떠랴. 눈앞의 아름다움은 버거울 정도다. 더불어 그들 모두가 화엄의 물결을 이루어 부처님을 호위하는 것처럼 여겨졌으니, 벅차오르는 가슴을 달래기가 수월찮다. 그저 모든 것이 아름답다. 억새와 하늘은 찬란했으며 바다와 바람은 환희로웠다. 환희대에서 바라보는 신중암은 거룩했으며, 지금 이 순간 이 자리에 있을 수 있다는 사실이 무엇보다 황홀하고 감사했다.

정상인 연대봉과 환희대 사이를 두어 차례 오가고 진죽봉 뒤편에서 신중암을 바라보다가 그만 돌아섰다. 그러나 천관사로 향하지는 않았다. 그렇다고 탑산암으로 향하지도 않았다. 구룡봉 아래의 불암佛岩, 곧 부처바위로 향했다. 덤불을 헤치며 가야 했던 길이었건만, 어느새 나무를 베어내고 덤불을 걷어내 깨끗하게 정리한 길이 되어 있다. 그저 감사할 따름이었지만 금세 투덜거리기 시작했다. 사람을 위한 길이 아니라는 생각이 이어졌기 때문이다. 길은 거칠었다. 나무뿌리가 길 위로 불거져 호시탐탐 발부리를 노렸고, 가파른 내리막길이었지만 에돌아가는 법이 없었다. 먹줄을 튕겨놓고는 무작정 먹줄에 따라 나무를 베어내고 덤불을 걷어낸 것 같았다.

20여 분이나 내려왔을까. 눈앞에 부처바위가 우뚝했다. 저 멀리서 불두佛頭만이 보이는 뒷모습으로 전체 형상을 어림짐작했건만 앞에서 보니 온전한 불상을 더욱 닮아 있다. 마치 불두만을 따로 새겨 올려놓은 마애불의 형식 같았다. 눈도 없고 코도 없으며 입도 새기지 않았지만, 그것이 오히려 더 좋았다. 이미 새겨진 것에는 무엇을 더할 수 없지만, 이처럼 백지인 상태에서는 내 마음속의 얼굴을 새길 수 있으니까 말이다. 이 바위 앞에서 한 철 안거라도 하고 나면, 눈썹 한 오라기쯤이라도 바위에 새겨지지 않을까. 그렇게 여름과 겨울을

대장봉, 곧 환희대에서 연대봉으로 향하는 능선이다. 맨 뒤 봉우리가 천관산의 정상인 연대봉이다.

구룡봉을 끼고 내려서는 길로 30여 분가량 내려가면 만나는 부처바위다. 왼쪽 뒤 봉우리가 구룡봉이다.

가리지 않고 수십 년의 안거를 마치고 나면, 희미하게나마 내 얼굴이 바위에 배어들지 않을까. 이런 터무니없는 생각을 하며 피식 웃고 말았다. 그렇게 망상에 젖은 나를 질책이라도 하듯, 노루 꼬리만큼이나 짧은 가을 해는 가파르게 기울며 걸음을 재촉했다. 서둘렀다. 그러나 아무리 서둘러도 길이 고약해 도통 빨리 걸을 수가 없었다. 자동차가 다니는 길에 내려서니 이미 땅거미가 지고 난 후였다. 아직 별이 총총하던 새벽부터 땅거미가 드리운 저녁까지 온종일 산을 헤매고 다녔다. 그럼에도 멀쩡한 것은 온통 부처님 이야기로 가득한 도량인 산으로부터 가피加被를 입은 때문이 아니었을까. 이렇게 받은 것들을 어떻게 회향回向할까. 맘씨 좋은 대덕읍의 청년들이 태워준 트럭에 앉아 탑산사 입구로 돌아올 때도, 내처 공부방으로 돌아올 때도 내내 그 생각뿐이었다.

천관산 탑산사터

탑산사터는 장흥군 대덕읍 연지리에 있다. 자동차로 탑산사 코앞까지 갈 수 있으며 현재 탑산사로 불리는 곳은 옛 탑산사와는 관련이 없다. 현재의 탑산사 주차장(탑산문학공원)에서 산길로 1킬로미터 남짓 올라야 옛 탑산사 자리에 들어선 사찰과 만날 수 있다. 옛 탑산사를 큰절이라고 부르는데 절의 창건은 신라 애장왕 때 이루어졌지만, 18세기 중반 화재로 인해 폐사가 된 것으로 보인다. 2011년에 대웅전 불사를 하여 지금은 새로운 당우가 들어섰다.

탑산사 큰절에서 석등이 있는 의상암터까지는 100~200미터 남짓하지만, 등산로에서는 보이지 않는다. 구룡봉으로 향하는 등산로의 나무 계단이 나타나면 그곳에서 왼쪽으로 좁은 길이 나 있는 것이 보이는데, 바로 아래에 석등이 있다. 석등은 석축과 함께 탑산사터에서 볼 수 있는 유일한 사찰 흔적이며 전남 문화재자료 제196호로 지정되었다. 상단부에 불을 켜두는 화사석과 받침돌은 없어진 채, 간주석과 지붕돌이 포개져 있는 형태다. 석등이 세워져 있는 자리가 의상암터이며 뒤로는 아육왕탑이 우뚝 솟아 있다. 탑산사터에서 출토된 탑산사 동종은 보물 제88호로 지정되어, 해남 대둔사의 성보박물관으로 옮겼다. 종에는 다음과 같은 명문이 새겨져 있다.

아육왕탑 아래에 있는 석등 간주석과 화사석의 지붕돌이다. 이 석주가 있는 곳이 의상암터이며 해동화엄 초조인 의상대사가 머물렀다고 전한다. 불이 켜지는 화사석을 덮고 있는 지붕돌과 간주의 형태로 보아 고려시대의 것으로 보인다.

계사년 10월 일, 낙산면 탑산사 화향도 상현, 지장 등이 어비호장 중산 등과 함께 발원하여 금종을 만들었다. 무게는 80근이 들어갔다.

癸巳十月日/ 塔山寺火香○上玄智/ 長等於非 長○仲山等同愿/ 金鍾入重捌拾斤印

계사년은 1053년, 1113년, 1173년, 1233년인데 탑산사 종과 제작 방법과 양식 등에서 유사한 점이 많은 변산의 내소사 종과 비교해볼 때, 1173년 또는 1233년에 제작된 것으로 보인다.

나무 계단을 올라 계단이 끝나는 곳에서 등산로를 벗어나 왼쪽으로 들어서면 아육왕탑이 눈앞에 있다. 그곳에서 다시 300미터 남짓 오르면 구룡봉이며 대장봉과 진죽봉 그리고 석선봉과 지장봉을 한눈에 볼 수 있다. 구룡봉부터 대장봉까지는 산등성이 길이어서 15분 남짓이면 다다를 수 있다. 대장봉에서 왼쪽으로 향하면 진죽봉, 오른쪽으로 내려서면 바로 환희대. 환희대에서 정상인 연대봉으로 가는 길 또한 산등성이 길이어서 어려움이 없으며, 연대봉에서 대장봉 방향으로 바라보면 가운데에 환희대가 있고 왼쪽으로는 구룡봉, 오른쪽으로는 환희대를 중심으로 당번봉과 천주봉, 보현봉, 대세봉, 종봉 그리고 선인봉이 한눈에 들어온다. 천관사는 종봉에서 조금 더 아래에 있으며 진죽봉 뒤편에서도 환하게 보인다. 이처럼 바위가 늘어선 광경을 아울러 화엄신중이 늘어선 것처럼 보인다고 해서, 통틀어 신중암이라고 했다.

구룡봉에서 아래로 뻗은 산등성이를 유심히 살피면 부처바위의 뒷모습이 보인다. 구룡봉에서 아육왕탑으로 내려가는 길로 들어서자마자 오른쪽으로 난 산길이 보이는데, 새로 만들어진 길로 노면이 거칠다. 그 길로 20분 남짓 내려가면 부처바위에 다다를 수 있다. 하산할 때는 힘이 들더라도 다시 올라와서 묵은 등산로를 이용하는 것이 좋다.

탑산사터는 조선시대에 접어들면서 수많은 스님들과 유자들이 찾아가 기문記文을 남겼다. 그중 존재 위백규가 지은 《지제지》에 실린 것이 가장 정밀하며, 간추리면 다음과 같다.

(탑산사터는) 아육탑 동쪽 아래 계곡에 있다. 천해대사天海大師의 〈대우기大愚記〉에 의하면, 당나라 덕종 정원貞元 16년인 신라 애장왕 2년(800)에 통령화상이 창건했다. 암자터는 현애절학懸崖絶壑을 택하여 산골 물이 흐르는 밑바닥에서부터 무릇 12층

(왼쪽) 천관사에 있는 5층탑이다. 뒤로 보이는 봉우리는 천관산의 신중암과 대장봉이다. 탑은 전남 유형문화재 제135호다.
(오른쪽) 천관사 3층석탑은 보물 제795호다. 나말여초 즈음에 세워진 것으로 보이며 알맞은 비례가 안정감을 주는 탑이다.

을 쌓아 올리고 이것을 누주정대樓柱正臺로 삼았다.
… 암실의 정당正堂이 일곱 칸이며 서까래가 오포五包나 되고, 앞 양쪽 추녀 및 동쪽 협실夾室 네 칸은 시왕전十王殿이요, 서쪽 협실 일곱 칸은 공수청公需廳 및 향적간香積間으로 삼았다. 정방 세 칸은 크고 넓어 남쪽 지방에서는 첫째로 꼽혔다. 그 나머지는 작고 큰 방들이 무릇 아홉 군데나 있었으며, 정당의 탁자가 있는 양쪽 기둥은 그 둘레가 세 아름이나 되었다.

76 · 마음과 짝하지 마라, 자칫 그에게 속으리니

천관사에 있는 약사여래좌상이다.

… 중종中鐘은 무게가 80근으로 종에다 새기기를, 임진왜변에 탑산암 종을 가져다가 총통을 지어 부었다고 했는데, 계미년 10월에 현의지玄義智란 분이 시주를 받아 이 종을 만들었다고 한다. 전해오는 말로는 이 종을 왜인이 만들었다고 하는데, 용두龍頭가 진각眞刻에 가깝다. 그림을 새긴 묘한 연기練技는 동방 제일이라 하며, 용머리에 작은 종이 있어 그 사면에 나타난 운양雲樣이며 화초는 보는 이로 하여금 신의 조화인가 의심하게 만든다.

… 영조 8년(1732) 큰 흉년에 암자가 비고 절에 중들의 수효가 줄어들자 몰래 수철상鑄鐵商을 불러 절의 소유물을 팔아 이를 나누니 일시에 없어지고 말았다. 다만 중종中鐘만이 남았으니 실로 아쉬운 일이다. 전루 다섯 칸이 대상大上에 우뚝 솟아 문

을 박차고 난간에 오르면 홀연 몸이 공중에 떠 있음을 깨닫게 된다. … 영조 21년(1745)에 암자에 불이 나 누각은 자연히 허물어지고, 조그마한 암자를 중건했으나 지금은 반쯤 쓰러져 있다.

위백규가 말하는 누각은 침명루枕溟樓로 알려져 있으며, 동종은 해남 대흥사박물관에 탑산사 동종이 남아 있다. 하지만 위백규가 탑산사에서 봤다고 하는 종과 현존하는 탑산사 동종이 같은 것인지는 의문이다. 탑산사 동종에는 '계사년癸巳年 10월'이라는 명문이 새겨져 있지만, 위백규는 '계미년癸未年 10월'에 종이 조성되었다고 쓰고 있기 때문이다. 그러나 동종의 명문을 비롯한 여러 정황으로 미루어 위백규가 조성 시기를 오기한 것으로 보인다.

【3장】

벌교 징광사터

내 몸을 새와 짐승들이 마음대로 먹게 하시오

✿

수조엽락이면 체로금풍이라

백대의 원수가 되려면 나를 다비하시오

칠감국사가 쉬면서 선법을 닦던 곳

맑은 선풍이 에워쌌던 선종 사찰

염불이나 선은 같은 것이라네

가혹한 종이 부역으로 절을 떠난 스님들

유불은 서로 다르지만 또 같은 것

중도 선비도 아닌 초의선사

수조엽락이면 체로금풍이라

　1993년 11월 10일, 그날은 11월 4일에 입적한 퇴옹退翁 성철스님(1912~ 1993)의 다비식이 치러지는 날이었다. 충북 단양의 산골에서 촬영을 하던 나는 다비식 하루 전에야 스님의 입적 소식을 들었다. 부랴부랴 작업실로 돌아와 짐을 챙겨 화가인 지인과 일휘一暉라는 고운 이름을 가진 그의 어린 딸과 함께 해인사로 향했다. 서둘러 다다른 해인사 동구洞口에는 추적추적 가을비가 내렸고 아직 걷히지 않은 푸른 새벽 기운은 비 냄새와 함께 짙기만 했다. 이른 새벽임에도 참 많은 사람들이 마치 거친 물결과 같이 일렁거리며 한곳을 향해 걸었다. 홍류동 골짜기는 몰려드는 사람들을 머금기만 할 뿐, 토해내지 못해 계곡이 터지든 산이 허물어지든 곧 동티가 날 것 같은 태세였다. 조금만 늦었더라도 옴짝달싹할 수 없을 만큼 밀려드는 행렬은 끝이 없었고 그 길을 걷는 사람 모두 그토록 사람이 많다는 사실에 서로 놀란 얼굴이었다.

　영결식이 끝난 절 마당에서 다비를 치를 연화대로 향하는 운구 행렬에서는 국화 향기가 진하게 풍겼으며, 운삽雲翣과 불삽黻翣 그리고 인로왕보살引路王菩薩이 법구를 이끌었다. 그 뒤로 수를 헤아릴 수 없을 만큼 많은 만장輓章들이 줄을 지어 따르던 모습이 지금도 뇌리에 선연하다. 성긴 나무 사이를 얼핏 설핏 스쳐가던 갖가지 색깔의 만장 행렬을 먼발치에서 바라보니, 체로금풍體露金風으로 빛나는 가을 숲에 일렁거리는 너울과도 같았다. 그때마다 스님의 본지풍광 本地風光이 낱낱이 드러난 것처럼 엄숙하고 장엄한 아름다움이 가야산 기슭에 가득해 슬픔조차 잊어버렸다. 《벽암록碧巖錄》에 이르기를, 수조엽락樹凋葉落이면 체로금풍이라 하지 않았던가. 사문沙門이 나무가 시들고 잎이 떨어지면 어찌 될 것이냐고 운문선사雲門禪師에게 물으니, 답하기를 '바위가 드러나고 바람이 빛날 것'이라고 했다. 나는 성철스님의 다비식에서 비로소 그 말의 참뜻을 몰록 깨달았으니, 느리고 또 느리다. 연화대에 다다른 법구는 이내 화광삼매 火光三昧에 들었고, 그 언저리를 서성이던 나는 그날 자정을 넘긴 시간에 홀연히 돌아오고 말았다. 잠을 자고 올 요량이어서 시간은 넉넉했지만, 습골拾骨 과정은 지켜보지 않았다.

그때부터였다. 큰 스님들의 다비장을 기웃거리기 시작한 것이 말이다. 20년이 가깝도록 겨우 서른 차례 남짓하지만, 그때마다 나는 밤새 다비장을 지키려고 애를 썼다. 하지만 거센 불길이 사그라지고 하얀 재가 드러날 때면 어김없이 그곳을 떠났다. 설령 끝까지 남아야 할 일이 있어 습골 장면과 맞닥뜨렸다 하더라도 그저 눈과 마음에만 새겼을 뿐, 사진은 남기지 않았다. 무엇 때문에 고승대덕의 다비가 치러지는 날이면 버릇처럼 그곳으로 향하는지 나 자신도 잘 알지 못한다. 또한 사리와 유골을 수습하는 자리를 왜 못 본 체하는지도 나는 알지 못한다. 그저 인연 따라 드나드는 것이려니 하고 생각할 뿐이다. 그렇게 다비장으로 향하는 발길이 잦아질수록 중국은 물론이고 우리나라 고승

역뭐가 수놓은 옛길을 걸어 다다른 쉼터는 바람에 흔들리는 억새 소리만 한할 뿐 사위가 고요했다.

대덕의 열반 장면이라든가 다비식 모습이 궁금하기만 했다. 쌓여 있는 자료 더미를 뒤적여 고승들의 금석문과 입적 장면들에 관한 자료를 하나씩 찾아내 읽기 시작했다. 다행히 입적 모습이 자세히 남은 경우가 있어 읽어보니, 그중 몇몇은 아주 놀라웠다.

삼국시대 덕숭산 수덕사에 머문 스님 가운데 삼론학三論學에 정통한 스님이 있었다. 그 스님은《법화경》강설을 멈추지 않았던 백제의 고승 혜현慧顯(573~630)이다. 그는 자신을 찾아 수덕사로 오는 사부대중四部大衆을 피해 지금의 월출산으로 짐작되는, 전남 강진과 영암에 걸쳐 있는 달라산達拏山에 깃든 후 열반에 이르렀다. 그러자 제자들은 법구를 범이 들끓는 산중의 동굴 속에 옮겨놓았다. 그런데 몇 년이 지난 후에 다시 가보니 썩어버린 육신은 사라지고 없었지만,《법화경》을 강설하던 혜현의 혀는 생전의 모습과 같이 붉었으며 돌같이 단단하게 굳어 있었다고 한다. 불법을 전한 혀가 사라지지 않음을 기이하게 여긴 제자들은 사리를 대신해 혀를 탑 속에 넣고 공경의 대상으로 삼았다는데, 그 탑이 어디에 있는지는 알지 못한다.

그런가 하면 개경 왕륜사에 비로자나毘盧遮那 장륙금상丈六金像을 모시기 위해 스스로 몸을 태우는 소신공양을 올린 일도 있었다. 소신공양을 한 스님의 법호는 거빈巨贇이며, 때는 1176년이나 1236년 8월 보름이었다. 금강산 마하연 북쪽 봉우리에서 산 채로 불을 지펴 몸을 태웠으니, 그로부터 시주가 물밀듯이 들어와 마침내 장륙의 비로자나불을 모시게 되었다고 한다.

전북 변산의 불사의방장不思議房丈에서 지장보살과 미륵보살을 친견하고 점찰간자占察簡子를 받았다고 전하는 통일신라시대의 고승 진표율사眞表律師의 이야기도 흥미롭다. 그는 금강산 미륵봉 동쪽의 깊은 계곡 곁에 있는 발연사鉢淵寺에서 입적했는데, 고요히 앉아서 적멸에 들었다고 한다. 그것도 방 안이 아니라 소나무 한 그루 우뚝한 발연사의 동쪽 높은 바위 위에 앉아서였다. 제자들은 스님의 유언에 따라 육신을 수습하지 않고 그대로 두었다고 하니, 조장鳥葬이나 풍장風葬과도 같은 것이다. 세월이 흘러 뼈가 흩어질 즈음이 되어서야 바위 아래에 떨어진 뼈를 주워 묘를 만들었다고 하는데 1,000년도 넘은 옛일을 믿을 수도, 그렇다고 믿지 않을 수도 없는 노릇이다.

백대의 원수가 되려면 나를 다비하시오

진표율사 이야기의 진위 여부에 의심을 품었던 나는 이내 놀라고 말았다. 그와 같은 일이 17세기 후반인 1684년에도 벌어졌다는 이야기를 들었기 때문이다. 그곳은 전남 보성군 벌교읍 금화산 자락 징광사澄光寺였으며, 지금은 폐사가 되어 터만 남은 곳이다. 10여 년 전, 그 사실을 알고는 모든 일을 제쳐두고 달려갔다. 하지만 마주친 절터에는 눈으로 확인할 수 있는 것이 변변찮았다. 그 때문이었을까. 법등이 꺼진 절터에는 사람들의 발길조차 끊어지고 대신 그곳은 옹기종기 집들이 들어선 여염이 되어 있었다. 마을과 붙어 있는 산기슭에는 몸돌인 비신碑身을 잃어버린 채, 탑비의 받침돌인 귀부龜趺와 머릿돌인 이수螭首가 포개져 외롭게 남아 있었다. 더러 초석이나 석등의 유구 그리고 절구와 같은 석물들이 보였지만, 온전한 것은 아무것도 없었다. 귀부 또한 온전한 것이 아니라 용두龍頭였을 머리 부분은 간 곳이 없었으니 쓸쓸함만 짙어졌다.

그러나 폐사지라면 헤픈 걸음 나누지 않은 곳 없는 내가 어찌 눈에 보이는

웃자란 풀이 가득한 절터의 가장자리 부끄러운 듯이 흔적이 있다. 몸돌은 사라지고 귀부와 이수만 남았다.

유구가 드물다고 모른 체하겠는가. 더구나 이번 참에는 석조 유물을 보러 걸음한 것이 아니라, 징광사에 머물렀던 침굉枕肱 현변선사(1616~1684)의 자취를 찾아 나선 길이 아니었던가. 징광사터를 휘돌아 조계산 선암사까지 일대의 사찰은 물론이고, 폐사의 흔적으로 남은 우천리 3층석탑과 봉능리 석조인왕상 그리고 유신리 마애여래좌상까지 돌아보고 나서야 돌아왔다.

처음 징광사와 침굉선사의 존재를 알고 난 후 스님이 남긴 문집이 있다는 이야기는 들었지만, 도무지 구할 길이 없었다. 또 스님의 유계遺誡가 새겨진 목판이 선암사 어디에서 발견되었다는 이야기도 흘러나왔지만 그것 또한 마주할 기회가 없었다. 답답한 마음에 스님과 관련된 논문은 두어 편 찾아 읽었지만 그것은 스님이 지은 한글 가사歌辭와 관련된 것일 뿐, 행적에 대해서는 알 길이 없었다. 그렇게 불같이 타올랐던 징광사와 침굉선사에 대한 관심은 점차 잊히는 듯했다. 그러나 몇 해 뒤, 드디어 《한국불교전서》를 구하게 되었다. 가장 먼저 펼쳐본 것이 《침굉집枕肱集》 하권에 실린 스님의 유언과도 같은 〈유계遺誡〉였다.

내가 죽은 후 화장을 하여 나의 뼈를 흩는 자는 백대의 원수가 될 것이니, 바라건대 이 작은 생각을 가련하게 여겨서 내 몸을 물가나 수풀 아래에 두어 새와 짐승들이 마음대로 먹게 하시오. 그리되면 이 몸을 잘 보시한 공덕이니 어찌 다 말하겠습니까. 엎드려 빕니다. 여러 큰 도반들은 내 이 짓을 괴이하다 여기지 말고 이 못난 생각을 불쌍하게 여기시어 다비하지 말기를 바라고 또 크게 바랍니다.

若我死後 欲爲燒散者 與我百代之冤也 伏望憐我小懷 置之水邊林下 使鳥鳶恣食 則其善施之功 烏可言哉 伏祝諸大禪朋 勿以爲怪 垂卹鄙情 不爲茶毗 大望大望_〈유계〉 부분

정광리 절터로 향하는 길에 조성면 봉능리에 들렀다. 자신이 지켜야 할 부처님조차 잃어버린 인왕상이 있기 때문이다. 퉁방울눈을 부릅떴을 얼굴에는 검버섯이 피고, 불끈 쥔 주먹은 힘이 없어 보이지만 떡 벌어진 가슴만은 당당하다.

놀라웠다. 비록 전문은 아니었지만 그동안 단편적으로 전해 듣기만 했던 이야기를 확인하는 순간, 경외의 마음이 솟구치기도 했을뿐더러 감탄스럽기까지 했다. 더불어 환하게 열린 눈과 입도 다물지 못했다. 스님의 호에서 '침'은 베개를 말하며 '굉'은 팔뚝을 뜻한다. 두 글자를 합하면 팔베개다. 스님은 불문에 들어선 후 줄곧 팔베개를 하고 살았던 강직한 인물이다. 그러니 제자들 또한 그 심정을 헤아려 차마 스님의 유계를 거역하지 못하고 법구를 징광사 뒷산 바위틈에 모셨다. 그런데 묘하게도 새나 짐승이 달려들어 시신을 훼손하지 않았으며 그 모습도 변하지 않았다. 하지만 마을 사람들이 산에 올랐다가 시신을 보고 놀라는 일이 잦아지자 3년 뒤 제자들이 다비를 치르기로 의견을 모았다. 이에 제자들이 신도들과 함께 시신 주위에 빙 둘러서자 기이하게도 선사의 시신이 저절로 불길에 휩싸였다. 놀란 제자들이 손쓸 겨를도 없이 연기와 함께 한줌의 재가 되어 하늘로 흩어져버린 것이다. 침굉선사는 그렇게 이 세상에 다녀간 흔적조차 스스로 갈무리해버렸다.

책을 내려놓자 그동안 다비장에서 마주쳤던 장면들과 함께 침굉스님의 육신보시肉身普施 장면들이 서로 뒤엉켜 혼란스러웠다. 지금까지 다녀본 다비식에서 덕숭산문 수덕사를 제외하고는 모두 사리를 수습했다. 수덕사의 다비는 밤을 지새우는 일 없이 빨리 끝나기도 할뿐더러 습골 당시 사리와 유골을 가리지 않았다. 또 수습한 유골은 바위를 파서 만든 절구에 넣어 그 자리에서 바로 쇄골碎骨을 한 뒤 다비장 주위에 동서남북으로 방향을 잡아 흩뿌리고 만다. 물론 다비식은 각 문중마다 차이가 있어 어느 것이 좋고 나쁘며, 또 옳고 그르다고 말할 수 없다. 하지만 내 기억 속의 모든 다비식은 침굉선사의 〈유계〉를 읽는 순간, 불어난 강물을 견디지 못하고 허물어져 내리는 방죽처럼 스러지고 말았다. 침굉선사는 스님이면서 동시에 대장부였기 때문이다. 선사는 육신을 인간 세상만이 아니라 자연계, 곧 우주를 상대로 보시했으니 어찌 대장부라고 하지 않을 수 있겠는가.

《금강경金剛經》에 이르기를 '마음을 비우고 곧장 생각을 일으키라應無所住 而生其心'고 했지만 어디 그것이 쉬운 일인가. 더구나 일으킨 생각을 올곧게 실행에 옮기고 유지한다는 것은 누구에게나 만만찮은 일이다. 하물며 한 민족이나 집단이 지니고 있는 가장 속 깊은 의례인 장법葬法에 있어서는 더욱 그러하지 않겠는가. 그런 스승 때문이었을까. 제자들 또한 스승 못지않다. 이미 말을 그치고 눈을 감은 사람이 무슨 말을 할 것이며 또 무엇을 볼 수 있을 것인가. 그럼에도 스승의 유훈을 받들어 곧이곧대로 일을 처리했으니, 그 스승에 그 제자 아닌가. 당연히 그렇게 해야 할 일이었지만, 말했듯 장법의 변화가 아닌가. 가장 변치 않고 이어져 오는 의례에 파격적인 변화를 꾀했음에도 스승의 뜻을 따랐으니 이야말로 줄탁啐啄일 것이다. 그런 스님들이 모여 살았던 징광사는 또 얼마나 아름다운 절이었을까. 징광이란 맑은 빛을 뜻하며, 영월詠月 청학스님(1570~1654)이 지은 〈징광사중창기澄光寺重創記〉에 금화산과 징광사라고 이름 지은 까닭이 나온다.

> 부사 서쪽과 산양 동쪽 사이에 산이 있으니 이름이 금화이며, 그 산속에 절이 있는데 징광이라 부른다. 아! 산수가 맑고 높으며 숲과 골짜기는 그윽하고 고요하다. 어질고 지혜로운 자가 즐기려고 하거나, 은자가 깃들기에 이만한 곳은 없다. 이 때문

에 금강을 스스로의 성품으로 삼고 쇠와 바위 같은 의지를 지닌 자들이 한번 구름으로 걸어둔 빗장 안으로 들어와 보리수 나뭇가지에 마음 꽃이 피어나면, 금화라고 부른 것이 어찌 당연하지 않겠는가. 헌 짚신 끌고 가는 사람으로서 온갖 사물에 초탈한 세계로 걸어가다가 잠깐 여기 참선하는 문 안에 머물러 지혜의 바다가 맑아지고 혜광이 유달리 빛나게 된다면, 징광이라고 부른 것 역시 당연하지 않겠는가.

浮槎之西 山陽之東 間有山焉 金華 其名也 中有寺焉 澄光 厥號也 吁 山水淸峻 林壑幽靜 仁智所樂 隱子所栖 亦莫如此地也 是以 金剛自性 鐵石其志者 一入雲扃 而菩提樹枝 心華發明 則名之以金華 豈不然乎 弊屣人間 高蹈物表者 暫住禪扉 而智海澄淸 慧光獨曜 則稱之以澄光 不亦宜哉 _〈징광사중창기〉 부분

철감국사가 쉬면서 선법을 닦던 곳

〈징광사중창기〉에는 당연히 징광사의 창건 연대에 대한 기록이 나오는데 자못 흥미롭다. 당시 중창불사는 낙안 군수였던 임경업에 의해 1626년에서 1639년 사이에 이루어진 것으로 보인다. 그런데 영월스님은 중창불사를 일으키기 전, 곧 정유재란 전에 옛 건물을 허물고 다시 수리를 할 때 들보에 '신라 법흥왕조 중창新羅法興王朝 重創'이라는 글씨가 남아 있었으며, 초창 연대에 대해서는 알려져 있지 않다고 했다. 그 내용을 영월스님이 직접 본 것인지 아닌지는 모호하다.

영월스님에 따르면 마을에 다음과 같은 징광사 창건 연기설화緣起說話가 전한다고 한다. 벼슬자리를 마다하고 고향으로 내려온 김방金倣이라는 사람이 있었다. 그는 사냥을 하며 소일하곤 했다. 그러던 어느 날 그가 사냥을 나갔다가

화살을 쏘았는데, 그만 그것이 날아가 불상의 겨드랑이 아래를 관통해버렸다. 놀란 김방이 가까이 다가가서 살펴보니, 불상이 있는 그곳만 한 승지가 없었다. 그래서 그는 주변의 나무를 잘라내고 터를 다져 가람을 이루었다고 한다. 지금에 와서 김방이라는 인물이 누구인지는 알 길이 막연하다. 이 지역에 살았던 김방은 모두 둘인데, 한 명은 고려 공민왕 당시 화순 쌍봉사의 중건을 위해 큰 시주를 한 인물이고, 다른 한 명은 조선 중기인 1443년에 무등산 증심사證心寺를 중건한 인물이다. 둘 중 누가 사냥에 나섰던 김방인지는 알 수 없다. 하지만 그는 광주 관찰사나 목사와 같은 벼슬을 하며 호남 일대의 사찰 문화 발전에 큰 공을 세운 사람임은 분명하다. 다만 김방의 생존 연대와 법흥왕의 재위 기간에는 많은 차이가 있어, 창건주보다는 중건주로 보는 것이 옳지 싶다.

영월스님은 〈징광사중창기〉에서 절의 수리를 위해 옛 절을 헐었다고 썼다. 그때는 정유재란으로 절이 모두 불타 사라지기 전이다. '신라법흥왕조 중창'이라는 글씨는 그때 본 것이다. 그 후 세월이 흘러 1597년에 정유재란을 당해 절은 남김없이 소실되었다. 영월스님은 1582년 장흥의 보림사寶林寺로 출가했으니, 출가 후 정유재란까지 15년 사이에 영월스님이 징광사에 머물렀더라도 전각을 헐었던 적은 없었을 것으로 보인다. 그러므로 법흥왕조에 중창을 했다는 이야기는 그가 들보에 쓰인 글씨를 직접 본 것이 아니라, 다른 누군가에게 전해 들은 것이라고 봐도 괜찮지 싶다. 영월스님이 언제부터 징광사에 머물렀는지도 알 수 없기 때문이다. 중창기에 따르면, 정유재란으로 절이 모두 소실된 뒤에는 그저 움막과도 같은 선방을 두어 채 지어 스님들이 생활했다고 한다. 그러다가 1626년에 고송孤松 임경업(1594~1646)이 낙안 군수로 부임했다. 어느 날 임경업이 학을 타고 징광사를 찾았는데 눈앞에 펼쳐진 정경이 너무도 참담했다. 이에 중창불사를 일으켜 1639년에 마치고 다시 사찰의 위의를 갖추게 되었다.

법흥왕 당시에 중창불사가 이루어졌다는 내용에 대한 또 다른 의혹이 있다. 그 말을 곧이곧대로 믿는다면, 그 이전에 이미 절이 있었다는 것을 인정해야 한다. 법흥왕의 재위 기간은 514년부터 540년까지이며, 이차돈(506~527)의 순교로 신라가 불교를 공인한 해는 527년이다. 그러므로 불교가 공인되기 전에 신라의 변방에 사찰이 지어졌을까 하는 의문이 드는 것이다. 단정하기는 어렵지만, 불사는 불교가 공인된 후 경주를 중심으로 벌어지기 시작했다고 봐야 한다. 그 후 8세기 중후반이 되면서 왕실과 함께 호국불교의 선봉에 있던 교종敎宗, 곧 화엄에 반하는 선종사상의 대두로 인해 지방에 큰 사찰이 지어지기 시작했을 것이기 때문이다. 당나라로 유학을 떠났던 스님들이 장보고(?~846)의 도움을 받아 돌아온 곳은 완도의 청해진이었다. 이는 경주의 변방인 전라도에 선종 사찰들이 들어설 수 있는 계기가 되었다. 이 같은 사실로 미루어볼 때, 불교가 공인된 법흥왕 당시에 중창이 이루어졌다는 기록에는 미심쩍은 부분이 있다.

절터에 남아 있는 비석 받침, 곧 귀부는 더욱 흥미롭다. 그 귀부는 머리를 따로 만들어 끼울 수 있는 모습이다. 이곳과 머리를 끼우는 방식이 조금 다르기는 하지만 충북 괴산의 각연사에서도 이와 같은 양식을 볼 수 있다. 하지만 안타깝게도 각연사의 그것 또한 몸돌을 잃어버리고 탁본조차 남아 있지 않아서 누구의 것인지, 또 부도 탑비였는지 아니면 사적비의 받침돌이었는지 알 길이 없다. 그렇지만 묘하게도 각연사에 전해오는 설화 중 하나는 삼국시대의 유일대사有一大師에 관한 것이다. 그에 대한 기록은 남은 것이 없지만 설화에 따르면, 그는 법흥왕 당시에 활동한 고승이었다. 그가 절을 짓기 위해 지금 각연사가 있는 반대편의 쌍곡리 사동寺洞 절골에 터를 잡고 한창 터를 다지며 나무를 다듬던 중, 까마귀 떼가 나무 부스러기를 물고 어디론가 날아가는 모습이 자주 보였다고 한다. 이를 이상하게 여긴 유일대사가 쫓아가보니 까마귀들이 나무 부스러기를 한 연못 속에 떨어뜨리고 있었는데, 못 속을 들여다보니 그 안에 광채가 나는 석불 한 구가 있었다. 급히 석불을 건져 올렸는데 지금 각연사의 비로전에 모셔진 보물 제433호 석조비로자나불좌상이 그것이라고 한다. 또 유일대사는 연못을 메워 그 자리에 절을 지었는데, 그 절이 바로 각연사라는 것이다. 이처럼 유사한 모습을 한 귀부가 남아 있는 두 사찰에서 법흥왕의 이야기와 만나는 것은 흥미로운 일이다.

여하튼 불교가 공인되기 전에 사찰이 지어졌다는 것을 섣불리 인정하기에는 마뜩치 않은 부분이 많은 것은 사실이다. 백제와 신라의 해상 활동에 비춰서도 그렇거니와, 신라가 장보고를 앞장세워 이 일대에 진출한 것은 통일신라 후기였던 9세기 초이기 때문이다. 그러나 이렇게 생각해볼 수도 있다. 이미 침류왕 원년인 384년에 불교를 공인한 백제가 당시 분차分嵯 혹은 분사分沙, 부사浮槎라고 불리던 이 지역에 사찰을 건립했고, 그 후 법흥왕 대에 이르러 이를 중창했다고 말이다. 하지만 법흥왕 당시는 아직 삼국이 서로 첨예하게 대립하던 시기였으며 더구나 백제가 멸망한 시기는 660년이 아닌가. 그럼에도 법흥왕 당시에 중창했다는 설은 쉬이 납득하기 어려운 것임에 틀림없다.

꼬리에 꼬리를 무는 의문은 침굉선사가 1650년 가을에 쓴 〈금화산징광사

정광시터의 귀부와 이수는 용두와 몸돌을 잃어버렸다. 귀부는 두툼하여 높이가 높고 이수의 조각은 화려하지만 이수에 제액題額이 없다. 나말여초 선사들의 탑비에는 이수의 한가운데에 누구의 탑비라는 제액이 있다. 그럼에도 제액이 없는 것은 어떤 스님을 위한 탑비가 아니라 사적비였기 때문일 수 있다.

다른 특이한 점은 이수의 모서리다. 비좌碑座에 올려진 이수를 보면 굴러떨어지면서 모서리가 문드러진 것처럼 보이지만 그렇지 않다. 둑을 반듯하게 다듬지 않고 처음부터 울퉁불퉁 돌이 생긴 모양을 따라 문양을 새긴 것이 돋보인다. 용두 부분은 요철凹凸을 만들어 끼울 수 있게 해놓았다.

귀부는 나말여초의 시기보다는 후대의 것으로 보인다. 발가락의 모양이 심약하기 짝이 없고 꼬리 또한 평이하게 옆으로 누워 있는 모습으로 미루어, 구산선문의 선풍이 매섭게 휘날리던 때보다 후대의 것으로 볼 수 있다. 가까운 쌍봉사에 남아 있는 철감선사의 그것과 비교해봐도 금세 알 수 있다.

영산전중창기金華山澄光寺靈山殿重創記〉에서 더한다. 그 글에 "이곳은 처음 철감국사가 쉬면서 선법을 닦던 곳이다厥初徹鑑國師 憩錫修禪之所也"라는 문장이 나오기 때문이다. 철감국사는 쌍봉雙峰 도윤(798~868)이다. 그의 부도탑과 탑비는 화순의 쌍봉사에 남아 있는데, 탑비의 몸돌을 잃어버려 그 내용은 알지 못한다. 쌍봉스님은 열여덟 살에 김제 귀신사鬼神寺로 출가해 화엄을 공부했으나, 뒤늦게 선의 종지를 구하고자 825년에 당나라로 건너가 남전南泉 보원선사 아래서 심인心印을 받은 뒤 847년에 귀국했다고 알려져 있다. 그러므로 쌍봉스님이 징광사에 머물렀다면, 그 시기는 847년 4월 이후의 어느 때가 된다. 그리고 처음이라고 했으니, 그 처음은 초창될 때의 이야기를 하는 것이지 싶기도 하다.

맑은 선풍이 에워쌌던 선종 사찰

쌍봉스님은 징효澄曉 절중스님(826~900)의 스승이다. 그러므로 쌍봉스님을 지금의 법흥사가 있는 강원도 영월군 수주면 사자산에 징효스님에 의해 열린 사자산문獅子山門 흥녕선원興寧禪院의 개산조開山祖라고도 볼 수 있다. 쌍봉스님은 당나라에서 돌아오자마자 금강산으로 향했다고 전해진다. 그의 귀국 당시 청해진은 이미 폐쇄되었으며 장보고는 죽음에 이르러 완도로의 접근이 순탄치 않았기 때문이다. 그로 인해 호남 지역에 뿌리내리기가 쉽지 않음을 깨닫고 오히려 중앙정부의 간섭이 미치지 않는 금강산으로 향했을 것이라고 짐작한다. 징효스님이 쌍봉스님을 찾아가 제자가 되어 곁을 떠나지 않은 채 법을 구한 곳도 금강산 장담사長潭寺였다. 그럼에도 쌍봉스님이 징광사에 머물렀다는 것은 의아한 일이다.

물론 그가 이곳에 머물렀을 개연성은 충분하다. 이웃한 화순의 쌍봉사에 있는 그의 부도와 탑비는 그가 징광사에 머물렀다는 것을 방증하며, 쌍봉사에는 스님이 머물기 전에 이미 사찰이 있었다. 전남 곡성의 태안사에 구산선문 중 동리산문을 개창한 적인寂忍 혜철국사(785~861)가 입당구법入堂求法 후 귀국한 839년, 쌍봉사에 머물며 하안거를 지냈다고 한다. 846년 적인스님은 지금의 태안사인 대안사로 돌아가 동리산문을 열었고, 쌍봉스님은 그 이듬해에 귀국했다. 어쨌든 쌍봉스님이 쌍봉사에 머물며 사세를 일으키고 난 뒤, 징광사에 나들이를 했을 수도 있다. 하지만 그가 얼마 동안이나 장담사에 머물렀으며 또 쌍봉사에 머물렀는지는 알 길이 없다. 다만 분명한 것은 당시 경문왕(재위 861~875)이 쌍봉스님에게 귀의해 쌍봉사에 지원을 아끼지 않았으며, 그로 인해 사세를 넓힐 수 있었다는 사실이다.

쌍봉스님은 그 짬짬이 징광사를 새롭게 창건했던 것은 아니었을까? 쌍봉스님과 함께 당나라에서 돌아와 강릉 대관령 아래에 사굴산문闍崛山門을 열어 굴산사를 창건한 통효通曉 범일국사(810~889)가 그랬듯 말이다. 범일국사는 굴산사와 이웃한 곳에 규모가 아주 작은 신복사神福寺를 창건해 몸과 마음을 쉬었다고 전한다. 어쩌면 그것이 침굉선사의 글에 대한 해답이 될 수도 있다. 문헌 사료가 아닌 설화로 전해지는 이야기지만, 범일국사가 그랬던 것처럼 징광사를 쌍봉스님이 창건했을 수도 있다고 생각한 까닭은 침굉선사가 굳이 '철감국사가 처음 쉬면서 선법을 닦던 곳'이라고 했기 때문이다. 그렇지만 의문이 꼬리에 꼬리를 물고 잇따를 뿐, 확실한 것이 없으니 답답하다.

그 후 징효스님 또한 징광사 가까이에 머문 적이 있다. 영월 흥녕선원에 머물던 징효스님이 제자들을 이끌고 스승인 철감국사 쌍봉의 부도를 찾아 예를 갖춘 것이다. 그때는 정치·사회적인 변동에 따른 혼란과 전란이 잇따랐으며 흥녕선원은 도적들의 침입으로 불타버렸던 즈음이다. 불안에 떨던 징효스님은 비록 이미 입적해 세상에 계시지는 않았지만 그 스승을 찾아가 간절한 마음을 기대야만 했을 것이다. 쌍봉사에 참배를 마친 징효스님은 지금의 낙안면인 분령군의 동림사桐林寺에 머물렀다가, 다시 강화도의 은강선원銀江禪院으로 몸을 피해 그곳에서 열반에 들어 다비를 치렀다. 그의 사리는 효공왕 11년인 907년에 동림사로 옮겨 탑을 건립하고 모셨다.

이렇듯 신라 말 또는 고려 초, 전라도 일대의 사찰들은 선사들이 주석駐錫하는 선종 사찰들이 많았다. 구산선문이라 일컫는 아홉 군데의 대표적인 선종 사찰 중 전라도 일대에 자리 잡은 사찰은 모두 세 곳에 달한다. 실상산문實相山門 실상사와 가지산문 보림사 그리고 동리산문 태안사가 그것이며, 실상산문은 구산선문 중 가장 먼저 산문을 열었고 가지산문이 그 뒤를 이었다. 거기에 더해 징효스님에 의해 열린 사자산문 또한 쌍봉사에 머문 철감국사 쌍봉스님에게서 비롯되었으니, 전라도의 선풍은 맹렬했다고 봐야 할 것이다.

그 때문이었을까. 징광사 또한 침굉선사 당시만 하더라도 맑은 선풍이 에워싼 선종 사찰이었다. 침굉선사는 열두 살에 보광葆光 건우선사를 따라 지금의 천관산인 천풍산 탑암塔庵으로 출가해 열세 살에 머리를 깎고 불문에 발을 디뎠다. 그 후 지리산 금류동의 소요당에 머물던 소요逍遙 태능선사(1562~1649)를 찾아가 법을 구했다. 태능은 송운松雲 유정(1544~1610), 편양鞭羊 언기(1581~1644)와 함께 청허清虛 휴정(1520~1604)의 법맥을 이었으며, 그중 유

이곳 또한 강진의 월남사지나 경남 산청의 단속사지처럼 절 자리가 여염이 되어 흰정광마을이 되었다.

정은 교敎에 정통했고 언기와 태능은 선지禪旨가 깊었다고 한다. 그러니 침굉선사인들 어떠했을까. 그는 〈조계산서회曹溪山書懷〉라는 시의 첫 구절에서 평생 육조六祖 혜능선사(638~713)를 흠모했다고 고백한다. 침굉선사는 징광사로 자리를 옮기기 전에는 주로 선암사의 비로암毘盧庵에 머물렀으며 선암사는 조계산 기슭에 있었으니, 조계산은 혜능선사가 머물렀던 중국 조계산의 이름을 차용한 것이다.

더불어 다른 절에서는 흔하게 보이지만 유독 선암사에서는 보지 못하는 것이 있는데, 바로 주련柱聯이다. 전각을 떠받치고 있는 기둥마다 걸려 있어야 할 주련이 보이지 않는다. 그것은 은연중에 말을 경계하라는 가르침을 준다. 선가에 전하는 말 중에 '개구즉착開口卽錯'이라는 것이 있다. 입을 열어 말을 꺼내는 순간, 곧 본질을 그르친다는 뜻이다. 청허 휴정스님은 《선가귀감禪家龜鑑》의 여섯 번째 게송에서 "누구든지 말에 떨어지면 염화미소가 모두 교의 자취만 될 것이요, 마음에서 얻으면 세상의 온갖 잡담이라도 교외별전의 선지가 될 것이다 是故若人 失之於口則拈花微笑 皆是敎迹 得之於心則世間麤言細語 皆是敎外別傳禪旨"라고 말한다. 말이란 입을 여는 순간 이미 본디 마음에서 어긋나는 것이며 마음을 잃어버린 말은 죽은 것과 같으니, 교가 바로 그러한 것이라는 뜻이다. 말보다는 마음을 얻어야 하는 것이니, 그러한 이심전심의 경지는 혜능조사의 선지이기도 했다.

여기까지 생각이 미치니, 어쩌면 침굉선사의 육신보시 또한 혜능조사의 '엽락귀근 래시무구葉落歸根 來時無口'라는 화두에 답을 한 것은 아니었을까 하는 생각이 들었다. 이는 '잎은 떨어져 뿌리로 돌아가고, 이 세상에 올 때부터 입이 없었다'는 뜻이다. 이 화두는 혜능조사가 임종을 예감하고 국은사國恩寺로 떠나기에 앞서 남화선사南華禪寺에서 제자들과 나눈 대화에서 비롯되었다. '엽락귀근'은 잎이 떨어져 거름이 되어 다시 새로운 잎을 피어나게 한다는 생명의 순환 논리를 말하며, '래시무구'는 선의 근본사상 중 하나인 불립문자를 말하는 것으로, 곧 문자와 말을 놓고 마음을 얻으라는 가르침이다. 이처럼 혜능조사의 자취가 묻어나는 곳에 머문 침굉선사 또한 교보다는 선에 치중했다. 그는 '방교참선放敎參禪', 곧 교를 놓고 선을 취했지만 한때 그 둘 사이에서 방황했던 적도 있었다. 침굉선사의 시 〈듣자하니 경을 시험봐서 도첩을 준다고 하네聞試經度牒〉는 그런 고뇌에 찬 모습이 솔직하게 드러나 그의 참된 면모를 볼 수 있는 고마운 시다.

십 년 동안 잦은 병치레로 이불 속에 묻혔더니　十年多病在沈綿

소림굴과 영축산은 아직 인연이 닿지 않네　少室靈峯憶未緣

홀로 쇠잔한 등불 짝하며 허송세월　獨伴殘燈空度月

외롭게 상이 깨지도록 읊은 지 몇 해인가　孤吟破榻幾經年

선림은 길이 미끄러워 발붙이기 어렵고　禪林路滑難措足

교의 바다는 파도가 깊어 배가 흔들린다네　敎海波泓熟掉船

칙령이 우레와 같아 공부를 시험한다는데　勅令如雷令試學

몸을 지탱할 계책이 없으니 눈앞이 망연하네　保身無計目茫然

염불이나 선은 같은 것이라네

침굉선사는 갈등 끝에 선의 길을 택했고 더불어 염불의 길도 택했다. 그는 이미 출가 전에 유가의 경전을 두루 섭렵했다고 알려져 있다. 불문에 발을 디디고 나서도 유가의 경전을 소홀히 하지 않았다. 그 때문일까. 침굉선사는 불과 유를 동시에 이루었고 더불어 선을 자신의 수행 방법으로 택하며 염불까지 더한 것이다. 그의 선은 기존의 간화선看話禪 수행 방법을 거스르지 않고 어느 시점에 이르러서는 염불과 선을 동일 선상에 놓았다. 그리하여 염불선이라는 자신만의 독특한 수행 방법을 찾은 것이다. 따라서 침굉선사의 선은 염불선으로 봐야 한다. 그는 국한문 혼용 가사인 〈귀산곡歸山曲〉과 〈태평곡太平曲〉에서 염불참선念佛參禪이라는 말을 직접적으로 드러내며, 그가 지은 유일한 시조라고 할 수 있는 〈왕생가往生歌〉에서는 염불을 설명하고 권장하는 모습까지 보인다. 또한 〈참선〉이라는 시와 〈염불〉이라는 시를 같이 지었는데, 어쩐지 두 시 모두 자신이 다다른 경지를 빗대어 다른 사람들에게 참선과 염불을 권하는 듯한 느낌이 드는 이유는 무엇 때문일까. 〈참선〉과 〈염불〉 그리고 〈왕생가〉를 차례로 보면 다음과 같다.

〈참선〉

참선이란 많은 말이 없으며　參禪不在多言語
다만 스스로 뜻을 붙들고 바라보는 것이라네　只是當人着意看
밤낮을 잊고, 보고 가며 보고 오니　看去看來忘晝夜
시방세계를 꼼짝 못하게 하여 홀로 한가하네　十方坐斷獨閑閑

〈염불〉

지는 해를 매달린 북인 양 마음으로 바라보고　心觀落日如懸鼓

입으로는 아미타불의 명호를 부르네　口誦阿彌陀佛名

마음과 입이 항상 서로 응한다면　若能心口常相應

반드시 서방 극락에 태어날 것이라네　卽得西方極樂生

〈왕생가〉

아미타불 아미타불하여　阿彌陀佛阿彌陀佛ᄒᆞ야

하나의 마음이 흐트러지지 않으면　一心이오 不亂이면

아미타불이 눈앞에 나타날 것이니　阿彌陀佛이 卽現目前ᄒᆞᄂᆞ니

임종 시에 아미타불 아미타불하면　臨終애 阿彌陀佛阿彌陀佛ᄒᆞ면

극락왕생하리라　往生極樂ᄒᆞ리라

자칫 선과 염불이 따로 분리되어 있는 것처럼 보이지만, 반드시 그렇지만은 않다. 그가 지은 또 다른 가사인 〈청학동가靑鶴洞歌〉를 보면, 선과 염불이 동시에 이루어지고 있음을 알 수 있다. 〈청학동가〉의 마지막에 "백납한승白衲閑僧은 선흥禪興을 씌내겨워, 옥로玉爐에 향香을 꼬고 일성금경一聲金磬을 만학풍萬壑風이 울리노매"라는 구절이 나온다. 백납이란 가사, 곧 분소의糞掃衣를 말하는 것이다. 가사란 본디 쓰레기에서 주워서 깨끗하게 빨아 입는 것이기에 백납이라고 하며, 선승들을 납자衲子라고 하는 까닭은 그 누더기를 입은 사람들이기 때문이다. 그러니 백납한승은 선정에 든 침굉선사 자신을 일컫는 말이며 선흥이란 선의 흥취로, 선의 흥취에 겨운 스님이 옥으로 만든 향로에 향을 꽂은 것이다. 그리고 일성금경에서 금경이란 흔히 말하는 경쇠, 곧 절에서 의식을 치를

때 사용하는 옥이나 놋쇠 등으로 만든 갖가지 악기를 일컫는 말일 수 있다. 그렇지만 일반적으로는 부처님께 절을 올릴 때나 염불을 할 때 흔드는 작은 종인 요령饒鈴을 말한다. 그러니 한가닥 경쇠 소리만 골짜기에 바람이 되어 울린다는 내용이다. 곧 스님이 선흥에 젖어 부처님 앞에 앉아 경쇠를 흔들며 염불을 왼 것이라고 볼 수 있다.

침굉선사에게는 선과 염불이 별개가 아닌 동일한 것이었다고 해도 지나치지 않은 생각이다. 그로 인해 침굉선사는 앞에 말한 시에서 재가자들이나 신도들에게 참선의 경지나 염불의 경지가 같은 것임을 말한 것이다. 하지만 그는 참선을 출가한 자들에게만 권했을 뿐, 재가자들에게는 권하지 않았다. 참선은 끝없는 고통을 수반하므로 차라리 재가자들에게는 염불을 권해 중생제도를 이루려고 했던 까닭이 아닐까 싶다.

120여 수에 달하는 그의 시에는 더러 스님들에게 선을 권하는 장면들이 나타난다. 〈각등 스님에게 선을 권하며 드리다呈覺等師 勸參禪〉가 그렇고, 도총섭에게 주는 시 〈희롱 삼아 늙은 판사에게 주다戲呈老判事〉가 그렇다. 뒤의 시에서는 굳이 '희롱하다'나 '장난삼다'라는 뜻의 희戲를 제목에 넣어 말하기를 "바라건대 모산의 향무 속에 들어가願入茅山香霧裏, 마음은 오로지 벽을 향해 우두선사처럼 되어야지專心向壁做牛頭"라고 했다. 모산이란 한나라 때 모영茅盈이 그의 아우인 모고茅固, 모충茅衷과 함께 구곡산句曲山에 들어가 모두 도를 이루어 신선이 된 산이다. 그 후로 형제들의 성을 따서 산 이름을 모산이라고 불렀으니, 곧 심산유곡을 말한다. 또 우두선사(594~657)는 모산으로 출가해 깨달음을 이루었으니, 이제 그만 자리에 연연하지 말고 우두선사처럼 벽을 향해 앉아 참선에 들라는 뜻이다.

그렇게 스님들에게조차 교를 놓고 선에 들라며 참선을 권했지만, 침굉선사의 선이 남다른 것은 바로 중생구제에 있다. 그 명제 때문에 스님은 염불이라는 방편을 택해 선과의 습합(習合)을 꾀했다고 할 수 있다. 구해야 할 중생이 있다는 말은 어쩌면 선의 입장과는 상반되는 것이기도 한데 말이다. 조사선(祖師禪)에서 말하는 선이란, 본래 모든 사람이 다 부처여서 구제하고 또 구제당해야 할 대상이 서로 없는 평등한 경지이기 때문이다. 앞서 말했듯 침굉선사는 간화선의 바탕에서 새로운 염불선을 이끌어냈으며, 위로는 끊임없이 깨달음을 구하고 아래로는 항상 중생을 구제하려는 마음을 놓지 않는 입장을 견지했다. 그러한 자세는 자신의 깨달음만을 추구하는 독선이 아니다. 깨달음의 결과를 중생들과 함께 나누고 그들을 돌보려는 마음, 곧 보살행을 실천한 것과 다르지 않다.

가혹한 종이 부역으로 절을 떠난 스님들

아! 사람의 삶이란 얼마나 아름다운가. 절터는 가뭇없고 침굉선사의 자취도 찾을 길 없건만 굳이 이 먼 곳까지 찾아온 까닭은 사람 때문이었으니, 사람의 향기는 부처님 앞에 올리는 향화 못지않은 것이리라. 언제나 부처님 앞에 올리는 공양 중에 향공양이 으뜸이라고 되뇌곤 했지만 이제 생각을 바꿀 참이다. 부처를 닮아 나름대로 부처의 삶을 이루려고 하는 사람에게서 풍기는 아름다운 향기 또한 그에 버금갈 것이기 때문이다.

침굉선사 이후에도 이곳에는 수많은 스님들이 머물며 골짜기를 진한 향기로 물들였다. 침굉선사가 적멸에 들자 뒤이어 백암栢庵 성총스님(1631~1700)이 머물렀는데, 그는 징광사를 화엄의 길로 이끌었다. 때는 1681년경이었다. 하루는 스님이 배를 타고 바다로 나갔다가 표류해 임자도荏子島에 머물렀다. 마침 그곳에는 파선한 중국 배가 있었고 그 배에는 경전 190권이 실려 있었는데, 스님이 그것을 징광사로 옮겼다. 그러고는 5,000개의 판으로 만들어 인성印成하는 불사를 일으켰다.

그때 백암스님을 보좌한 이는 무용無用 수연스님(1651~1719)이다. 그는 열아홉에 송광사로 출가해 스물둘에 침굉선사의 제자가 되어 선을 배웠다. 스물여섯 살에는 침굉선사의 소개로 백암스님을 찾아가 화엄을 익혔고, 백암스님이 징광사에서 《화엄경》과 《정토서淨土書》를 개판改板 할 때 그림자처럼 일을 도왔다. 더불어 백암스님이 1692년 봄에 선암사에서 화엄회를 열자 그를 따라 참석해 백암스님의 법을 이었다.

다시 그 뒤를 이어 징광사와 연을 맺은 스님은 설암雪巖 추붕선사(1651~1706)다. 화엄학에 밝아 두륜산 대흥사에서 화엄을 강설했던 설암스님은 해남 대흥사의 13대 종사 중 제5대 종사다. 하지만 다비를 이곳 징광사에서 치렀으며 부도탑과 탑비도 징광사에 있었다고 알려져 있다. 탑비의 글은 영의정을 지낸 만정당晩靜堂 서종태(1652~1719)가 지었으며, 그의 문집인 《만정당집》에 〈금화산징광사설암선사비명金華山澄光寺雪巖禪師碑銘〉으로 남아 있다. 비명에 따르면, 1706년 8월에 다비를 마친 후 얻은 영골 한 조각을 절의 남쪽 등성이에 묻었다고 되어 있다. 그렇다면 부도탑과 탑비 또한 절터 언저리 어딘가에 있었을 테지만 지금은 찾을 길이 없다.

뒤를 이어 묵암默菴 최눌스님(1717~1790)이 징광사에 머물렀다. 묵암스님은 영조 6년인 1730년, 열여덟의 나이로 징광사의 돈정頓淨스님에게로 출가해 만리대사萬里大師로부터 구족계具足戒를 받았다. 1년 후 송광사로 건너가 풍암楓巖 세찰(1688~1767), 호암虎巖 체정(1687~1748), 회암晦庵 정혜(1685~1741), 용담龍潭 조관(1700~1762) 그리고 상월霜月 새봉(1687~1767)과 같은 선지식들에게 법을 배웠고, 그중 세찰스님의 법을 이었다. 더불어 종장宗匠이던 명진대사冥眞大師로부터는 선지를 이어받았으니, 선과 교를 두루 갖췄지만 특히 화엄학에 밝아 후에 화엄종장으로 추앙을 받기도 했다.

묵암스님이 징광사에 머물 당시에는 이미 사세가 기울어가던 때로 보인다. 스님이 직접 〈폐지상소廢紙上疏〉를 올렸기 때문이다. 묵암은 징광사의 고질병과도 같은 일에 대해 소를 올렸는데, 이 고질병이란 종이 만드는 일에 스님들이 동원되는 부역을 말한다. 백암스님 이래로 징광사는 각종 경판을 인성하는 일을 왕성하게 벌였다. 지금은 터로 남은 충주의 청룡사나 울산 울주의 운흥사처럼 말이다. 졸저《절터, 그 아름다운 만행》에서 말했듯 운흥사는 아예 종이 만드는 시설을 갖추고 있었으며, 닥나무를 두들기던 '딱돌'이라는 넓적한 바위가 아직 절터에 그대로 남아 있다. 하지만 그러한 시설을 갖춘 사찰들은 불경을 인성하기 위한 종이를 만들려고 한 것일 뿐, 지방관청이나 중앙관청에 종이를 만들어주던 곳은 아니었다. 그럼에도 관청에서는 스님들에게 힘든 종이 부역을 시켰으니, 스님들은 그 말을 따를 수도 따르지 않을 수도 없는 곤혹스러운 입장이었다. 종이 뜨는 일을 하다 보면 절 살림을 돌볼 겨를이 없었다. 더구나 힘든 노동을 견디지 못하고 절을 떠나는 스님들이 많아져 절이 피폐해지는 것은 순

징광사터로 향하는 길 왼쪽에 있는 징광문화 연못가에 놓여 있는 석물 중 팔각원당형의 부도다. 본디의 모습은 아닌 것으로 보이며 징광사터의 것인지조차 불분명하다.

징광문화 연못 주위에는 팔각원당형의 부도 외에도 탑재와 배례석 같은 것들이 흩어져 있다. 그것들 모두 징광사터에서 나온 것인지 아닌지는 알 수가 없다.

간이었다. 묵암스님은 그러한 지역紙役이 되풀이되는 폐단을 지적하려고 상소를 올린 것이다.

당시 종이 뜨는 일은 전국 사찰에 할당되었다. 묵암스님 당시의 기록을 살펴보면, 비록 징광사가 있는 낙안이나 벌교 지방은 아니지만 정조 2년(1778) 4월 《조선왕조실록》에 어슷비슷한 내용이 실려 있다. 당시 수재壽齋 이곤수(1762~1788)는 해서와 관서 지방에 암행어사를 다녀와 왕에게 그 결과를 고했는데 종이 부역의 폐단이 포함되어 있다.

승폐僧弊에 대해서 말씀드리겠습니다. 승역僧役이 민역民役보다 심하여 지나는 길에 있는 사찰이 곳곳마다 텅 비어 있었습니다. 신이 수령들을 만나기만 하면 이 폐단에 대해 말해서 관납官納하는 종이와 미투리 등속을 적절히 면제하여 기어이 안주하게 하고, 또 승도僧徒를 불러 조정에서 진휼賑恤하는 덕意德意를 고루 널리 알렸습니다. 영변 묘향산의 사찰에 지역紙役을 적절히 조정하여 처리함으로써 다시 모인 승도가 이미 100여 명이나 됩니다.

종이 부역이 힘들어 떠났던 승려들이 그 양을 탕감하자 다시 돌아와 수행에 매진했다는 내용이다. 이곤수가 암행어사를 다녀온 후인 1783년에도 묘향산의 사찰에서는 그러한 일이 빈번했던 것 같다. 《조선왕조실록》 정조 7년 10월 29일에 보면, 암행어사들이 길을 떠나기 전 현지에서 살펴야 할 일에 대한 항목을 비변사에서 올렸다. 그 내용에 이곤수가 보고한 종이 부역의 폐단을 뒷받침하는 것이 있다.

영변 묘향산의 사찰은 본시 종이 만들기를 직업으로 하는 데가 아니었는데도, 중간에 종이 만드는 통桶을 많이 차려놓은 것 때문에 책 인출이 더욱 많아지게 되었다. 경사京司에서 한 차례 공문을 보냈지만 영읍營邑에선 열 배나 넘게 자신의 이익만을 꾀하는 짓을 하므로, 치도緇徒들이 분산되어 감당할 수 없게 되었다. 때문에 장신將臣이 아뢰자 특별한 분부를 잇달아 내리어 경사에서 책 인출하는 일을 영구히 혁파했고, 다시 영읍에서 위세를 부리며 불법으로 요구하게 될 폐단을 임금께서 특별히 근심했다. 따라서 어사의 별단別單에 첨가하여 기재하도록 된 것이니, 묘향산 사찰 승도들이 생활하기 위하여 그전부터 떠내던 것 외에 책지冊紙라는 명목으로 감영·병영·본관本官과 인근 고을에서 침어侵漁하는 일이 있게 되면, 서계書啓 내용에 조목조목 열거하여 계문啓聞하고 책 인출 한 가지 일에 있어서도 만일 묘향산 종이를 사용하게 되면 일체로 논죄하여 처단해야 한다.

경사라 함은 중앙정부와 함께 한양에 있던 모든 관청이고, 영읍이란 감영이나 병영이 있는 지방관청을 말한다. 치도는 승려, 장신은 도성을 지키던 각 영문의 장수를 일컫는 것이지만, 여기서는 지방 고을의 수령을 말하는 것이지 싶다. 이로 미루어보면, 중앙의 침탈보다 오히려 그 사찰이 속해 있는 지방관청의 침탈이 더욱 극심했음을 알 수 있다. 더욱 가관은 사찰에 할당된 양을 채우지 못했을 때는 돈으로 물어내기까지 했다는 사실이다. 어처구니없는 일이지만, 그런 일은 비단 이때의 일만은 아니다. 그 폐해는 이미 1670년에도 드러나 있었다. 《조선왕조실록》 현종 11년 10월 7일, 집의執義였던 묵재默齋 신명규(1618~1688), 장령掌令이었던 박지朴퉎(1616~?), 지평持平 직책의 이우정李宇鼎

(1635~1692)이 다음과 같이 고했다.

> 백성의 부역 가운데 백면지白綿紙 등이 가장 무거운데, 각 읍에서는 모두 승사僧寺에 게 책임을 지어 마련하게 합니다. 중들의 능력도 한계가 있으니 일방적으로 침탈하는 것은 옳지 못합니다. 전라 감영이 전례에 따라 바치는 종이도 적잖은데 근래에 또 새로운 규례를 만들어 1년에 올리는 것이 큰 절은 80여 권, 작은 절은 60여 권이 되므로 중들이 도피하여 여러 절이 텅 비었습니다. 이런데도 혁파하지 않는다면 그 해가 장차 백성에게 미칠 것입니다. 본도 감사로 하여금 각 절에서 이중으로 올리는 폐단을 속히 없애게 하소서.

이렇게 고하자 임금이 모두 따랐다고 하지만, 폐단은 사라지지 않고 끈질기게 이어졌다. 이는 착취당하는 자가 있으면 그에 따라 이익을 얻는 자도 있기 때문이다. 착취의 주역들은 지방 관리들이었으며, 수탈당하는 이들은 백성과 스님들이었다. 《조선왕조실록》에 보이는 기록뿐만 아니라 경남 고성의 옥천사, 지금은 터로·남은 경북 청도의 장안사와 같은 곳들 또한 종이 부역에 시달리다 못해 스님들이 떠났다는 기록이 남아 있다.

오죽했으면 종이 부역을 탕감해준 데 대한 고마움의 표시로 비석까지 세웠겠는가. 양산 통도사에 있는 이재彝齋 권돈인 대감(1783~1859)의 감은비感恩碑가 바로 그것이다. 권돈인은 추사秋史 김정희(1786~1856)와 막역한 사이였으며, 이 둘은 통도사의 성담聖潭 의전스님(?~?)과 특별한 교유를 한 것으로 알려져 있다. 권돈인은 스님의 진영에 찬讚을 지었고, 추사는 〈성담상계聖潭像偈〉를 지어 그를 기리기도 했다. 통도사에 추사와 권돈인의 글씨가 현판으로 남아 있는 까닭도 성담스님과의 교유 덕분이다. 그러한 관계로 인해 권돈인을 앞세워 종이 부역을 탕감받았던 일을 기려 감은비를 세운 것이다. 불보사찰佛寶寺刹인 통도사까지도 그 지경이었으니 하물며 다른 작은 사찰들이야 말해 무엇하랴.

묵암스님은 〈폐지상소〉에서 징광사의 내력을 이야기하면서 철감국사가 절을 창건했다고 썼다. 그러고 나서 사람들이 부처 보기를 흙으로 만든 인형 보듯 하고 중을 만나면 해진 헌신짝처럼 여기며, 노비나 천민의 무리들이 스님을 사칭하는 현실에 대해 개탄하면서 스님들의 고통을 네 가지로 나누어 말한다. 첫째, 방외方外에 노니는 사람들인 승려가 방내方內의 부역 때문에 수행의 삶을 빼앗겼으며 백성들이 종이 부역에 시달리는 것과 마찬가지로 운수납자雲水衲子들 또한 그 짐을 져야 하니, 발우 하나로 살아가는 승려들의 삶이 작은 새알이 태산에 눌리듯이 위태롭다는 것이다. 둘째, 종이 부역은 본래 민가에 할당되어 그 수가 정해져 있으나 혹독한 탐관오리들이 이를 제멋대로 바꿔 날마다 그 수가 늘어나 사찰의 승려들에게까지 그 화가 미치고 있다고 말한다. 봄에 1속束이던 것이 가을에는 1,000속이 되며, 올해는 100권이던 것이 다음 해에는 1,000권이 된다는 것이다. 1속은 10장을 일컫는데, 여기서는 그 양이 점점 늘어나 고통스럽다는 비유적인 표현이다. 실제로 정조 10년(1786) 9월 1일의 《조선왕조실록》을 보면, 종이 부역의 양에 대한 내용이 나오는데 비록 어림짐작이지만 당시의 현실을 알 수 있다.

비변사에서 아뢰기를, "여러 도의 사찰에서 내는 종이의 폐단은 어느 고을이나 마찬가지입니다만, 순창군淳昌郡은 삼군문三軍門에 납부하므로 가장 폐단이 심합니다. 본도本道로 하여금 이를 참작해서 절충하여 종이와 값이 걸맞게 하소서" 하니, 다음과 같이 하교했다. "한 군郡에서 종이 7,000속을 납부하니, 폐단을 알 만하다. 값의 가감을 막론하고 도백道伯으로 하여금 군문에 서신을 왕복하여 제일 좋은 방안에 따라 바로잡도록 하라."

7,000속이면 7만 장의 종이를 말하는 것이니 어마어마한 양이다. 오늘날처럼 종이를 기계로 만드는 것이 아니라 일일이 손으로 떠서 만들었으니 그 시간 또한 만만찮았다. 셋째는 종이 값에 대한 어려움이다. 아무리 고생을 해도 본전을 맞추지 못하니 사찰에는 아무런 이익이 없었다. 오히려 만든 종이를 이리저리 나누다보면 불전에 공양 올릴 돈조차 생기지 않았는데, 이런 일을 고되게 해야 하니 절 살림이 피폐해질 수밖에 없다. 묵암스님은 종이 부역이 승려들을 약탈하는 것이며, 그 때문에 징광사가 텅텅 비어간다고 하소연한다. 마지막으로 넷째는 이러한 탐관오리들을 잡아들이라는 것이다. 당시 각 사찰마다 만들어 바쳐야 할 종이의 할당량이 해마다 정해져 있었으며 그 양을 다 채우지 못할 때는 대신 돈으로 갚아야 했다. 하지만 돈으로 갚을 능력이 없는 절에서는 죽도록 일을 해서 부과된 할당량을 채우는 수밖에 도리가 없었다. 수행정진이나 불전을 돌보기는커녕 종일 종이 뜨는 일에만 매달려야 하는 실정이었다. 그리하여 승려의 길을 버리거나 앞다투어 종이 부역이 없는 다른 절을 찾아 떠나고 말았으니, 부역이 극심한 절은 황폐해지고 폐사의 길로 접어들 수밖에 없다는 내용이다.

징광사에는 부역으로 부과된 종이뿐 아니라, 설파雪坡 상언스님(1707~1791)에 의해《화엄경》80권을 경판으로 다시 찍느라 수많은 양의 종이가 더 필요했을지도 모른다. 영조 46년(1770), 징광사에 불이 나서 백암스님이 애써 만든《화엄경》80권 경판들이 모두 불타버렸기 때문이다. 이에 설파스님이 오로지 자신이 외운 것에 의지해 다시 판각을 하여 영조 50년(1774)에 마친다. 묵암스님이 〈폐지상소〉를 올린 때가 언제인지는 알지 못하지만, 〈폐지상소〉가 그의 문집인《묵암집》뒷부분에 실려 있는 것으로 미루어 대략 설파스님이 판각을 완성한 언저리쯤이 아닐까 짐작된다. 그러나 설파스님은 판각이 완성되고 난 후에 장판각을 경남 함양의 영각사靈覺寺에 새로 지어 모셨다고 전하고 있어서, 새로 판각한 다음 징광사에서 다시 그것을 인성했는지는 알지 못한다.

유불은 서로 다르지만 또 같은 것

징광사를 빛낸 스님들은 교를 놓고 참선의 경지에 들라는 침굉스님 뒤로는 모두 화엄학에 일가를 이뤘지만 선의 끈을 놓치지 않았던 스님들이다. 징광사의 맥은 설파 상언스님으로부터 법형인 연담蓮潭 유일스님(1720~1799)에게로 이어져 내려갔다. 연담스님은 침굉스님과 마찬가지로 참선과 염불이 동일함을 설파하기도 했지만, 화엄회를 열어 강학하기를 그치지 않은 화엄교학의 맹주였다. 또한 해남 대흥사의 13대 종사 중 한 분으로 추앙받았으며, 1778년에는 다산茶山 정약용(1762~1836)과 교유했다. 다산의 아버지인 정재원(1730~1792)이 당시 화순현감으로 재직하고 있었고, 다산은 형인 정약전(1758~1816)과 함께 화순의 동림사에서 독서를 한 것으로 알려져 있다.

당시 열일곱 살이던 다산은 쉰여덟 살의 연담스님에게 시를 써서 주기도 했다. 〈유일 상인에게 주다 贈有一上人〉라는 시인데, 그 시작이 "지난날에 원공과 알고 지내어 스님의 높은 이름 들었는데 夙與遠公識 獲聞南斗名"이며, 두 번째 구에 자주 自註를 달기를 "석 혜원으로 성은 정씨인데, 일찍이 소내에 찾아와 서로 알게 되었다 釋慧遠 姓丁 昔嘗至苕川 得相識"라고 했다. 이는 혜원스님이 여유당이 있는 소내, 곧 경기도 남양주시 조안면 능내리로 찾아와 알게 되었으며 그를 통해서 연담스님을 알게 되었다는 뜻이다. 연담스님에 대해 다산은 이처럼 노래한다.

학이 돌아온 때를 우연히 만나　偶値鶴返期
구름 위 노니는 정 잠시 멈췄네　暫住雲遊情
흰 눈썹은 도기를 머금었고　尨眉含道氣
새로운 시는 속된 소리 있지를 않아　新詩無俗聲
찻물과 오이 비록 조촐하지만　茶瓜雖澹泊
머물러 있노라니 정성 알겠네　淹留識忱誠
불경의 조부 손자 바로잡았고　山經正祖孫
선보의 아우 형님 가려놓았지　禪譜辨弟兄
서글퍼라 초연한 생각이 드니　悵望起遐想
초야에 영웅호걸 많기도 하다　林澤多豪英
물아가 사라지면 그게 도인걸　物淨斯得天
유가 묵가 다툴 게 뭐가 있으랴　儒墨何須爭

다산이 강진 초당에서 유배 생활을 할 당시 초의艸衣 의순스님(1786~1866)을 문하생으로 맞이할 수 있었던 것도 따지고 보면, 연담스님으로부터 이어진 법맥에 따른 것이지 싶다. 법맥은 연담스님에게서 백련白蓮 도연(1737~1807)과 완호玩虎 윤우(1758~1826) 그리고 대흥사의 13대 종사 중 마지막 종사인 초의스님에게로 이어졌기 때문이다. 이들 모두가 조선 후기에 호남 지역의 불교를 주도했던 중심축이었으며, 결코 선禪을 놓지 않으면서도 화엄의 꽃을 활짝 피운 교학의 종장이라 일컬어도 좋을 만한 스님들이다. 더불어 다산은 강진으로 유배를 갔을 당시, 이웃한 만덕산 백련사에 머물던 아암兒庵 혜장스님(1772~1811)과 돈독한 우의를 쌓고 존경을 받았으며 아암스님 또한 대흥사의 그늘에 있었으니, 대흥사에서는 18세기 후반부터 묘한 기운이 움트기 시작했던 셈이다. 스님들은 유가를 멀리하지 않았으며, 사대부들 또한 스님들을 얕보거나 배척하지 않게 되었다. 그 무렵 사회적으로 불교를 바라보는 시각이 변화했다는 징후는 여러 사대부들의 글에서 확인할 수 있다.

그중 당대의 실학자였던 성호星湖 이익(1681~1763)이 쓴〈속유척불俗儒斥佛〉이나〈유석이적儒釋異迹〉이 있는데, '허튼 선비들이나 부처를 배척하고 유와 불의 자취가 서로 다르다고 말한다'는 내용의 글이 담겨 있다. 뜻밖이긴 하지만, 그 글에서 조선시대 전반에 걸쳐 척불과 배불을 일삼던 사대부들의 입장이 조금씩 변해가는 것을 느낄 수 있다. 이익은〈속유척불〉에서 "지금 유술儒術을 하는 자들이 말끝마다 이단을 배척하지만, 그 마음이 과연 이것은 붙들어야 하고 저것은 배척해야 한다는 것을 밝게 아는지 알 수 없다"고 말한다. 더불어 "나는 허튼 선비들이 그들에게 미치지 못하는 바가 네 가지가 있다고 생각한다. 스승을 높이고 도를 믿는 것이 한 가지요, 안일한 마음이 없는 것이 두 가지요, 식색食色을 끊는 것이 세 가지요, 대중을 사랑하는 것이 네 가지다. 식색과 사랑에 대해서는 혹 중도中道에 지나친 바가 있지만, 속유들이 정을 방자히 하고 욕심을 극도로 하는 것과 비교하면 어떠한가? 내가 일찍이 절간에 있었는데, 치도緇徒들이 대사부보다 나은 점에 대해 탄식한 바 있다"고 썼다.

또 〈유석이적〉에서도 "내가 보건대 승도僧徒들이 스승을 높이기를 극히 엄하게 하고 부처 공양하기를 극히 정성스럽게 하며, 서로 심히 공경해 대우하고 일을 하는 데도 심히 부지런히 하며 모여서 먹는 데도 법이 있다. 나갈 적에는 반드시 허리를 굽혀 아무개가 나간다고 하며 돌아오면 다시 허리를 굽혀 아무개가 돌아왔다고 하는데 앉아 있는 자도 또한 손을 올려 답례하니, 이것이 이미 성왕聖王의 가르침이다. 중니仲尼의 도를 좋아하는 자가 중니의 가르침을 믿기를 이렇게 한다면, 대현大賢의 지위에 이르지 못할 것을 어찌 걱정하겠는가?"라고 썼다. 그리고 일두一蠹 정여창(1450~1504)이 지리산에 들어가 글을 읽다가 문득 "유儒와 석釋이 그 자취는 다르나 결과는 같다는 묘함을 깨달았다"고 한 것에 대해서도 긍정적인 입장을 취하며 인용한다.

이러한 모습은 이익이 《성호사설》에서 보인 불교관 혹은 종교관과는 매우 다르다. 이익은 서학, 곧 천주교를 적극적으로 수용해 공부하는 등 학문에서는 진보적인 입장을 취했다. 하지만 종교로서의 신앙은 거부했으며 불교 또한 마찬가지였다. 그에게 서교西敎와 불교는 여전히 이단이었으며 정통 유학자로서 이교를 배척하는 단호한 입장을 취했다. 그러므로 이익이 앞서 인용한 글 두 편을 쓴 까닭은 불교를 인정하거나 그것에 경도되었기 때문이 아니라, 허튼 선비들이나 누유陋儒들로 넘쳐나던 현실을 반성하고 불교와 견주어 유림이 자극받게 하기 위함이었을 것으로 짐작된다. 하지만 그러한 생각이 펼쳐진 글 자체에서는 불교를 부패한 사대부들의 사회에 대한 대안으로까지 바라보고 있다.

변화하는 사회 분위기에 따라 스님과 유자의 만남이 자연스럽게 이루어졌다. 특히 호남은 유배를 온 선비들이 많아 그 만남이 더욱 잦았을 것인데, 그중에는 조선 후기를 빛낸 인물인 다산과 추사도 포함되어 있었다. 다산은 아암 혜장과 이어져 그의 제자들인 수룡袖龍 색성과 기어騎魚 자홍은 물론이고 결국 초의스님에게까지 다산학의 영향을 미쳤다고 볼 수 있다. 또 추사는 초의스님과 백파白坡 긍선(1767~1852)과 인연을 맺었으니, 결국 그들은 대흥사를 중심으로 묶여진 하나의 큰 수레바퀴와도 같았다. 추사는 백파스님과 초의스님 사이에 벌어졌던 '이종선二種禪과 삼종선三種禪' 논쟁에 가세하기도 했으니, 그의 불교에 대한 인식과 이해가 어느 정도였는지 가늠해볼 수 있다.

중도 선비도 아닌 초의선사

승련거사勝蓮居士 혹은 나산거사那山居士라고도 불리던 추사는 당시 〈망증십오조妄證十五條〉를 지어 백파스님을 비판했다. 당시 추사는 제주도에서 귀양살이를 하던 시기여서 논쟁은 편지로 이루어졌다. 추사와 백파스님은 그 논쟁 덕분에 서로 친분을 쌓게 된 독특한 경우다. 또한 초의스님에게서 구족계를 받은 범해梵海 각안스님(1820~1896)은 요옹寥翁 이병원(1774~1840)으로부터 유학을 배웠는데, 그의 불교관은 유교와 불교가 근본적으로 다른 것이 아니라는 유불일치였으니, 그것은 초의스님의 유불불이儒佛不二와 다르지 않다. 그렇다면 범해스님의 스승인 초의스님은 어땠을까? 수많은 이야기를 제쳐두고 다음만 가지고도 초의스님의 면모를 분명하게 살필 수 있다.

강진을 떠난 다산은 일흔을 앞둔 1830년 섣달그믐, 지인들을 여유당이 있는 소내로 초청해 놓았다. 다산은 그날 일곱 수의 시를 지었는데, 그중 두 수가 초의스님에 대한 것이었다. 다섯 번째로 지은 시 〈초의선草衣禪에게 주다〉와 마지막 일곱 번째 시가 그것인데, 차례대로 보면 다음과 같다.

〈초의선에게 주다〉

축 늘어진 초의　毵毵草衣

풀어헤친 민둥머리　髿髿禿髮

그대 가사 장삼 벗으니　剝爾禪皮

유자의 골기 드러나누나　露爾儒骨

묵은 거울 이미 닳았으나　古鏡旣磨

새 도끼는 무디지 않다네　新斧非鈍

이미 밝게 깨쳤으니　見明星悟

이것이 곧 달 곁에 곁 달이로세　是第二月

〈일곱 번째〉

산 아래 흰 대사립 쓸쓸한 집에서　山下蕭寥白竹扉

신 막걸리와 익힌 우유에 돌아갈 줄 모르네　酸醪熟乳不知歸

시인들 모두 중이 왔다고 좋아했는데　詩家摠道僧來好

만나고 보니 남쪽에서 온 초의로세 會事南方一草衣

다산은 묵은 거울로 자신을, 새 도끼로 초의를 빗댔다. 또는 묵은 거울에 불佛을, 새로운 도끼에 유儒를 빗댄 것일 수도 있다. 그는 손가락으로 눈을 지긋하게 누른 채 달을 바라보면 달 옆에 겹쳐서 보이는 두 번째 달인 곁 달과도 같은 존재, 곧 서로 다르지 않은 그림자와도 같은 존재라는 것을 분명하게 말한다. 위의 시에서 그것이 드러나는데, 방 안에서 기다리던 시인 묵객들이 중인 줄 알고 반가워했으나 초의여서 실망했다는 것은 초의는 중이면서 중이 아니고, 또 선비지만 선비가 아니라는 것을 은유적으로 드러낸 것이다. 이는 물론 다산의 인맥 범위 안에서만 그랬던 것인지도 모르지만, 초의스님은 이미 승僧도 사士도 넘어선 독특한 경지를 이루고 있었음을 말해준다. 하지만 불과 유, 유와 불이 서로 으뜸과 버금을 다투지 않으며, 곁 달처럼 병렬할 뿐 직렬하지 않음은 시 전반에서 읽어낼 수 있다. 이처럼 조선 후기 유불상교儒佛相交가 거침없이 이루어지며 새로운 사상과 문화를 낳은 대흥사의 아름다운 모습도 침굉스님이나 백암스님 이래 징광사를 지켜온 스님들의 작은 샘에서 출발해 도도하게 흐르는 큰 강을 이루었다고 해도 지나치지 않다.

이제 그만 일어나야 할 때다. 이른 가을날의 해는 아직도 짧고 가을을 흠씬 느끼기에는 걸친 옷이 얇다. 남의 집 마당에 있는 석조 유구들을 기웃거리는 것도 눈치가 보여 수월치 않다. 더구나 보기 시작하면 낱낱이 헤집어 봐야 할 것이어서 아예 그만두었으니, 이 난감한 절터에서 내가 해야 할 일은 무엇인가. 눈에 차오르는 것은 얼마 남지 않았지만, 오히려 아름다운 사람들로부터

원징광마을에서 비석등으로 오르는 길, 오른쪽 개울가에 돌절구가 있다. 마을 안을 톺아보면 더 많은 석물들과 장대석도 만날 수 있다. 더구나 마을 안 이모씨 집에 장대석 몇이 있어 그 집을 징광사의 금당 자리라고 비정하고 있기도 하다.

벌교제일고등학교에 보관되어 있는 수박교水泊橋의 용두다. 홍수로 떠내려가기 전 징광사로 건너는 개울에 홍교虹橋가 있었는데 수박교였다. 벌교읍 홍교와 선운사의 승선교 그리고 여수 홍국사의 그것과 같은 형태였다고 한다. 불교에서는 홍교를 건너면 세속을 떠나 불국토에 다다른다는 것을 뜻한다.

빚어진 끝없는 이야기가 묻혀 있는 절터에서 말이다. 그러나 늘 생각한다. 눈에 보이는 것이 없다고 아름답지 않은 것은 아니다. 해가 짧고 옷이 얇다는 것은 핑계일 뿐이다. 진정 내가 떠나야 하는 까닭은 다른 데 있었다. 절터에 머무는 시간이 길어질수록 무참하게 변했다고 해도 지나치지 않을 만큼 달라져버린 징광사터를 대하기조차 민망했기 때문이다. 그저 허공에 대고 뇌까렸다. 옛 모습을 떠올릴 수 있는 시 한 수 공양할 테니 꽃잎이 되어 나풀나풀 이 허망한 절터를 뒤덮어주기를 바란다고 말이다. 머뭇머뭇 다다른 벌교 홍교 위에 부는 바람은 거칠었다. 저무는 길 홀로 걷는 순례자의 긴 그림자는 1717년, 이른 봄날에 이곳을 찾았던 삼연三淵 김창흡(1653~1722)이 노래한 〈징광사〉를 따라 읊지도 못한다.

호남의 으뜸 사찰　湖南第一刹

처음 보니 웅장하고 넓다네　初地睹雄宏

보배로운 달은 맑은 우물 속에 있고　寶月涵澄井

상서로운 구름은 성이 되어 둘렀네　祥雲擁化城

용이 있어 경전을 보냈나　輪經龍有力

화살이 오히려 부처를 살렸구나　帶箭佛猶生

현변노사 선의 자취 남아　懸老禪蹤在

긴 강 이루니 서늘히 정신이 맑아지네　長流寒拾情

금화산 징광사터

징광사터는 전남 보성군 벌교읍 징광리 원징광마을에 있다. 하지만 옛 흔적은 몸돌을 잃어버린 채 포개져 있는 비석의 귀부와 이수밖에 없다. 나머지 석조 유구들은 절터에 자리 잡은 민가에 흩어져 있다. 징광사가 언제 처음 창건되었는지 알 수 있는 금석문이나 문헌 사료는 남아 있지 않다. 다만 이곳에 머물렀던 스님들의 문집에 전해오는 이야기가 남아 있기는 하다. 그 하나는 신라 법흥왕 때 중창했다는 것이며, 둘은 나말여초 구산선문 중 영월 사자산문의 개산조라고 할 수 있는 철감국사 도윤이 창건 혹은 중창했다는 설이다.

이중 법흥왕 중창설에는 미심쩍은 부분이 있으며, 그보다는 철감국사의 창건 또는 중창설이 더 신빙성 있어 보인다. 절터에 남아 있는 비석의 귀부와 이수가 나말여초 선사들이 남긴 탑비의 그것과 닮아 있기 때문이다. 또 법흥왕 중창설은 한 편의 글에서만 보이지만, 철감국사 창건설은 두 차례에 걸쳐서 글로 남아 있다. 하나는 침굉선사가 쓴 〈금화산징광사영산전중창기〉에 "철감선사가 쉬면서 선법을 닦은 곳"이라 했고, 두 번째는 묵암스님이 쓴 〈폐지상소〉에 절의 연혁을 말하며 신라 당시 "철감국사가 여우와 토끼가 뛰노는 깊은 골짜기에 절을 세웠다"고 했다. 물론 창건 당시의

징광사에 머문 것으로 알려진 철감선사 쌍봉 도윤의 부도탑이다. 부도탑 중 아름답기로 으뜸과 버금을 다투는 수작이며 쌍봉사에 있다.

문헌이나 금석의 기록이 아니라 조선 중후반까지 사중에 전해오던 이야기를 간추린 것이어서 사료적인 가치가 떨어지기는 하지만, 두 창건설을 비교해봤을 때 철감국사 쪽에 더 무게가 실린다.

지금은 절의 모습을 상상하기에도 부족한 점이 많지만, 문헌 기록과 전해오는 이야기에 따르면 징광사를 에워싼 금화산 자락에 12개의 암자가 있었다고 한다. 그러나 정유재란(1597) 당시 징광사는 남은 건물 하나 없이 전소되었으며 그 주위의 암자들까지 화를 입었다고 한다. 그 후 1626년, 낙안 군수로 부임한 임경업에 의해 중창 불사가 시작되어 가람의 위의를 다시 갖췄다. 1645년부터는 금화산에 살던 사원思遠 스님의 주도로 영산전을 짓기 시작해 1647년에 완공했으니, 침굉선사가 쓴 〈금화산

부도탑 옆에 있는 철감선사 탑비의 귀부와 이수다. 탑비는 사라지고 없지만, 이렇듯 탑비와 부도는 같은 장소에 있는 것이 일반적이다. 이수의 가운데에 '쌍봉산고철감선사비명雙峰山故澈鑒禪師碑銘'이라는 제액이 남아 있다.

징광사영산전중창기〉에 그 일이 남아 있다. 또한 백암스님 당시에 수진실垂眞室을 새롭게 지었고, 그 내용은 스님의 문집인 《백암집》에 〈징광사수진실상량문澄光寺垂眞室上梁文〉으로 남았다. 뒤이어 무용 수연스님은 《무용당유고無用堂遺稿》에 〈징광사 오선루에 제하다題澄光寺五禪樓〉라는 시를 남겼으니, 오선이라는 이름의 누각도 있었음을 알 수 있다. 또한 설암스님의 문집인 《설암난고雪巖亂藁》에는 〈금화산 미타전에 제하다題金華山彌陀殿〉라는 글이 남아 미타전도 있었음을 알 수 있다. 설암스님의 법을 잇고 평생을 묘향산에서 지내며 선교 양종을 겸통兼通했던 허정虛靜 법종스님(1670~1733)은 《허정집》에 중창불사 권선문인 〈금화산징광사개와권문金華山澄光寺蓋瓦勸文〉을 남겼다. 설암스님은 조선 후기의 문신이었던 서당西堂 이덕수(1673~1744)와도 교유가 깊었던 것으로 보인다. 서당은 설암스님이 입적하자 〈추붕스님을 슬퍼하다悼秋鵬師〉라는 시를 지어 애도를 표했다. 설암스님은 〈금화산징광사사적비음기金華山澄光寺事蹟碑陰記〉에서 징광사가 화엄 도량이었음을 분명히 한다. 《화엄경》을 인성해 모신 이는 백암스님이었으며, 징광사를 총림叢林으로 가꾸기 위해 애를 썼던 이는 상잠尙岑스님이었다. 주로 금강산 정양사正陽寺에 머물던 월담月潭 설제스님(1632~ 1704)도 만년에는 징광사로 돌아왔다.

징광사에 있었던 석조 유물은 무엇이 또 얼마나 있었는지 정확하게 알 수 없다. 하지만 스님들의 문집에 기록되어 있는 것들을 간추리면, 다음과 같은 것들이 있었다고 볼 수 있다. 먼저 현재 비석등이라 불리는 곳에서 외롭게 절터를 지키고 있는 귀부와 이수다. 이것이 언제 만들어졌는지 또 어떤 내용이 적힌 몸돌을 지니고 있었는지는 알 수 없다. 다만 나말여초에 제작된 선사들의 부도탑비 양식은 잘 이어받았으나 이곳에 있는 것은 부도탑비는 아니었던 것으로 보인다. 그것은 이수에 제액이 없기 때문이다. 제액에는 부도탑비 주인공의 시호諡號와 법호法號가 새겨져 있어 단박에 누구의 것인가를 알게 하지만 이곳에는 제액 자체가 없다. 그러므로 언제 새겨진 것인지가 더욱 모호하다. 부도탑비 주인의 생몰 연대를 알면 탑비의 조성 시기를 알 수 있지만, 이곳의 귀부와 이수는 미술사적 양식으로 그 조성 연대를 추정할 뿐이다. 특히 귀부의 높이와 조각의 엉성함 따위를 볼 때 통일신라보다는 고려 초에 만들어진 것으로 보인다.

또한 민가에 흩어져 있는 갖가지 석조 유구들 중 석등과 부도탑이 있는데, 누구의 것인지도 쉽사리 알기 힘들다. 《화엄경》 강설에 뛰어났던 월저당月渚堂 도안(1582~ 1655)은 〈설암자탑명교화문雪巖子塔銘敎化文〉을 지어 "관례에 따라 석분을 봉하고 송곳으로 새겼다封石墳鐫銘錄 自是例也"고 했지만, 설암자가 누구인지는 알려져 있지 않다. 다비를 징광사에서 치렀다고 하니 당연히 탑비나 부도탑도 세웠을 테지만 지금은 그 자리를 지키지 못하고 있는 것이다. 묵암스님의 행장行狀에 보면, 1705년 여름 징광

동국대박물관에 소장되어 있는 침굉 현변선사의 영정이다. 그림의 왼쪽에 '침굉당대선사지진영枕肱堂大禪師之眞影'이라고 방제旁題가 적혀 있다.

사에 백암스님의 탑비를 세우기 시작해 이듬해에 마쳤다는 기록도 있다. 또 설암스님의 시문집인 《설암잡저雪巖雜著》를 보면, 월담 설제스님은 징광사에서 입적 후 다비를 치렀으며, 탑비는 물론 짝을 이루는 부도탑을 사리 두 과와 함께 징광사의 양지바른 언덕에 세웠다고 나온다. 설암스님 역시 열반에 들어 징광사에서 다비를 하고 영골 한 편을 남쪽 언덕에 모시고 비를 세웠다고 전한다. 그리고 수박다리水泊橋라고 불리던 홍교가 징광사 입구에 설치되어 있었다지만, 50여 년 전 홍수로 떠내려가 흔적조차 남아 있지 않다. 그러나 다리 아래에 매달려 있던 용머리는 현재 벌교제일고등학교 교정에 옮겨져 있다.

징광사에 딸린 암자는 모두 12개라고 전한다. 그중 상암上庵은 영월 청학스님이 쓴 〈금화산상암기金華山上菴記〉에 따르면, 1620년 도혜道慧스님이 중창불사를 일군 것이다. 그 밖에 칠선암과 백지암, 도성암, 신불암, 연봉암, 기성암, 청진암, 양해암, 고리암, 아랫상암, 사선암이 있다고 전하지만 지금은 그 터조차 가뭇없다. 정유재란 이후 중창불사를 이어오던 징광사가 폐사가 된 시점은 대략 1800년대를 기준으로 잡을 수 있다. 정조 연간(1776~1800)에 편찬된 것으로 보이는 《낙안읍지樂安邑誌》에 징광사는 폐사가 된 것으로 나오나, 기봉奇峰 장오스님(1776~1853)이 19세기 전반에 주석駐錫했던 기록이 남아 있기 때문이다. 이는 18세기 후반 묵암스님이 종이 부역의 폐단에 대해 상소를 올린 시점과 맞물려 있다. 간경소刊經所 역할을 하던 징광사가 묵암스님의 상소대로 극심한 종이 부역을 감당하지 못해 스님들이 하나둘씩 절을 떠나면서 자연스럽게 폐사가 된 것으로 짐작할 수도 있다.

【4장】
화순 운주사터
―
그대, 어찌 이렇게 아름다운가

❋

절인가 하면 절터이고, 절터인가 하면 절이네

진한 여운이 넘실거리는 현재진행형

법당이 된 쌍배불감과 추석 때의 난장

운주사의 두 축, 천불천탑과 쌍배불감

전체가 하나를 이뤄 큰 너울이 되었네

절인가 하면 절터이고, 절터인가 하면 절이네

운주사는 절터가 아니다. 내가 이곳에 처음으로 왔던 1983년에도 운주사는 절이었다. 그러나 일주문도, 금강역사나 사천왕들과 같은 외호신장外護神將도 없고 불상들은 함부로 나뒹굴고 있었다. 당연히 버젓한 금당 한 칸조차 없는 엄연한 절터였지만, 아무도 이곳을 절터라고 부르지 않고 절이라고 불렀다. 여염집과도 같은 당우堂宇 두어 채에 오순도순 비구니들이 모여 살고 있었을 뿐인데 말이다. 봄이면 탑 주변의 논에 보랏빛 자운영이 융단처럼 깔리고, 불상들은 더러 웃자란 풀 속에 은둔해 있기도 했다.

그 때문이었을까? 운주사에 한번 발을 디디면 두어 시간 만에 빠져나오지 못했다. 두어 시간은커녕 하루가 모자라기도 했다. 시간이 마땅찮아 서둘러 돌아오는 날이면 반드시 다시 한번 오리라 마음을 굳게 다졌다. 어쩌면 결연하기까지 했을 그 마음 때문이었는지 돌아오고 나면 금세 이곳이 그리워 안절부절못하곤 했다. 그때마다 다시 이곳으로 돌아오기 위한 궁리를 하느라 머리를 쥐어짜고, 돈을 마련하느라 전전긍긍했던 모습이 파노라마처럼 스쳐간다.

30여 년이 지난 지금도 마찬가지다. 그동안 뻔질나게 드나든 때문일까. 그

때보다 많이 무뎌진 것은 사실이다. 절집 또한 그때와는 달리 찬란한 금당도 들어서고 전각들도 버젓이 세워졌다. 하지만 운주사는 내게 여전히 절이 아니라 그리운 절터다. 이곳이 그리운 까닭은 흩어져 있는 수많은 탑과 불상 중 어느 하나가 주는 강한 자극 때문이 아니다. 아마 처음 발길을 나눈 후 예닐곱 차례는 그랬던 것 같다. 이곳에 오기만 하면 구석구석 톺아보느라고 저절로 걸음은 느려졌고 눈짓은 잠시도 쉬지 않았다. 무언가를 찾고 있었기 때문이다. 이곳에서는 돌 하나도 허투루 보이지 않았기에 작은 호박만 한 돌이라도 있으면 당연히 걸음을 멈추곤 했다. 그러고는 그 앞에 주저앉아 돌을 이리저리 돌려가며 가뭇없어진 부처의 모습을 찾으려고 들여다보기를 거듭했다. 묘한 것은 단 한 차례도 굴러다니는 돌에서 부처를 찾을 수 없었건만, 그 일을 예닐곱 차례나 되풀이하고 나서야 멈췄다는 것이다. 아니, 멈췄다기보다는 흩어져 있는 돌들에게 익숙해진 탓에 잦아들었다는 편이 맞다. 호박만 한 크기의 돌이 새롭게 생겨날 일이 없으니 흩어져 있던 모든 돌들이 눈에 익어버린 것이다.

그때부터다. 잠시 이곳이 잊힌 듯했다. 그러나 돌이켜보니 결코 아니다. 그렇다고 새록새록 생각이 나는 것도 아니다. 다만 불현듯 다가와서는 또 언제 그랬냐 싶게 슬그머니 사라지곤 했을 뿐이다. 생각이 일어났다가 흩어지고 나면 나무에서 떨어진 잘 익은 모과에 무방비로 머리를 맞은 것처럼 띵하면서 울렁거렸다. 마음이 말이다. 하지만 어질한 마음을 추슬러보면, 여전히 아무것도 선명하게 떠오르지 않았다.

그때쯤이다. 꽃이 피고 또 이울어가던 철에 용강리 중장터마을에 숙소를 정하고 아예 두어 달 남짓하게 이곳에 머물렀다. 그러고는 매일 무시로 드나들

운주사는 끊임없이 이어진 불사 덕에 어엿한 절의 형태를 갖췄지만 내 마음 속에는 여전히 절터다.

면서 비로소 깨달았다. 운주사가 뿜어내는 향기는 낱낱의 것이 아니라 전체였다. 곧, 천상천하유아독존天上天下唯我獨尊이다. 이곳에 계신 불상들은 어느 하나 가릴 것 없이 모두 빼어났지만, 다른 불상이 없으면 자신의 존재조차 드러내지 않는 묘한 관계를 형성하고 있다. 미처 다 새기지 못해 아직 일어서지 못한 불상에서부터 벽에 새겨진 마애불 그리고 옹기종기 모여 있는 가족과 같은 불상과 부부나 형제처럼 같이 서 있는 불상 모두가 평등할 뿐. 으뜸과 버금이 없는 진정한 불국토佛國土인 셈이다.

그 때문이다. 운주사가 생각날 때마다 이곳에 있는 무엇이 날카롭게 다가온 것이 아니라 형체도 불분명한 것이 짓누르듯이 무겁게 다가온 까닭 말이다. 그것은 전체였다. 그래서 불쑥 이곳에 대한 생각에 휩싸이면 헤어나기가 쉽지 않다. 이곳에 있는 불상과 탑 그리고 바람과 햇살 모든 것들 중, 그 어떤 것도 곁에 있는 다른 것들과 비교 자체가 불가능하다. 크기는 다를지언정 그들은 계급도 없고 계층도 나뉘지 않았다. 적어도 내가 보기에는 그랬다. 그들은 평등했으며 부처인 듯 아닌 듯 선정에 들어 화엄을 이루고 있었다. 밤새 모진 바람에 휘날리던 눈이 울퉁불퉁한 들판에 고른 두께로 쌓이듯, 그들 또한 서로 생김새는 다를지언정 두께와 깊이는 같았다.

부처가 각수覺樹 한 그루 아래에서 깨달음을 이루었듯, 그들은 화려한 전각보다는 기댈 언덕과 바람 그리고 햇살만 있어도 충분한 것처럼 보였다. 간혹 찾아오는 비바람과 눈보라는 오히려 자신들의 현재를 추스를 수 있는 좋은 기회였으니, 포단蒲團도 필요치 않았으며 선상禪床도 소용없었다. 풀이 자라는 그곳이 포단이었으며 지천으로 널린 바위가 곧 선상이었을 테니까 말이다. 그럼에도 그들은 선상에 앉아 설법을 하지 않았다. 자신들의 입을 봉해버렸기 때문이다. 운주사의 부처들 중 입이 새겨지지 않은 부처가 많은 것은 무슨 까닭일까? 또한 그 누구도 자신들끼리 나눈 이야기조차 기록하지 않았다. 그래서 우리들은 그들이 어디에서부터, 언제, 무엇 때문에 이곳으로 왔는지 도통 알 수가 없다. 그들은 자신들의 이야기를 금석金石, 곧 쇠붙이나 돌에 새기지 않고, 대신 사람들의 입에 담아두었다. 그 이야기를 처음 전해 들은 사람은 그것을 마음속에만 지니고 있다가 다시 말로써 세상에 전했으니, 우리들은 그것을 입으로 새긴 비석이라며 구비口碑라 부른다.

부처에게는 다행히 제자들이 있었다. 제자들이 그의 설법을 모두 받아 적어 경전의 첫머리는 늘 '나는 이와 같이 들었다'는 '여시아문如是我聞'으로 시작하지만, 이곳의 부처님들은 제자도 두지 않았다. 제자도 두지 않고 글을 쓸 사람조차 없었다는 것은 이곳을 중심으로 모여든 사람들이 삼각형으로 만들어진 세상의 중간이나 윗부분이 아니라 아랫변을 담당하는 민초들이었기 때문 아니었을까. 그렇지 않고서야 이만한 곳에 역사적 사료로 삼을 만한 글이 몇 줄밖에 남아 있지 않다는 것은 이해하기 쉽지 않다. 더구나 스님들의 문집을 망라해놓은 《불교전서》나 유자들의 글을 모아놓은 《한국문집총간》을 통해서도 운주사에 대한 글은 오리무중일 뿐, 찾아내기가 여간 어렵지 않다. 불상이나 탑의 양식으로 미루어 고려시대에 조성된 것이 분명해 보이지만, 아무도 이곳을 찾아 글을 남기지 않았다. 유자들은 물론 스님들조차 말이다. 그래도 어떻게 고려 때는 물론이거니와 아무리 배불훼석排佛毁釋의 시대라고는 하지만 조선시대를 통틀어 그 흔한 시나 기문 한 줄 얻지 못했을까? 도대체 이곳에서 무

절을 창건할 때 도선국사가 앉아서 감독했다는 설화가 담긴 공사바위에서 내려다 본 운주골이다.

슨 일이 벌어진 것일까?

운주사는 문헌 사료나 시문들을 얻지 못한 대신 그 많은 불상과 탑만큼이나 이야기가 무성하다. 예로부터 전해오는 것에 더해, 현대의 허구적 상상력으로 무장된 문학작품들의 무대로 등장하면서 이야기가 더욱 풍성해졌다. 처음 운주사를 차용한 대표 격인 소설은 황석영의 《장길산》이다. 주인공은 천민 신분의 떠돌이 광대로 세상으로부터 철저하게 소외된 인물이다. 그와 행동을 같이하는 의적단은 노비와 광대, 농민, 창기 그리고 광부 같은 사회의 가장 밑바닥에 존재하는 기층민들로 구성되었으며, 그들이 궁극적으로 바라는 것은 봉건 체제와 계급 질서가 사라진 새로운 세계다. 그 세상을 위해 그들은 관군과의 투쟁도 서슴지 않지만, 그 바탕 깊숙이 깔려 있는 것은 미륵이 하생해 펼칠 용화세계龍華世界다. 그런 그들이 소설 끝 무렵에 모여든 곳이 바로 운주사다. 이곳에서 그들은 도읍지가 바뀌기를 염원하며 천불천탑을 세우려 했지만 실패하고, 결국 운주사는 통한의 장소가 되고 만다. 곧 운주사는 소설 속에서 미륵도량으로 설정되었으며, 마지막 천 번째 미륵인 와불臥佛이 일어서는 날 새로운 세상을 맞이하기 위한 거룩한 장소로 그려졌다.

진한 여운이 넘실거리는 현재진행형

운주사의 설화를 선운사에 전해오는 이야기와 비교해보면 흥미로운 점들이 발견된다. 선운사 동불암 마애미륵의 배꼽에는 사각형의 홈이 나 있는데, 거기에 비결祕訣이 들어 있었다고 한다. 처음 도솔천 아래 동불암의 비결을 꺼내려 했던 사람은 전라감사 이서구李書九라는 인물이었다. 하지만 그가 비결을 꺼내려는 순간 뇌성벽력이 쳐대어 결국 실패하고 만다. 이서구는 안타까워하며 다른 사람이 꺼내지 못하도록 회를 발라 홈을 봉해버린다. 하지만 그로부터 100여 년이 지난 다음 그것을 꺼낸 사람이 있었으니, 바로 동학의 영광 접주였던 오하영吳河泳이다. 여기에서 주목할 것은 두 인물의 신분 차이다. 지배계급이었던 이서구는 비결을 꺼내지 못했지만 혁명을 꿈꾸는 민중이었던 오하영은 이를 꺼냈던 것이다.

운주사의 설화 또한 이와 유사한 의미를 가지고 있다. 설화 속에서 선각국사先覺國師 도선(827~898)은 날이 밝기 전 하룻밤 사이에 천불천탑을 조성해야 하는 상황이었다. 그런데 도선보다 아랫사람이라고 할 수 있는 상좌가 도선에게 거짓말을 하여 이미 닭이 울어 새날이 밝아버렸다고 한다. 내부의 분열로 인해 천불천탑 조성이 실패로 돌아가고 만 것이다. 이로 미루어보면 두 이야기 모두 지배계급에 대한 피지배계급의 반항을 표현하고 있다는 것을 알 수 있다.

또한 두 이야기 모두 민중이 주도하는 세상을 꿈꾸고 있다는 공통점을 가진다. 동불암 설화에서 주인공은 한양을 멸망시키고 새로운 수도를 건설하려 하고, 운주사 설화에서는 한양을 운주사가 있는 천불산으로 옮겨 오려 한다. 한쪽은 미륵신앙에 기대고 다른 한쪽은 천불천탑신앙에 기대는 차이가 있기는 하지만, 모두 이상향에 대한 간절한 염원을 표현하고 있는 것이다.

사실 동불암의 설화에 견주어 생각해보면 운주사는 아직 회로 봉해져 있는 단계라고 할 수 있다. 동불암은 비록 실패했을망정 동학농민운동의 불씨를 지피는 데에 중요한 역할을 했던 반면, 운주사는 그렇지 못했기 때문이다. 상좌의 거짓말로 채 못다 새긴 1,000번째 부처는 《장길산》의 황석영도 일으켜 세우

벚꽃으로 장엄한 야외법당의 부처님. 갓 움을 틔운 풀꽃들이 올리는 향공양에 젖어 있다.

보라, 가녀린 진달래꽃조차 살랑살랑 헌화공양하고 있는 아아름다운 광경을.

지 못했다. 하지만 그것은 동불암은 이미 결말이 나버린 이야기지만 운주사는 아직 여운이 넘실대는 미완의 이야기라는 점을 강조한 것인지도 모른다.

999는 1,000과는 전혀 다르다. 세계는 천·지·인의 세 가지 요소로 구성되었다. 그것이 다시 세 번 더하여 만들어내는 9라는 숫자는 우주의 궁극적인 완성을 뜻한다. 이미 완성된 세계에 다시 1을 더하여 1,000이 된다는 것은 과거의 세계를 버리고 새로운 세계를 연다는 것을 의미한다. 그러나 그 세계는 멀고도 험하기 마련이다. 전해오는 설화에서나 소설 속에서나 운주사가 모두 이루지 못한 꿈의 장소로 남았던 까닭도 바로 이 때문이라면 과장일까.

곧, 운주사는 과거완료형이 아니라 현재진행형이다. 그렇기에 그 모든 절터가 잔폐의 쓸쓸함에 휩싸여 고독함을 자아내건만 운주사에서는 비록 목이 부러진 석불이 나뒹굴지라도 잔폐라거나 고독 그리고 쓸쓸함이라는 단어가 떠올려지지 않는다. 아직 살아 있기 때문이다. 그것도 꿈지럭거리는 것이 아니라 기세등등하게 말이다.

하지만 운주사의 이야기가 풍기는 기세가 이토록 활발발지活潑潑地함에도 그 절터가 점점 옹색해지는 까닭은 무엇일까? 그것은 우리들 스스로가 이곳을 와해시키고 있기 때문은 아닐까. 현대에 들어 운주사 설화는 소설이라는 형식을 빌려 재탄생되어 오늘날의 우리들에게 하나의 확고한 이미지로 자리 잡았다. 그러나 절터는 일제강점기를 시작으로 누구의 손도 아닌 바로 우리들 스스로에 의해 훼손되는 어처구니없는 일을 당하고 말았다. 설화는 확대 재생산되었지만 설화의 무대가 지닌 석불과 석탑은 도리어 줄어든 것이다.

법당이 된 쌍배불감과 추석 때의 난장

비교적 당시 운주사의 모습이 잘 드러나 있는 글 한 편이 있다. 씁쓸하지만 지나온 세월 동안 우리가 저지른 잘못이 무엇인지 알아차릴 수 있는 글이다. 그 글은 일제강점기인 1929년의 잡지 《불교》 11월호에 실린 〈천불천탑을 참배하고서〉다. 글을 쓴 이는 만오생晩悟生으로, 장성 백양사의 승려이자 기자다. 기사가 실린 것은 11월호였지만, 그가 운주사를 방문한 때는 8월이다. 당시 운주사 주지는 성은 이李, 법명은 덕진德眞이었으며, 운주사의 표기는 운주사運舟寺와 운주사雲住寺가 같이 쓰였다.

만오생은 요즘 일주문이 세워진 곳으로 들어간 것이 아니라 산 위에서부터 내려왔다. 그가 처음 맞닥뜨린 운주사의 유물은 공사암公事巖이다. 그런데 공사암에 길게 깨진 흔적이 있어 동행한 스님에게 물었더니, 운주사가 중흥될 당시 들어온 물자가 공사암에 묻혀 있다는 이야기를 듣고 주지인 이덕진이 깨본 흔적이라고 답한다. 다시 그 아래로 내려가면 명당탑明堂塔 두 기가 있는데 근처에 몰래 묘를 쓰곤 했던 모양이다. 그날도 묘를 파내느라 분주한 모습이었다. 그 아래로 초가 너덧 칸을 지어놓고 당우 대신으로 삼았는데, 주지와 상좌 두어 명 그리고 경기도 시흥 화장사華藏寺에서 온 승려가 머물렀다. 와불이 있는 쪽인 남산의 탑묘塔廟 사이에도 움막을 짓고 기도하는 이가 있었는데, 그이는 능주읍에서 온 김원배와 장성에서 온 정상현이라는 사람이었다.

여하튼 그들과 다 함께 점심 식사를 마치고 참배를 나서 법당으로 향했는데, 그 법당이라는 곳이 바로 보물 제797호인 석조불감이다. 그리고 그곳으로 향하며 본 운주사의 모습을 말하는데, 논둑이나 밭둑 가릴 것 없이 불상과 탑

사진 위쪽이 일주문 쪽이며, 아래쪽이 금당이 있는 곳이다. 그러나 운주사의 옛 금당은 사진 아래쪽에 보이는 지붕을 한 석조불감이다. 보물 제797호인 불감 안에는 남북으로 앉은 부처님이 서로 등을 맞대고 있다.

운주사에서 가장 높고 아름다운 9층석탑(보물 제796호)이다. 자연석을 기단석으로 삼고, 몸돌에 겹 마름모꼴의 기하학적 무늬와 네 잎의 꽃잎 문양을 새겼는데 이러한 문양은 운주사에서만 볼 수 있다.

일제강점기까지만 하더라도 운주사의 중심 법당, 곧 금당 역할을 했던 석조불감(보물 제797호)이다.

묘가 없는 곳이 없다고 썼다. 쌍배불감雙背佛龕에 법당이 지어진 까닭과 운주사의 풍속에 대해서도 말하는데, 원문을 고쳐 요즘 표기법으로 옮긴다.

이 법당은 원래 전부 석조인데 돌로 좌대와 탁자를 만들고 중앙에는 역시 석면으로 양면 벽화를 나누었는데, 그 조각이야말로 나려羅麗의 기묘한 예술을 그대로 발휘했습니다. 불상 2위를 남북으로 등을 지게 봉안한 후, 돌기둥과 돌대들보며 개폐하는 전후에 좌우 쌍문雙門도 돌로 만들었고 위에 덮은 것도 여섯 장의 큰 돌로 층계를 지어놓았습니다.

그런데 부근 석공들이 쌍문 네 쪽과 지붕돌 한 장을 몰래 훔쳐 팔아먹고 보니 부처에게 비바람이 들이쳐서, 중노릇하는 입장으로 차마 볼 수 없어 현 주지 덕진德眞스님이 작년에 부근 신도의 자원 기부를 얻어 석회로 위를 덮게 했습니다. 그러나 돌문은 제조할 기술이 없기도 하고 이참에 차라리 전후좌우로 4~5평가량을 달아내서 법당을 꾸며보자 하고, 마침 도암면 학교를 건축한 일본 목수에게 이야기했습니다. 그런데 처음에는 임금 부족으로 거절을 당했으나 다음날 아침에 일본 목수가 찾아와서 무료로 일을 착수하겠다고 자원했습니다. 그 이유는 어젯밤에 부처께서 꿈에 나타나 일을 거절한 것을 크게 나무랐기 때문입니다. 동시에 조선의 목수들도 같은 꿈을 꾸었다 하여 조선의 목수와 일본인 목수 세 명이 무료로 일을 하겠다고 했으나 재료비와 일에 들어갈 잡비만 해도 500원 이상에 달했습니다.

불탁佛卓 아래 장대석長臺石이 저렇게 반들반들하게 닳고 그 옆에 있는 큰 목침과 같은 돌덩이가 놓여 있는 것은 이 지방의 미신에 쓰이는 기구입니다. 그 돌을 가지고 저 동쪽에서 서쪽까지 쭉 밀어 거푸 세 번이나 걸리지 않고 나가면 자식 없는 사람이 귀한 아들을 낳고, 단 한번이라도 중간에 떨어지면 아들을 못 낳게 된다 해서 부녀가 많이 모일 때는 저 돌을 서로 차지하려고 자연 경쟁이 됩니다.
사람이 제일 많을 때는 추석 전후 5일간입니다. 그때는 이 절 근처의 남녀 수천 명이 기약도 없이 서로 만나게 되어 매점이 수십 군데이고 임시 숙박소, 임시 상가 무엇 무엇하는 것이 온 산에 가득 들어차게 되는데 더욱이 볼 만한 것은 연소부녀年少婦女의 녹의홍상綠衣紅裳이 나무 사이로 비쳐 오색화五色花가 만발함을 이루는 것입니다. 그리고 여자들은 국수와 떡, 과자 같은 것을 가지고 와서 자기 마음 가는 대로 불상이나 탑묘 앞에 갖다놓고 각기 소원을 비는 모양이며, 남자들은 씨름도 하고 노래도 부르며 날이 저물면 술주정으로 싸움을 일으켜서 서로 치고 두들기기도 하나, 이 산이 명승이기 때문에 예로부터 사람 하나 상했다는 말을 듣지 못했습니다._〈천불천탑을 참배하고서〉 부분

이 이야기는 산기슭에 움막을 짓고 기도를 하던 김원배 씨가 한 말을 만오생이 옮겨 쓴 것이다. 이 짧은 글 속에 참 많은 내용이 담겨 있다. 목수들의 신이한 꿈 이야기라든지, 석조불감 앞의 전각이 생기게 된 경위, 그리고 자식을 점지해준다는 붙임바위의 존재와 운주사의 명절 풍경 같은 것들이 다채롭게 소개된다. 또 운주사에 사람들이 가장 많이 모이는 때는 초파일이 아니라 추석 전후 5일간이라는 사실도 알 수 있다. 이는 다른 사찰에서는 찾아볼 수 없는 특이한 현상으로 당시 지역 주민들 사이에서 운주사의 위상을 가늠해볼 수 있는 중요한 정보다.

일주문을 들어서서 금당까지 가는 동안 불두 여럿을 볼 수 있으며 주먹만 한 꽃도 었다.

운주사의 두 축, 천불천탑과 쌍배불감

불상과 탑이 엄연히 존재하고 주지까지 있었건만 운주사는 사찰로서의 기능은 전혀 하지 못했던 것으로 보인다. 만오생의 글에 따르면 운주사는 탑과 불상 근처에 몰래 묘를 쓰는 사람들 때문에 골치 아파했으며, 절에 머무는 스님이라고는 겨우 주지와 상좌 한 명 그리고 타지에서 온 스님 한 분밖에 없었다. 그리고 개인들이 어느 특정한 불상 앞에 움막을 치고 자신들의 복을 비는 기도처로 삼기도 했지만, 사찰에서 이를 통제하기는커녕 더불어 지내는 것 같은 인상을 풍기기도 한다. 또 불상 앞의 붙임바위는 아이를 얻기 위해 민간에서 행하는 기자祈子의 풍습이다. 추석 때 난장亂場이 서고 씨름과 함께 음주가무가 불상과 탑 앞에서도 거침없이 이루어졌으니, 이는 불교가 개입되지 않은 민간의 축제와도 같은 모습이다. 도대체 운주사는 무엇이었단 말인가? 이 또한 곰곰 되짚어보면, 지배계급이 철저히 배제된 민중들의 이야기라는 것을 알 수 있다.

한편 당시 절이 위치한 골짜기는 운주동運舟洞이었는데, 도암면의 학교장이 운주사雲住寺라고 새겨진 와편을 주워서 그것에 근거해 사명과 골짜기 이름을 운주雲住로 바꿔 불러야 한다고 주장한다는 내용도 덧보태 있다. 뒤이어 말하기를 주지인 덕진스님이 흩어져 있는 불상과 탑을 면밀하게 조사했는데 탑은 완전한 것이 16기에 부서진 것이 70여 기이고, 불상은 완전한 것이 60구에 손상되거나 불상으로 미루어 짐작할 수 있는 것이 800여 구나 된다고 한다. 그러나 1942년 천태국민학교 교사였던 박형진의 조사 기록에 따르면 석탑 30기, 석불 213구가 있었다. 하지만 두 사람의 조사가 어떤 방식과 기준으로 이루어

운주사의 매력 가운데 하나는 서로 제짝이 아닌 것으로 보이는 것들끼리 짝을 이루고는 짐짓 모른 체하는 것이다. 그러나 묘하게도 다른 곳이라면 왜 이렇게 해놓았을까 하는 의문이 앞서겠지만 운주사에서는 그것이 당연히 용인되는 아이러니가 있다.

이미 파불破佛이 되었음에도 버림받지 않고 이렇듯 자리를 지키고 있을 수 있는 것은 운주사의 배려다. 그리고 운주사를 찾는 순례자들은 이런 배려에 감사해야 한다. 성한 것들과 그렇지 못한 것들이 만들어 내는 묘한 뉘앙스는 말로 설명할 수 없는 것이다.

졌는지는 알 수 없다.

 1929년 당시에도 헤아릴 수 없을 만큼 많은 도굴이 행해지고 있었으며, 부근 마을의 여염집에 운주사의 석물 하나 없는 집이 없었다고 한다. 그럼에도 불상과 탑의 수가 후대의 조사 기록에서 더 늘어났으니 의아하기만 하다. 불상과 탑에 대한 조사는 그 후에도 계속되어 1979년 성춘경에 의해 이루어진 조사에서는 불확실한 불상 20구를 합쳐 모두 70구라고 했다. 1984년 다시 성춘경이 한 조사에서는 완전한 불상이 53구, 1990년 이태호가 조사한 자료에 따르면 불확실한 불상 22구까지 합쳐 모두 91구라고 보고하고 있다. 각 조사마다 변동이 심하기는 하지만, 어쨌든 1929년 주지에 의해 조사된 것보다 현격하게 줄어든 숫자다. 물론 그것이 정확한 사료라고는 할 수 없겠지만, 현실과 비교해보면 줄어든 것만은 사실로 인정해야 하지 않겠는가. 이것 또한 문학적 상상력을 발휘해 쓰자면 불상들이 제 발로 들락날락거리는 것일 테지만, 어디 사실이 그렇겠는가. 사람의 손을 탄 것이 분명할 텐데, 그 사람들이란 바로 당대를 살아가는 우리들이 아니고 누구이겠는가.

 1929년 만오생의 기사에도 주지인 덕진스님이 가진 문헌 사료는 모두 선각국사 도선의 행장에 대한 내용일 뿐, 그 밖에 다른 것은 없었다고 한다. 이렇듯 귀한 문헌 자료 중 가장 오래된 것은 《신증동국여지승람新增東國輿地勝覽》〈능주현綾州縣〉'불우 조佛宇條'에 실린 "운주사는 천불산에 있으니 좌우의 산등성이에 있는 석불과 석탑이 각각 1,000개다. 또 석실이 있는데 두 석불이 서로 등지고 앉았다"는 내용이다. 《신증동국여지승람》의 편찬 시기는 조선 중종 25년(1530)인데, 글의 내용으로 미루어보면 아직 폐찰이 되지 않았다는 것을 알 수

여느 절집에서는 대접받지 못했을 부처님이지만 운주사터에서는 귀한 모습이다.

두 손을 공손히 모아 가슴께로 올린 지권인(智拳印)을 하고 있다.
지권인은 대일여래, 곧 비로자나불의 손모양이다.

있다. 그다음으로는 조선 효종 7년(1656)에 반계磻溪 유형원(1622~1673)에 의해 편찬된 지리지인 《동국여지지東國輿地志》에 관련 기록이 있다. 여기서는 운주사가 이미 폐사되었다고 나오며 천불천탑이 있었다고 전한다. 그리고 이 책에서 주목할 것은 운주사의 창건에 대한 이야기다. 보통 신라시대에 운주사를 조성했다고 하나 이 책에서는 고려의 스님이었던 혜명慧明이 그를 따르는 수천의 무리들과 함께 조성했다고 말하기 때문이다. 《범우고梵宇攷》는 조선 땅에 있는 사찰의 존폐와 함께 소재와 연혁을 기록한 책으로 정조 23년(1799)에 출간되었다. 그 책에도 당연히 운주사에 대한 기록이 나오는데, 이미 폐찰이 된 절에는 석불과 석탑이 각각 1,000개씩 있으며 석실에 부처가 서로 등을 맞대고 앉아 있다고 나온다. 또 그보다 후대인 1863년에서 1864년경 고산자古山子 김정호(?~1866)가 편찬한 지리서인 《대동지지大東地志》에 쓰인 내용도 위의 것과 별반 다르지 않다.

위에 말한 네 권의 지리서와 《능주읍지綾州邑誌》《능주목읍지綾州牧邑誌》와 같은 기록들을 운주사가 기록된 문헌 사료의 전부라고 한다면, 《신증동국여지승람》이 편찬되고 난 후 《동국여지지》가 편찬될 때까지 120년에서 130년 사이에 운주사는 폐찰이 된 것으로 볼 수 있다.

한편 《동국여지지》에 나타나는 고려의 혜명이라는 스님은 뜻밖의 인물이다. 그는 은진미륵恩津彌勒이라고 불리는 보물 제218호인 관촉사 석조 미륵보살입상을 만들었다고 전하는 인물이기 때문이다. 혜명스님의 생몰 연대는 알려져 있지 않지만 은진미륵의 조성이 고려 광종 19년(968)에 이루어진 것으로 보면, 그는 고려 초에 활동한 스님으로 추정할 수 있다.

이러한 자료들로 미루어보면, 신라 말의 도선국사나 나말여초의 지방 호족 세력 혹은 고려 초의 혜명스님, 그 셋 중 누군가가 운주사를 창건했다고 볼 수 있다. 그 시기는 나말여초의 어느 때로 추정할 수 있다. 전남대학교박물관에서 수행한 발굴 조사의 결과로 1991년에 발간된《운주사종합학술조사》에 따르면, 운주사는 11세기 초에 창건되었다. 12세기가 전성기였고 발굴 당시 '홍치弘治 8년'이라는 암막새가 출토된 것으로 보아 1495년에 중수된 것으로 추정되며, 조선 현종 연간(1659~1674) 사이에 폐사된 것으로 보인다. 하지만 문헌 사료를 검토해도 창건과 폐사에 대해 분명하게 말할 수 있는 자료는 아무것도 없다.

그런데 이들 문헌을 보면 천불천탑과 쌍배불감에 대한 언급이 빠짐없이 등장한다는 사실을 알 수 있다. 이는 조선시대 당시 이 둘이 운주사를 대표하는 상징이었다는 것을 말해준다. 앞서 말한 1929년 만오생의 기록에도 이곳저곳에 흩어져 있는 불상과 탑의 존재가 언급되며, 특히 쌍배불감에 잇대어 만든 법당이 운주사의 중심임을 분명히 밝히고 있다. 이는 근대에 들어서도 여전히 운주사를 인식하는 데에 있어 천불천탑과 쌍배불감의 중요성이 줄어들지 않았음을 알려준다.

전체가 하나를 이뤄 큰 너울이 되었네

요즘은 어떤가. 운주사를 말할 때 가장 먼저 떠오르는 것은, 와불이 아님에도 와불 행세를 하고 누워 있는 불상이다. 미처 제작이 덜 끝난 상태인 미완의 불상인데도 이처럼 강하게 다가오는 까닭은 무엇일까? 숱한 불상과 탑을 제치고 그가 먼저 떠오르는 까닭은 아마도 황석영의 소설《장길산》의 영향이 가장

운주사에는 이렇듯 노천에 앉아계신 부처님도 있다. 그런데 이 부처님, 궁금증이 동한 것 같다. 멀리 무엇인가를 내다보는 형상이기 때문이다. 이미 앉았으니 일어서지는 못할 일, 고개를 쭉 빼서 세속의 일을 바라보시는 듯하다.

불두만 남은 경우는 고의적으로 그렇게 했을 수도 있겠지만 자연적인 일일 수도 있다. 목 부분이 가장 약하기 때문에 넘어지면 크게 상해 부러지는 경우가 흔하다. 땅바닥에 새워진 불두에는 입이 없다.

운주사 산신각 뒤 명당탑에 서면 보이는 바위 벽에 새겨진 마애불이다. 눈 밝은 사람들은 일찍 마애불이 있다는 것을 알았지만, 워낙 볼거리가 많은 운주사인지라 오랫동안 그 존재조차도 모르고 지나쳤던 마애불이다.

클 것이다. 이 소설이 신문 연재를 마치고 책으로 묶일 때까지만 해도 운주사는 세상에 널리 알려지지 않았다. 당연히 학술적 정립 또한 이루어지지 않은 상태였다. 더구나 소설이 완성된 때는 전두환 정권에 대한 불신과 폭력에 진저리를 치던 시절이 아니던가. 민중들에게 새로운 돌파구가 필요하던 시절이었다. 한 편의 소설로 촉발된 운주사에 대한 대중의 호기심은 우리 민족의 미륵에 대한 남다른 신앙심과 맞물려 더욱 증폭되었다. 또 민중들은 박정희 정권에서 전두환 정권으로 이어지던 군사독재를 거치며 받았던 억압에 대한 심리적·현실적 보상으로 간절히 새로운 세상을 원하고 있었다. 그러한 민중들의 염원이 차곡차곡 더해져 소설이라는 허구와 운주사라는 현실이 동일시되기 시작했던 것이다.

한적했던 운주사는 삼삼오오 찾아든 사람들로 들끓기 시작했다. 그들은 모두 마음속으로 미완성인 채 누워 있는 부처가 일어나기를 기원했다. 그렇게 차츰차츰 운주사를 바라보는 눈길이 놀라울 정도로 달라지기 시작했다. 불과 25여 년 사이에 이미지의 전도顚倒가 이루어진 것이다. 조선시대의 기록으로만 보자면, 운주사 창건 이래로 지켜져오던 천불천탑신앙이 생뚱맞은 와불신앙으로 바뀌어버린 것이다. 물론 이는 잘못된 것이 아니다. 다만 하나의 현상일 뿐이다. 시대에 따라 신앙의 대상이 달라지는 일은 얼마든지 있을 수 있다. 온전한 불상보다 미완의 불상이 더 대접받는 기이한 일이 벌어지는 운주사는 절이면서 절터이고, 또 절터임에도 정지된 공간이 아니라 아직 활동을 멈추지 않은 활화산과도 같은 곳이다.

본디 천불千佛이란 다불多佛사상에 기인한 것이다. 다불사상은 삼겁三劫, 곧 과거 장엄겁莊嚴劫천불, 현재 현겁賢劫천불, 미래 성수겁星宿劫천불을 말한다. 이 가운데 대개 천불전에는 현겁천불을 모시는 경우가 많다. 현겁이란 현세의 대겁大劫을 일컫는 말로 세상이 개벽해 다시 개벽할 때까지의 기간을 뜻한다. 이 시기에 구류손불拘留孫佛과 구나함모니불拘那含牟尼佛, 가섭불迦葉佛, 석가모니불 그리고 미륵불과 같은 1,000명의 부처가 차례로 나타나 중생을 구제한다. 이곳에 천불천탑이 조성됐던 까닭도 천불전의 조성 때문이 아니었을까. 비록 전각은 짓지 못했지만 야외 천불이라는 독특한 형식을 빌려서 말이다. 그렇다면 앞서 말한 대로 이곳의 불상들은 크기에 상관없이 제각각의 명호를 지니고 있는 셈이다. 그것도 우리들을 제도하고 구제해 새로운 세상을 열기 위해 오신 것이니, 넓게 봐서 전해오는 설화나 소설의 내용과 크게 다르지 않다. 글머리에 말했듯이 그 천불은 제각각 서로 다른 빗방울처럼 낱낱으로 헤아릴 수도 있지만, 또 전체가 하나를 이룬 큰 너울과도 같다.

 이 나른한 봄날, 새벽부터 골짜기를 헤매며 불상과 탑을 만나고 으늑한 곳에 앉아 있기를 벌써 여러 시간이 지났다. 그러나 오늘도 예전과 달라지지 않았다. 여전히 운주사는 절이지만 내 마음속에는 절터라는 것이 말이다. 또한 숨죽인 채 고요히 엎드려 있는 여느 절터와는 달리 제 힘으로 펄펄 살아 움직이는 절터라는 구태의연한 생각도 변하지 않았다. 더불어 운주사의 실체가 낱낱이 밝혀지지 않은 채 불가사의한 장소로 남았으면 하는 생각도 보탰다. 이곳에 천불천탑만큼이나 무성한 논의가 이루어져 대밭처럼 빼곡하게 이야기들이 들어찼으면 좋겠다. 대밭에 바람이 불면 나는 특유의 소리처럼 그 무수한 이야기들이 서로 부딪치고 또 융합하며 제각각의 모습으로 운주사를 에워쌌으면

되돌아 나오면서 흘깃 뒤돌아봤다. 예의 눈길 닿는 곳에는 부처님과 탑이 있었다. 운주사의 부처님이라고 모두 두 손을 가슴에 모은 지권인을 하지는 않았다. 멀리 새로 지은 전각과 산 위 공사바위가 눈에 들어왔다.

하는 생각이 그치지 않았다. 그러나 미완인 채 누워 계시는 부처는 그저 그대로였으면 좋겠다. 그가 일어서버리고 나면 그다음은 어떻게 될까? 우리는 또 어디로 가야 한단 말인가. 적어도 이곳만은 과거와 현재가 혼재된 채 미래를 향해 가는 걸음을 멈추지 않는 장소였으면 싶은 것이다.

    그만 몸을 일으켜 다시 절터를 떠돌기 시작했다. 한 분, 한 분 모든 부처와 탑에게 눈인사를 남기며 에돌고 나서 쌍배불감에 다다라 예를 갖추고 운주사를 빠져나왔다. 그러자 먼 곳으로부터 나직한 메아리가 들려왔다. "그대여, 그대여, 어찌 이렇게 아름다운가." 순간 흠칫 놀라고 말았다. 그 말은 조금 전까지 마음속으로 과거와 현재의 운주사에게 그리고 천불산에 흩어져 있는 모든 탑과 부처들에게 되뇐 말이었기 때문이다. 그렇다. 운주사는 저 홀로 아름다운 것이 아니다. 운주사를 찾는 사람들 또한 스스로 아름다운 것이 아니다. 그들은 서로 높낮이가 없으며 넓이가 없는 점點과도 같은 존재들이다. 그러나 운주사라는 점과 사람이라는 점이 만나면 높이는 여전하되 그 넓이는 무변광대해진다. 부처와 사람이 서로 만날 때까지 그 점은 이어질 테지만, 운주사에서는 그때가 막연하지만은 않다. 그 까닭은 사람이 부처에게로 향하듯이 부처 또한 사람에게로 다가오기 때문이다.

    아! 운주사여, 그대 어찌 이렇게 아름다운가.

천불산 운주사터

　　　　　　운주사는 전라남도 화순군 도암면 대초리에 있다. 광주에서 운주사까지 버스로 한 시간 반 남짓 걸리며, 광천버스터미널 앞에서 이른 아침부터 저녁까지 20~30분 간격으로 버스가 다닌다. 승용차도 광주를 통하는 것이 빠르다. 호남고속도로 동광주와 장성 나들목을 지나 산월 나들목에서 빠져나가 직진하면 화순 방향 제2순환도로가 나온다. 15킬로미터가량 가다 보면 지원 교차로가 나오는데, 오른쪽 22번 도로로 접어들면 된다. 교리 나들목을 지나고 화순 나들목에서 오른쪽 29번 도로를 따라 가다가 석정 삼거리를 지나 춘양면 방향 818번 지방도로로 접어들면, 도암면 소재지다. 그곳에서 다도 방향으로 2킬로미터 남짓이면 운주사에 다다른다. 산월 나들목을 빠져나오면서부터 이정표가 잘되어 있어 길을 잃을 염려는 없다. 산월 나들목부터 운주사까지는 48킬로미터 남짓하지만, 시간은 한 시간이 조금 더 걸린다.

　　운주사는 언제 창건되었고 언제 폐사가 이루어졌는지 알지 못한다. 고려 초에 창건하고 조선 현종 재위 기간(1659~1674)에 폐사되었으리라 추정할 뿐이다. 창건 주체 또한 정확하게 밝혀진 바가 없어 도선국사나 혜명스님 그리고 능주지방의 호족 세력이 그 주체였을 것이라고 짐작할 뿐이다. 운주사는 남아 있는 불상과 탑의 미술

나라 안에서 드물게 보이는 와불臥佛은 사실 미완성인 부처다. 다 새기고 난 후 일으켜 세워야 하는 것인데 마무리가 되지 않아 미처 세우지 못한 상태로 누워 있는 것이다. 그러므로 처음부터 와불로 조성된 것은 아닌 것으로 본다.

사적 편년에 의해서도 고려 초 즈음에 조성되었을 것이라고 짐작은 하지만 이 또한 분명하지 않다. 운주사에 남아 있는 불상과 탑이 워낙 독창적이어서 다른 곳과 견주어 추정할 수 있는 근거가 약하기 때문이다. 그 밖에도 11세기 창건설, 13세기 창건설, 몽골의 침입을 막기 위한 호국도량으로의 창건설, 미완성의 와불이 장보고의 상이라는 설 등 워낙 다양한 학설들이 전개되며 나름대로 실체를 규명해보고자 했지만 분명한 것은 없는 실정이다.

일주문을 들어서면 가장 먼저 만나는 것이 높이 10미터에 이르는 보물 제796호인 9층석탑이다. 그 오른쪽으로 좌상과 입상의 부처 여섯 구가 있으며 탑 뒤로는 7층석탑 두 기가 연이어 서 있다. 9층석탑 언저리에도 목만 남았거나 몸통만 남은 불상들이 흩어져 있으며 7층석탑 오른쪽으로는 입상의 부처 일곱 구가 바위 벽에 기대어 서 있다. 또 두 번째 7층석탑 왼쪽으로는 광배와 한 돌에 새겨진 좌상의 부처가 있으며 그 뒤로 다시 7층석탑 한 기가 서 있다. 석탑 못미처 오른쪽 바위 벽에는 여

운주사는 다양한 형태의 석불과 석탑 그리고 마애불까지 볼 수 있는 불교 석조미술의 보고다. 기존의 불교미술과 다른 독특함을 뽐내는 그것들은 오로지 운주사에서만 볼 수 있는 귀한 것이다.

덟 구 정도의 불상이 있으며 탑 뒤로는 보물 제797호인 석조불감, 곧 쌍배불감이 있다. 쌍배불감 뒤에는 보물 제798호인 원형다층석탑이 있으며 쌍배불감에 다다르기 전 왼쪽으로 석불편들이 흩어져 있다. 쌍배불감과 원형다층석탑 사이 오른쪽 산기슭으로 오르면 대여섯 구의 불상이 바위 벽에 기대어 있는 모습이 보인다. 종무소를 지나 들어간 마당에도 탑이 세워져 있으며 그 아래를 유심히 살펴보면 석불편들이 있다. 1984년에 불사를 시작해 1988년경에 마친 대웅전의 오른쪽으로 보이는 산신각 뒤에는 명당탑과 4층석탑이, 그곳으로 올라서서 바라보이는 바위 벽에 마애좌상이 새겨져 있다. 그 길로 공사바위를 오를 수 있으며 산신각 오른쪽으로 원형9층석탑이 보이고, 탑 뒤 바위 벽에 대여섯 구 정도의 불상이 남아 있다. 그 바위 벽을 오른쪽으로 돌아서 공사바위로 갈 수도 있다. 공사바위는 도선국사가 앉아서 공사를 감독했다고 전하는 바위이며 한눈에 운주골 일대를 내려다볼 수 있다.

다시 아래로 내려와 종각을 지나자마자 오른쪽 산으로 들어서는 길을 따라가면

와불로 오르는 길에 만난 석불 군이다. 모두 열 구의 부처님이 있으며 제각각 다른 모습을 하고 있다.

5층과 7층석탑 두 기가 서 있으며, 석불입상을 지나면 미완성의 부처 두 분이 누워 있다. 그곳에서 다시 오던 길을 되짚어 내려오다 보면 아까 지나친 7층석탑이 있는 아래에 석불 아홉 구가량이 가족처럼 덮개바위 아래에 옹기종기 모여 있다. 그중 좌상이 바라보는 방향으로 산길이 있는데, 그곳을 따라가면 칠성바위와 석탑 한 기가 있으며 근처의 넓은 바위 위에 석탑을 세웠던 흔적을 볼 수 있다. 그 흔적 근처에서 건넛산을 바라보면 두 기의 탑과 석불 한 구가 더 보인다. 그렇게 산 아래로 내려서면 처음 맞닥뜨렸던 9층석탑과 만난다.

《5장》

영암 용암사터

|

누가 눈물겨운 그곳에 절집을 지었는가

✺

먼 곳에서만 보이는 절터의 본래면목

애써 모른 척해도 이내 그리워지는

산중에 은거 중인 절터와 마애불

불교를 비방하는 것이 곧 유교를 비방하는 것이다

유성이 흐르듯, 불꽃이 튀듯 수행하라

높이 계신 까닭은 구름을 타고 하생하려는 것인가

특이한 1마애불 쌍탑의 가람 구조

모질게도 잊히지 않는 붉은 노을빛

새벽, 구정치에 서면 발아래 펼쳐지는 선경이 매혹적이다. 오른쪽 아래가 월남사터가 있는 월남리다.

먼 곳에서만 보이는 절터의 본래면목

이른 봄, 월출산 용암사터로 가는 날은 언제나 서둘러야 한다. 그래야만 여명의 숲길을 걸어 다다른 구정치九井峙에서 부드러운 바람을 만날 수 있다. 더불어 갓 떠오른 태양의 순한 빛인 동살이 바위들과 뒤엉켜 베푸는 가슴 벅찬 향연에 스스로를 내맡길 수 있다. 오늘도 구정치는 산하대지와 기암수목은 물론이고 갓 피어난 방초까지도 동살과 어우러져 순정한 장면을 베풀어놓고는 아무 일도 아니라는 듯 짐짓 딴청이다. 바람재라고도 불리는 구정치를 지나 기신기신 오른 구정봉 마루에 새벽 댓바람부터 드러누웠다. 급히 오르느라 헐떡이는 몸도 쉬고 급해진 마음도 달랠 겸해서다.

누운 채로 휘둘러 산을 바라보니 하늘과 맞닿은 곳에 무량한 햇살과 거침없는 바람이 가득하다. 더 바랄 것이 또 무엇이겠는가. 차마 아름다운 장면을 견디지 못해 껌뻑거리던 눈을 질끈 감았다. 눈을 간질이던 안화眼花가 사라지자 생각도 사라졌다. 한동안 그렇게 있었다. 눈을 뜨면 살갑게 다가드는 그 아름다운 장면들로 흔들린 마음은 또 얼마나 많은 시간 동안 그들을 그리워하게 될까. 간절하게 그리운 장면들은 오히려 생각이 사라진 곳에서 더욱 짙어지고 만다. 입을 닫고 눈을 감은 채 무심으로 대하는 장면들, 그곳에는 서로의 간극과 농담濃淡을 잃어버린 채 삼투滲透와 역逆삼투를 거듭하며 어우러진 모습이 황홀하기만 하다.

 그토록 그리웠던 용암사터이건만 그곳을 찾아가는 내 마음과 걸음 그리고 눈길은 제각각이다. 마음은 급하지만 걸음과 눈길은 뜻밖에도 데면데면했을 뿐, 더디고 게을렀다. 그런 행동은 비단 용암사터뿐 아니라 다른 곳에서도 더러 경험했던 일이다. 그것은 절집이나 절터를 찾으며 미술사에만 천착하는 자신에게 흠칫 놀라고 난 다음부터 생긴 버릇 중 하나다. 무엇에게로 가면 미처 그를 제대로 만나기도 전에 내 속의 일천하고 알량한 미술사가 앞질러 현학적인 잣대를 들이대곤 하던 버릇 말이다. 더구나 석조 유물과 같은 것들이 남아 있지 않은 곳은 아예 거들떠보지 않았던 적도 있으니, 어찌 그것을 순례라고 할 수 있겠는가. 더불어 그것은 대상을 부분으로 만나느냐 혹은 전체로 만나느냐의 차이이기도 하다.

 이미 내 부족한 부분을 알면서도 스스로를 모른 체하며 그냥 놔둔 세월 또한 짧지 않았다. 갈등이 농익어 곪아 터지면 혹시 전체를 볼 수 있는 안목이 절로 생길까 하는 어리석음 때문이었다. 그러나 점점 골이 깊어지기만 할 뿐, 절로 곪아 터지는 일은 결코 생기지 않았다. 이는 뾰족한 바늘을 들고 스스로를 찔러 터뜨려야 되는 일이기 때문이다. 스스로를 바늘로 무수히 찌르고 나서 이전과는 다른 또 하나의 버릇이 생겼다. 그것은 부분만 보는 것이 아니라 전체 속에서 부분을 찾으려 애를 쓴다는 점이다.

 오늘 가는 용암사터는 바로 앞에서 보고 말면, 다리만 만지고 코끼리를 다

구정봉에는 아홉 개의 우물마다 용이 살았다고 전한다. 조선시대 선비들의 월출산 유람 1번지였다.

봤다는 격이 되고 마는 곳이다. 그러니 어찌 잰걸음으로 다가가겠는가. 절터 또한 한달음에 자신에게로 오는 것을 결코 달가워하지 않는 눈치다. 아예 구정봉에서부터 험한 길을 만들어놓고 단박에 다가드는 것을 쉽사리 허용하지 않는다. 그렇다고 무턱대고 고행만을 요구하는 것도 아니다. 절터로 가는 길 짬짬이 얼핏 설핏 자신을 드러내며 가쁜 숨을 고르는 순례자들의 마음을 설레게 하기도 한다. 오늘에야 비로소 깨닫는다. 나라 안 절집이나 절터가 어디인들 아름답지 않을까 마는, 용암사터는 유독 멀리서 봐야 그 본래면목을 대할 수 있다는 것을 말이다. 또한 많은 절집들이 그 마당에서 내다보는 그윽한 앞 풍경을 내세우지만 용암사터는 반대다. 오히려 먼 곳에서 그를 바라보도록 만든다. 그렇기에 용암사터는 아득히 먼 곳에 있는 것들이 유발하는 난감한 그리움을 유감없이 뿜어낸다. 그 때문에 언뜻이라도 절터를 보고 말았다면 그곳으로 가지 않고는 못 배기게 만드는 매혹적인 곳이기도 하다.

구정봉을 에돌아 내려서는 길은 가파르기 짝이 없지만, 걸음이 더딘 또 하나의 까닭은 길이 험해서만은 아니다. 안계眼界가 트이는 곳마다 펼쳐진 기암괴석과 골짜기들이 순순히 눈길을 놓아주지 않고 잡아채기 때문이다. 그때마다 빼어난 정경들이 눈앞에 펼쳐지고 순례자는 기꺼이 목례를 보내고 싶어진다. 비록 절터로 향하는 길이 멀고 험할지라도 나무와 바위가 앞다투어 장엄한 그 길은 갖가지 향화香花가 그윽한 아름다운 길이기 때문이다. 아름다운 장면들이 말을 하지 않을지라도 그러한 장면들이 묵묵히 존재한다는 것만으로도 우리들이 받는 위안은 얼마나 크겠는가. 그러니 기어코 부처님에게 다다르지 못할지라도 이미 그를 찾아 길을 나섰다는 것만으로도 충분히 아름다운 일이다. 아름다운 존재를 찾아서 진흙길이나 돌너덜을 마다하지 않고 걷는 사람이라면 그 또한 이미 아름다운 사람이 아니고 또 무엇이겠는가.

애써 모른 척해도 이내 그리워지는

투박한 모습의 월출산 마애여래좌상이 새겨진 바위까지 100미터쯤 남았을까. 그 바위의 뒤통수가 보이는 곳에서 우뚝 서버리고 말았다. 그러고는 위태롭게 걸려 있는 너럭바위에 주저앉았다. 휘둘러 기암괴석을 바라보던 눈길이 한곳에 머물러 얼어붙은 듯 움직일 줄 몰랐기 때문이다. 그 순간 내게 닥친 시간은 억겁과도 같았으며 또 찰나이기도 했다. 허상과 실상이 겹치는 오묘한 늪과도 같았으며, 나는 그곳에 빠져 허우적거렸다. 이윽고 그 모호한 순간들이 지나가고 나서야 나는 비로소 그것이 무엇인지 알아차렸다. 이미 눈은 감았으며 잘 여문 석류가 터지듯이 벌어진 입에서는 경탄의 신음이 절로 흘러나왔다.

아! 누가 눈물겹도록 아름다운 저곳에 절집을 지었는가.

바람 한점 불어왔으면 먼지 핑계라도 대며 눈물을 찍어내고 싶을 정도다. 웬만했으면 입을 다물고 말았겠는가. 몇 해 전 겨울, 강원도 양양의 선림원터 禪林院址에 무량하게 쏟아지는 햇살을 받고 선 나무 한 그루에게서 느꼈던 가혹한 아름다움 앞에서 말을 잃고, 또 강릉 굴산사터 당간지주가 보이지 않을 만큼 퍼붓던 눈 속을 거닐며 말을 잃어버리지 않을 수 없었듯이 눈앞에 펼쳐진 정경은 또다시 내 말을 앗아가버렸다.

저곳이 절집이었던가. 먼 곳의 탑은 어슷어슷 서 있는 나무들 사이로 그 모습을 내놓고 있다. 한 폭의 담채화인 양, 곁에는 진달래가 피었는가. 옅은 물

이튿 봄. 용암사지 삼층석탑이 헌화공양을 받고 있다. 너무도 아름다워 눈물이 날 지경이었다.

내 보기에 월출산에서 가장 아름다운 탑이다. 바위들과 너무도 잘 어울려 붉거지지 않기 때문이다.

감을 흩뿌려놓은 듯 보랏빛 농담濃淡이 출렁이며 에워싸고, 그 곁에는 새순이 돋아난 것인지 노랗게 물든 나무가 바람에 흔들리고 있다. 아! 이처럼 경건한 헌화공양을 어디서 또 만날 수 있을까. 애써 모른 척, 딴 곳을 보고 있어도 삽시간에 달려든 그 아련한 정경이 너무나 그리워 고개를 다시 그곳으로 돌리지 않을 수 없다. 헌화공양을 받고 있는 것은 절터의 동쪽에 놓인 동탑이며 탑은 큰 산골짜기에서 마치 귀양살이라도 하는 것처럼 보인다. 적막한 산중에 홀로 위리안치圍籬安置되었지만 가시나무가 아닌 갖가지 봄꽃으로 둘러싸였으니, 그런 귀양살이라면 나인들 마다할 까닭이 없을 것 같다. 여간해서 이런 생각이 들까. 버거울 만큼 아름다운 정경이어서 내 속의 둔탁한 미감이나 성긴 감성으로는 감당하기 쉽지 않을 정도다. 더구나 봄 햇살마저 소나기처럼 쏟아지고 있으니, 아무리 정신을 곧추세우려 해도 허물어질 뿐 다잡기가 만만찮다. 한번 다문 입은 다시 벌어지지 않았으며 온몸의 기운조차 시나브로 빠져나가는 것을 느끼면서도 어찌할 수가 없다.

　힘겹게 동탑에서 고개 돌리면 산벚꽃 만발한 산을 등지고 선 서탑이 또 눈길을 붙들었으니, 마음은 더욱 벅차오르기만 할 뿐 숨 고를 겨를조차 없다. 탑은 다듬지 않은 긴 호박과도 같은 자연석을 기단으로 삼고 한껏 아침 햇살을 머금은 채 빛나고 있었으니 말이다. 그러나 눈여겨보지 않으면 서탑은 월출산을 수놓은 그 많은 바위 중의 하나로밖에 보이지 않을 만큼 수더분했다. 주위에 화려한 단청을 입힌 전각 한 칸 없었지만, 그는 초라하지 않았고 오히려 불거져 드러나지 않으니 그 두루뭉술한 자태가 풍기는 맵시 또한 빼어났다. 탑 뒤, 먼 산에는 새잎이 찬란한 나무들 사이로 드문드문 하얀 산벚꽃들까지 무리지어 피어났으며 갓 움을 틔운 새잎들이 빚어내는 여린 색들이 찬란해 겨우 일으킨 마음은 또다시 무너지고 말았다.

그때부터 한동안 일어서지 않으려는 마음과 드잡이를 했다. 절터에 다다르기도 전에 지쳐버리는가 싶을 만큼 말이다. 겨우 몸을 가누어 서탑과 마주 보고 있는 마애불 아래를 지나 절터로 내려섰다. 마애불보다 동탑을 품고 있는 절터를 마주하고 싶은 마음이 컸기 때문이다. 등산로가 아니니 출입하지 말라는 팻말이 앞을 가로막았지만 잠시도 머뭇거리지 않고 넘어섰다. 그 길은 등산로가 아니라 부처님을 만나러 가는 순례자의 길이었으니까. 무성한 산죽 사이로 나 있는 돌계단의 고졸함은 푸근하기만 하다. 한 사람이 겨우 다닐 만큼 폭이 넓지 않고, 내딛는 발은 그저 평지를 걷듯 자연스러운 높이를 감당하면 될 만큼 알맞았다.

산중에 은거 중인 절터와 마애불

양지뜸에 자리 잡은 절터는 고즈넉했다. 용암사는 수많은 운수납자들이 머물렀으며, 월출산에 올랐던 그 많은 유자儒者들이 빠짐없이 묵어간 곳이다. 하지만 어디에 그런 땅이 있었나 싶도록 절터는 산중에 은거 중이다. 그 자리는 산등성이에서 탑마저 보지 못했다면 그곳에 절이 있을 것이라고는 누구도 생각지 못할 고반考槃으로 보이기까지 했다. 진달래와 얼레지 그리고 현호색까지 온통 보랏빛 꽃들을 외호신장으로 삼은 동탑은 고요한 정적을 깨트리며 느닷없이 찾아든 순례자를 향해 미소를 짓는 듯 환하게 빛나고, 머위가 지천으로 깔린 금당 자리에 박힌 주춧돌은 함박웃음을 웃는 듯 반짝였다.

둘러볼수록 암자라는 말이 꼭 들어맞을 듯한 절터는 1995년 7월부터 10월까지 목포대학교박물관에서 지표 조사를 했으며, 당시 무너져 있던 동탑은 1996년 복원되어 보물 제1283호로 지정받았다. 탑은 마치 해남 북미륵암과 마주 보이는 언덕 위에 있는 3층석탑처럼 자연석인 큰 바위를 지대석으로 삼고 그 위에 흔치 않게 탑구塔區를 짜맞춰놓았다. 하대석과 맞닿는 부분은 요즘 말하는 몰딩과도 같이 도드라지게 띠를 만들어 감싸고 있었으니, 그 또한 드물게 보는 것이기도 하다. 1층 몸돌이 하나의 통돌이 아니라 두 개의 돌을 겹쳐놓은 것도 눈에 띄며, 지붕돌의 귀마루에 두툼한 선을 새겨놓은 것은 운주사의 마당바위에 있는 탑과 같이 특이한 모습을 하고 있다.

건물은 법당과 요사寮舍, 두 채가 있었던 것으로 짐작되며 뒤쪽 축대와 맞붙어 샘이 있다. 그러나 요사와 법당 그리고 공양간을 모두 짓기에는 좁은 느낌이 들 정도로 절터는 소박하다. 주춧돌이 남아 있는 곳에 전면 5칸, 측면 3칸의 금당이 들어서고 나면 여유 공간이 부족할 것 같은 생각이 들 정도다.

주춧돌을 따라 두어 차례 금당터를 돌고는 상수원 보호구역이라는 현수막과 함께 출입 금지라는 팻말이 요란한 오른쪽 석축 아래로 내려섰다. 와편이 흩어진 돌계단이 이어지는 컴컴한 산죽 숲을 헤치고 50미터 남짓이나 내려갔을까. 손바닥만 하게 하늘이 열린 곳에 수더분하게 생긴 종형 부도 두 기가 놓여 있다. 왼쪽의 부도에는 죽암당竹庵堂 혹은 행行암당이라는 당호가 새겨져 있고, 오른쪽 부도의 기단에는 어엿하게 연화문이 새겨져 있다. 아마도 얼레지와 현호색이 지천으로 피어난 이 부도밭이 용암사의 들머리였으리라. 그렇다면 이곳 어디쯤에 누각이 있었던 것은 아닐까? 옛사람들의 기문에 더러 용암사에 누각이 있었다고 하기 때문이다. 가람의 일반적인 건축구조에서 누각이 있었다면 절의 들머리에 있는 경우가 많았다. 그러므로 누각이 있었던 자리가 이곳 어디였으리라고 짐작은 되지만 그 흔적을 도무지 찾을 수 없다.

지금은 상수원 보호구역으로 출입이 금지되어 있지만 부도 앞 골짜기를 따라 큰 골을 내려가면 대곡수원지와 대동폭포를 지나 영암읍 회문리 녹남마을과 만나게 된다. 그러니 지금처럼 구정봉으로 올랐다가 내려오는 길은 무위사나 도갑사에서 산상山上을 지나오는 유람길이자 순례길일 뿐, 본디 용암사만을 목적으로 해서 드나들던 길은 큰 골을 따라다녔던 것이 분명하지 싶다. 절터에서 두 차례나 거푸 만난 약초꾼들 또한 용암사만을 목표로 해서 오면 큰 골을 택할 뿐, 구태여 구정봉에서 내려오는 길을 택할 까닭이 없다고 한다. 그러나 남아 있는 월출산에 대한 기행문이나 기행시들을 읽어보면, 대개의 유자들은 큰 골을 따라 이곳에 오르지 않았다. 그들에게는 용암사보다 월출산 유람이 목표였으니 당연히 천황봉이나 구정봉에 올라야 했다. 구정봉에 올랐다가 날이 저물 시간이면 용암사에서 하룻밤을 묵었던 것뿐이다.

퇴계와 사단칠정을 두고 편지로 서로의 생각을 주고받은 고봉高峰 기대승(1527~1572)이 서른한 살 때인 1557년 3월에 이곳 용암사에 올라 〈용암에서 주자의 운을 쓰다龍巖用朱子韻〉라는 시를 지었는데, 그 역시 시의 중간 연에서 감탄을 금치 못한다.

(중략)

누가 이곳에 절집을 지어　誰構梵王宮

절터에서 정면 앞으로 산죽 숲을 지나서 내려가는 길에는 와편들이 수두룩하다. 산죽이 하늘을 가려 어둑한 길이 끝나면 부도 두 기가 얌전히 놓여 있다. 부도가 있는 이곳이 절의 들머리였을 것으로 보인다.

자취를 산과 바다 언덕에 깃들였나　棲迹山海畔

돌길을 걸어 찾아오자 날이 저물어　來尋石路暝

망연히 바라보며 넋을 잃었노라　悵望魂已斷

휘어잡으며 오르는 걸음 피로하여　攀緣窘幽步

하룻밤을 자며 감탄을 금치 못했도다　寄宿發浩歎

(중략)

또 담헌澹軒 이하곤(1677~1724)이 《남유록南遊錄》에 용암사에 올랐다고 썼는데, 그날은 1722년 11월 28일이다. 그 당시 용암사에 머물던 암주庵主는 탄식선사坦識禪師, 그를 마중 나온 승려의 법호는 두상斗相이다. 그는 용암사에 먼저 올랐다가 구정봉에서 노을을 구경하고 다시 용암사로 돌아와 밤을 지내고 상견성암上見性庵을 거쳐 도갑사로 돌아갔다. 그는 기문에 구정봉 아래로 수 리 떨어진 곳에 용암사가 있다고 했으며, 그곳의 지세가 극히 고절孤絶하고 사방이 기암으로 둘러싸였으며 그 정경은 지금의 천관산인 장흥의 천풍산에 있던 구정암九精庵과 같이 아름답다고 썼다. 그렇지만 용암사에서 구정봉으로 오르는 길은 얼음이 얼어 있다고 해도 열 걸음을 걸으면 앉아서 쉬어야 할 만큼 험했고, 용암사의 동쪽에 고산사孤山寺라는 절이 있었지만 폐찰이 되었다고 했다.

그는 그날의 일기뿐 아니라 용암사로 향하며 두 수의 시를 더 지었다. 그 한 수는 〈용암사로 향하다가 '동천의세석'을 운자로 삼아 절구를 짓다向龍岩寺 以凍泉依細石爲韻 作絶句〉라는 것이고, 다른 하나는 용암사로 잠을 자러 가는 길에 용암사의 밤 정경을 노래한 〈용암사〉라는 시다. 앞서 말한 동천의세석이란 샘물에 얼어붙은 자갈이라는 뜻으로, 이 시는 하늘에 떠 있는 흰 구름마저 얼어붙게 하는 그날의 날씨에 빗대어 산중의 아름다움을 노래했다. 〈용암사〉라는 시에는 절집에 있는 종과 누각에 대한 이야기가 나온다.

용암사로 가서 묵으려는데　欲向龍岩宿
청량한 종소리 울려 퍼지네　淸鍾落遠林
높은 봉우리의 바위들 모두 희벗하고　峰危萬石白
중들은 깊은 암자에서 늙어만 가네　僧老一庵深
좌불은 속세를 초탈한 모습이며　坐佛超塵世
밀려드는 파도 소리 예나 지금이나 변함없네　歸潮見古今
사루에 오르니 마음이 상쾌하여　寺樓登更好
섣달 하늘이 음산해도 거리낌이 없어지네　不怕臘天陰

이 시를 읽으며 잠시 놀랐다. 좌불이라는 표현 때문인데, 혹시 그것이 용암사 바로 위에 있는 마애불을 지칭한 것은 아닐까. 만약 그렇다면 조선시대에 길을 나선 유자들이 쓴 시 중에서 드물게 보는 마애불에 대한 표현이다. 하지만 마애불에 대한 것이었다면 상像이라거나 조彫, 각刻 또는 미륵이라는 표현을 했을 텐데 그렇지 않아 확실하지 않다. 마애불이 좌상이지만 아무래도 그 표현은 법당 안에 모셔진 부처님을 이야기하는 것이지 싶어 마음을 접고 말았다. 또한 사루라고 한 것은 앞에서 말한 절 마당에 있었을 것으로 짐작되는 누각이다. 만약 종이 걸려 있었다면 당연히 종루라고 했을 테니 말이다.

이하곤만이 아니라 동방 제일의 전서체를 써내던 미수眉叟 허목(1595~1682)이나 휴옹休翁 심광세(1577~1624) 같은 이들도 월출산에 올라 시나 기문을 남겼지만, 그 누구도 마애불의 존재에 대해서는 한 줄의 글도 남기지 않았다. 그 유명한 안동 김씨의 4창昌인 몽와夢窩 김창집, 농암農巖 김창협, 삼연三淵 김창흡, 노가재老稼齋 김창업을 아들로 둔 문곡文谷 김수항(1629~1689)이 1675년부터 1678년까지 영암의 구림마을에서 유배 생활을 한 적이 있다. 그때 위에 말한 네 아들과 함께 두 차례나 월출산을 올랐다. 그들은 용암사에서도 묵었지만 아버지나 아들 모두 마애불에 대해서는 글 한 줄도 남기지 않았다. 그들 모두 불교와는 등을 돌린 사람들이 아니었건만 참 인색한 노릇이 아닐 수 없다. 용암사와 구정봉을 잇는 길은 마애불 앞을 지나치지 않고는 다가갈 수 없는데도 말이다. 구정봉에서 보이는 풍광이나 산중의 기암괴석들에 대해서는 극찬을 아끼지 않았지만 마애불에 대해서는 함구한 이유가 무엇이었을까?

앞서 읽은 시의 기대승 또한 석연치 않다. 절집에 묵으며 왜 하필이면 성리학을 집대성하고 불교를 비판한 인물인 주희, 곧 주자의 운을 사용했을까? 그는 주자의 운을 따라 절집에서 바라보이는 풍광에 대해서만 노래했을 뿐, 부처님에 대해서는 입을 다물고 말았다. 더구나 이하곤은 겸재謙齋 정선(1676~1759)이나 공재恭齋 윤두서(1668~1715)와 같이 당대를 주름잡던 화가들과 친분을 가지며 그들의 화첩에 평을 쓴 미술평론가이기도 했잖은가. 하지만 그 또한 무위사 극락보전의 후불탱화 뒤쪽에 그려진 백의관음白衣觀音 벽화에 대해서는 "절의 벽에 관음상이 걸려 있는데 필법이 지극히 기묘하다寺壁有觀音像 筆法極奇"라며 그나마 한 줄 글을 남겼지만 용암사의 마애불에 대해서는 함구했으니, 불교를 배척하던 시대가 낳은 반목을 고스란히 느낄 수 있는 대목이다.

　　1581년 영암 군수를 지냈던 제봉霽峰 고경명(1533~1592) 또한 마찬가지였다. 그도 월출산에 올라 용암사에 들렀건만 눈에 보이고 마음에 닿는 정경에 대해서만 노래했을 뿐, 용암사의 모습이나 마애불의 존재에 대해서는 언급하지 않았다. 그러나 그는 용암사에서의 감동이 컸던 듯 동행한 직장直長의 운에 따라〈용암사, 임직장의 운에 따라龍巖寺次林直長韻〉라는 시를 남겼다. 절에서 바라보는 정경이 너무나 아름다워 마치 속세를 벗어나 있는 것 같은 착각을 한 듯, 속세를 어린아이들의 장난판이라고 비유한다.

　　내려다보이는 저 넓은 남해도　南海天池也
　　반묘의 연못과 참으로 닮았구나　眞同半畝方
　　얼음처럼 깨끗한 달 솟아오르니　氷輪騰倒景
　　빙 둘린 층벽이 비단처럼 번쩍이네　繡壁閃餘光
　　봉래도의 신선 보는 듯하고　遠憶尋蓬島
　　태행산 꼭대기에 오른 것 같구나　狂思倚太行
　　신선과 범인은 본래 거리가 먼 것　仙凡元迥隔
　　어린애들 장난판 보기도 싫다　休看矮人場

불교를 비방하는 것이 곧 유교를 비방하는 것이다

　　여말선초의 격동기를 살다간 삼봉三峯 정도전(1342~1398)은《불씨잡변佛氏雜辨》을 통해 불교를 힐난하며 척불에 앞장선 것으로 알려졌다. 이는 안향安珦

(1243~1306)으로부터 이어져온 척불론이나 배불론을 이어받은 졸옹拙翁 최해(1287~1340)나 담암澹菴 백문보(1303~1374)와 같은 인물들의 주장에 방점을 찍은 것이기도 하다. 사실 나도 처음에는 그렇게 생각했다. 그러나 시간이 지나면서 다시 생각해볼 여지는 없을까 하는 생각이 들기 시작했다. 고려가 멸망하고 조선이 들어서면서 불교를 대신할 새로운 통치 이념이 필요했을 것이다. 따라서 조선의 새로운 통치 이념으로 자리매김하려는 성리학의 정통성을 내세우기 위해 삼국시대로부터 이어져온 정치·사상적 기반인 불교를 흔든 것은 아니었을까? 여말선초의 많은 유사儒士들이 그러했듯이, 삼봉 역시 출유처선出儒處禪과 외유내불外儒內佛을 하던 인물이었기 때문이다. 불교와 도교가 통치 이념이었으며 정교일치를 내세웠던 고려왕조에서 그가 겪은 불교는 과연 아름다운 모습이었을까? 당연히 그렇지 않았을 것이다. 그는 권력의 곁에 붙어 나랏일을 쥐락펴락하던 권승權僧들의 모습이나, 나라의 경제는 차치하고 호사스럽고 방탕한 불사佛事를 거침없이 치르는 가운데 저질러지던 부정부패한 모습을 수시로 보지는 않았을까?

삼봉은 불교의 근본적인 사상이나 이념에 대한 거부감이 아니라 그것을 핑계 삼아 벌어지는 정치·사회적 현상에 대해 분노와 환멸을 느끼고, 급기야는 변혁이나 개혁을 꿈꾸며 고뇌에 찬 붓을 들었을지도 모른다. 더구나 신진 개혁 세력인 이성계와 같은 인물들이 부상하고 그들과 교유가 이루어지고 난 후부터는, 부패할 대로 부패해 고목나무처럼 굳어버린 불교적 이념을 대체할 새로운 정치·사회적 이념의 필요성을 절감했을 것으로 보인다. 그리하여 백성을 살찌우지 못하고 해악을 일삼는 불교를 배척하는 《불씨잡변》을 서술하기에 이르지 않았을까. 그렇다면 그가 배척하려 했던 것은 불교가 아니라 그것을 방패막이로 삼은 무리들이었을지도 모른다.

비록 그가 쓴 글이 척불양유斥佛揚儒의 기틀을 마련하기는 했지만, 삼봉은 불교에 대한 생각이 남다르게 웅숭깊었던 인물이다. 《불씨잡변》은 그가 말년에 쓴 책이지만, 그 이전만 하더라도 그는 여말선초의 거사불교居士佛敎에 심취했던 여느 유사들과 다르지 않았다. 정도전은 많은 승려들과의 교유는 물론 그들의 시축詩軸에 시 짓기를 마다하지 않았으며, 그의 시 곳곳에 불교에 대한 공부가 깊었음이 드러난다. 그 대표적인 시가 〈매화를 읊다詠梅〉이다.

삼봉은 〈매화를 읊다〉에서 시를 배우려는 정백자貞白子라는 인물과 함께 자신의 모습을 빗댄 옥결선생玉潔先生을 등장시킨다. 그리하여 시를 짓는 방법에 대해 둘이 서로 묻고 답하는 것으로써 그 스스로가 생각하는 시와 선禪에 대한 생각을 피력한다. 시의 앞부분에 매화의 정취와 아름다움을 노래하는 시가 여덟 수나 이어지다가 갑자기 중간에 정백자와 옥결선생의 대화가 등장한다. 정백자가 옥결선생에게 묻기를 "시는 배워서 될 수 있는 것입니까?"라고 하자, 옥결은 "배워서 되는 것이 아니다"라고 한다. 그러자 다시 정백자가 묻기를 "시를 배우는 것은 선禪을 배우는 것과 같다는 옛사람의 공안公案이 있는데, 선생은 무슨 이유로 시는 배워서 되는 것이 아니라고 하십니까?"라고 하자, 옥결은 "네가 선禪을 다 배우고 나면 그때 가서 너에게 일러주마"라고 대답한다. 이는 곧 시 배우기를 선 배우듯이 하라는 '학시여학선學詩如學禪'을 말한다. 더불어 그것은 시선일치詩禪一致를 의미하는 것 아니겠는가.

다시 정백자가 묻는다. "배운다는 것은 묻지 못하겠거니와, 청컨대 배워서

안 되는 점을 묻고자 합니다." 그러자 옥결선생은 "말을 하면 부딪치는 것이요, 말을 하지 않으면 등지는 것이니, 부딪치면 이쪽에 떨어지는 것이요, 등지면 나변那邊에 떨어지는 것이다. 부딪침이 아니요, 등짐도 아니요, 중中을 중으로 삼아 들어가야만 바야흐로 본분의 풍광을 엿보았다고 할 수 있다"라고 하니, '본분풍광本分風光'은 육조 혜능이 말하는 '본지풍광本地風光'을 일컫는 것이 아니고 무엇이랴.

그 이후의 대화 또한 '문자상철우蚊子上鐵牛'의 공안을 들고 이어지니, 어찌 삼봉을 두고 불교를 모르고 성리학에 치우쳐 무지막지하게 불교를 힐난한 인물이라고만 할 수 있겠는가. 시 한 편에서 장자와 선가에 전해 내려오는 공안이 무시로 드러나는데 말이다. 그렇게 본다면 《불씨잡변》이 무턱대고 불교를 힐난한 것이 아니라 오히려 불교를 지극히 아꼈기에 가능했던 저술이라고 하는 것이 마냥 비난받을 일만은 아닌 것 같다.

물론 《불씨잡변》을 통해 조선조의 척불과 배불이 힘을 얻은 것은 사실이다. 하지만 그것이 출간되기 20여 년 전쯤 고려의 유사였던 제정霽亭 이달충(?~1385)이 《나옹화상어록懶翁和尙語錄》에 발문으로 쓴 몇 줄 글을 읽어볼 필요가 있다. 이 글은 조선의 유자들과는 판이하게 그 생각의 결이 너무나 곱다.

> 내 일찍이 듣건대 부처는 각覺을 말하고 그 깨달음으로 중생을 깨우치며 자비로써 교화한다는 것이니, 그것은 우리 유교로 말하면 먼저 깨달은 사람이 뒤에 깨달을 사람을 깨닫게 하고 어짊과 너그러움으로 교敎를 삼는 것이니, 그것이 같은가 다른가. 우리 공자께서 일찍이 말하기를 '서방에 큰 성인이 있으니 천하를 다스리지 않아도

어지럽지 않고, 말하지 않아도 스스로 믿으며, 교화하지 않아도 스스로 행하는데, 탕탕하게 넓고 커서 아무도 그것을 무어라 말할 수 없으니 도는 하나다'라고 하셨다. 그런데 세상 사람들은 '유불은 서로 비방한다'고 한다. 그러나 나는 서로 비방하는 것이 그름을 안다. 유교를 비방하는 것이 불교를 비방하는 것이요, 불교를 비방하는 것이 유교를 비방하는 것이다. 다만 제자들로서 그 극치에 이르지 못한 자들이 서로 맞서고 비방할 뿐이요, 중니와 모니는 오직 한덩어리의 화기인 것이다.

但嘗聞之 佛之爲言覺也 將以覺悟群生 以慈悲爲化 與吾儒先覺覺後覺 以仁恕爲敎 其有同乎不乎 吾夫子嘗曰 西方有大聖人者 不治而不亂 不言而 自信 不化而自行 蕩蕩乎人無能名焉 道則一也 世之言曰 儒佛相非 吾知其相非之爲非也 非儒非佛 非佛非儒 但其徒未至其至者 相售而相非耳 仲尼, 牟尼 只是一團和氣_〈나옹화상어록〉 발문 부분

위의 글에서 중니는 공자를, 모니는 석가모니를 일컫는다. 그러므로 되짚어 보면 정작 조선의 유자들이 배척한 것은 불교만이 아니었다. 유자들은 막상 그들 자신을 스스로가 배척한 것이나 다르지 않다. 눈에 보이는 것을 못 본 듯해야 했으니, 이는 자신의 마음마저도 배척한 것과 무엇이 다르겠는가. 백호白湖 윤휴(1617~1680)는 1672년 7월 24일 금강산 유람에 나섰는데 그가 만폭동에 다다른 것은 8월 6일이었다. 〈풍악록楓岳錄〉에 남긴 그날의 기록 중에 조선 유자들의 불교에 대한 생각이 극명하게 드러난다.

붉은 낭떠러지 푸른 절벽하며 돌은 희고 물은 맑았다. 집채만 한 바위 하나가 시내

가운데를 차지하고 있었는데, 구경 왔던 사람 중에 그 바위에다 이름을 써놓은 자들이 천 명이나 될 정도로, 어떤 이는 아주 새겨놓기도 했고 혹은 먹물로 써놓기도 했다. 시냇가에 또 널찍한 큰 바위가 있었고 거기에 양사언楊士彦이 쓴 '봉래풍악원화동천蓬萊楓岳元化洞天'이라는 여덟 글자가 바위 면에 새겨져 있었는데, 글자 모양이 날아 움직이는 듯하여 볼 만했다. … 나도 그 바위에다 용문석龍門石이라고 썼다. … 이날 지난 곳은 금강대, 백운대, 만회동 등이었으나 다 그냥 지나치기만 했고, 사자암에 왔더니 큰 바위가 사자 모양으로 생겼는데 암자만 있지 중은 없었다. 들어가서 보고 한 곳에 이르니 석탑이 해를 가리고 있었다. 바위 사이에다가는 장육상丈六像을 조각해놓았는데, 이는 나옹懶翁의 작품이라고 한다. 아, 불도佛徒들이 허황한 짓들을 하여 이 명산의 맑은 운치를 모두 더럽혀 놓았으니 가탄可歎스러운 일이다. _〈풍악록〉 부분

가관이다. 더불어 참으로 슬프기도 하다. 유자들이 글이나 시 혹은 겨우 그들이 다녀갔다는 이름 석 자를 바위에 먹으로 써놓거나 정으로 새긴 것은 무관하거나 볼만한 것이고 바위에 새겨놓은 장육상, 곧 묘길상妙吉祥 마애불을 두고는 아름다운 산을 망친 것이라고 했으니, 그의 시각은 위험하리만치 모난 것이 아니고 무엇이겠는가.

그도 그럴 것이 부끄럽게도 당시의 스님들은 몇몇 고승대덕들을 제외하면 유자들의 유람을 용이하게 해주는 가마꾼에 지나지 않았다. 윤휴가 만폭동을 떠나 유점사로 향하는 험한 길에는 당연한 듯 유점사의 중들이 메는 가마를 탔는데 "중들의 가마 메는 솜씨가 잽싸고 빨라 마치 준마가 낯익은 길을 달리듯 했다"고

쓰고 있다. 또 8월 9일에는 유람을 마쳤는지 중들이 메는 가마를 타고 금강산의 출구와도 같은 백천교에 다다랐는데, 겸재 정선이 그린 《신묘년 풍악도첩》의 〈백천교〉라는 그림에 나오는 장면과 같이 앉아 있다가 종들과 함께 말이 기다리는 곳으로 향했다고 되어 있다. 그 그림의 한쪽 구석, 가마 곁에 한낱 가마꾼으로 전락한 채 줄지어 앉아 있는 중들의 모습을 보면 가슴 아프기 짝이 없다. 그런 판국이니 한눈에도 용암사에서 가장 드러나 보이는 이 거대한 마애불일지라도 어찌 고매한 유자들의 귀하디귀한 글 한 줄을 얻을 수 있었을까 싶기도 하다.

그런 일은 금강산 유람에만 있었던 것은 아니다. 이곳 용암사로 오르는 길 또한 그와 다르지 않았다. 도갑사의 승려들은 무위사에서 도갑사로 향하던 이하곤을 절에서 10리가량이나 떨어진 곳까지 남여藍輿를 가지고 나와 마중했으며, 내처 용암사로 오르는 산길 또한 이하곤을 남여에 태운 채 올랐으니 말이다. 어디 그만 그랬겠는가. 구정봉에 오르거나 용암사에 들러 시 한 줄이라도 남긴 유자들은 대개 그와 같았을 테니, 그저 먼 산을 향해 소리쳐 물었다. "누가 너를 묶었느냐誰縛汝"고 말이다.

유성이 흐르듯, 불꽃이 튀듯 수행하라

나와 다른 하나를 배척한다는 것은, 곧 나를 스스로 가두는 것과 다르지 않다는 사실을 깨닫기란 쉬운 일이 아니다. 엄벙덤벙 50년이 넘는 세월을 살고 보니 비로소 그것을 깨달을 수 있다. 그러나 정녕 깊이 생각해야 할 것은 삼국시대부터 면면히 이어져오던 불교를 이끌던 스님들이 어쩌다가 조선에 와서 노비와 같은 한낱 가마꾼으로까지 전락하게 되었을까 하는 것이다. 그것이 유자들의 탓만일까? 아니다. 이러한 전략을 유자들의 그릇된 편견과 배척이라고만 여기는 것은 참으로 부끄럽고 위험한 일이다. 이는 마치 자기의 발밑조차 바로 보지 못하는 것과 다르지 않다. 청허 휴정 이래로 한국 불교의 근간을 이루는 선의 법맥이 새벽안개 스러지듯이 홀연히 사라지고 만 것은 누구의 잘못일까? 그동안 이 땅의 스님들은 과연 "참선하는 자는 몸을 돌아보지 말고 유성이 흐르듯이, 불꽃이 튀는 듯이 수행해야 한다"는 원나라의 선승 고봉高峰 원묘(1238~1295)의 말과 같은 수행의 경지나 현애살수懸崖撒手의 수행을 날마다 이루었는지도 생각해봐야 마땅하다. 그렇지 않고서야 어찌 그토록 험한 지경으로까지 내몰릴 수가 있었겠는가.

그나마 이하곤은 용암사를 찾았을 때 암주인 탄식선사와 더불어 이야기를 나누고 그를 위해 시를 한 수 짓기도 했다. 〈증식사贈識師〉라는 시인데, 제목 곁에 "탄식은 용암사에 머무는데 문자를 좀 알아 함께 이야기할 만하다坦識居龍岩 粗識文字可与語"라며 주를 달아놓았다. 이를 곱씹어보면 웬만한 중들은 문자를 몰라 이야기를 나눌 수 있는 상대가 되지 못한다고 얕잡아 보는 것이다.

그대 얼마 동안 용암에 머물렀소　汝住龍岩問幾年
긴 눈썹 검푸르게 얼굴을 덮을 만하네　長眉覆面數寸靑
아침저녁 차디찬 바위 마주하니　朝暮相對石泠泠
바위들도 그대 경 읽는 소리에 물든 듯하네　石欲點頭汝誦經

(중략)

작은 방으로 돌아와 그대와 잠을 청하려 하니　歸來丈室對汝眠

풍경 소리 이따금 뎅그렁거리고 등불 밝게 빛나네　鐘磬欲歇燈靑熒
눈 크게 뜨고 주미麈尾자루 세워 선지를 말하는데　揚眉竪拂話禪旨
정미한 말과 분명한 의미 정말 들을 만하네　微言了義眞可聽
우둔한 나에게 속된 생각 씻어버리게 해주었으니　使我頓然洗塵慮
이런 일 또한 산신령에게 자랑할 만하네　此事亦足詑山靈
아침 되자 하산할 생각하니 서글퍼져　朝來惆悵下山去
머리 돌려 먼 허공의 흰 구름만 바라보네　回首白雲空杳冥

　　세상이 흥미롭고 묘한 것은 시대의 큰 흐름을 따르지 않는 사람들도 반드시 존재하기 때문이다. 부사府使의 직책에까지 오른 것으로 보이는 창주滄洲 정상(1533~1609)이 그런 사람 중의 한 명이다. 나주가 고향인 그는 1584년 3월 26일 월출산에 올랐다가 30일에 내려왔는데,〈월출산유산록月出山遊山錄〉을 지어 당시의 일을 남겼다. 글에 따르면, 그는 하늘이 흐린 28일 용암사에 다다라 그 어떤 유사들도 표현하지 않았던 내용을 남겼다. "5층석탑이 있는데 동탑과의 사이에 몹시 기이한 미륵상을 새겨놓았다有石塔五層與東塔對立間巨崖刻彌勒像甚奇"가 그것이다. 더불어 그곳에서 산등성이를 돌자 석굴이 나왔는데, 아흔 살의 노승이 머물고 있었다고 전한다. 그 노승은 "용암 아래로 금돼지가 아침저녁 오갔는데, 부처를 다 그릴 때까지 말을 타고 호위했다고 한다于此龍巖下金猪朝夕來護騎行竟寫佛去云"고 말했다. 물론 이는 노승이 직접 본 것은 아니며 예전에 공부를 할 당시 전해들은 이야기다.

　　정상이 말하는 정경은 지금과 다르지 않다. 정상은 서탑 앞에 서 있었던 것

보물 1283호인 용암사터 3층석탑이다. 무너져 있던 것을 1996년에 복원했다. 자연석을 지대석으로 삼은 탑은 하대석의 결구와 갑석 상단에 굄돌을 놓고 몸돌을 올린 점들이 특이하며 지붕돌의 윗면 모서리마다 굵은 귀마루를 둔 것은 흔히 보지 못하는 양식이다.

같으며 그 탑을 5층이라 했다. 그리고 동탑이 따로 있으며 그 사이에 미륵상이 새겨져 있었다고 했으니, 동탑은 지금 폐허가 된 암자터에 있는 3층석탑이다. 미륵상은 마애불, 5층석탑은 긴 호박돌을 기단부로 삼아 남아 있는 3층석탑을 말하는 것이지 싶다. 그러나 자못 궁금한 것은 서탑의 위치와 층수다. 현재 서탑은 자연석의 기단 위에 상대갑석이 올라가 있고, 그 위로 초층 탑신과 지붕돌 셋이 올라가 있는 상태다. 한눈에도 완형의 석탑이 아니라는 것을 알 수 있다. 당시와는 외형이 달라졌을 수도 있겠지만, 탑의 위치 또한 옮겨진 것이 아닌가 하는 생각이 든다. 정상은 서탑과 동탑 사이에 미륵상이 새겨져 있다고 했는데, 지금 서탑의 위치는 마애불과 거의 일직선상에 있기 때문이다. 그러나 그것은 어느 위치에서 바라보느냐의 문제일 수도 있다.

어떤가. 이만하기만 해도 마음이 흐뭇하지 않은가. 더군다나 정상의 기록에서 사불寫佛, 곧 부처를 베낀다고 했으니, 이는 마애불을 새기는 것을 말한다. 더불어 당시 용암 아래로 금돼지가 말을 타고 오가며 마애불의 조성이 무사히 끝날 수 있도록 지켰다는 이야기까지 채록해놓았으니, 그것이 비록 설화일지라도 귀하기만 하다. 그렇다면 마애불이 새겨진 바위가 이 절터의 이름인 용암이 아닐까도 궁금해진다. 물론 구정봉을 민간에서는 용알바위라고 불렀으니 그것의 음차일 수도 있겠지만, 마애불이 새겨진 바위 또한 그 정도의 이름을 얻을 만큼 두드러진 것은 사실이다.

높이 계신 까닭은 구름을 타고 하생하려는 것인가

가져간 자료를 챙겨넣고 생각도 그쳤다. 부도밭을 지나 산죽 무성한 돌계단을 되짚어 서탑이 빤히 보이는 곳으로 향했다. 마애불과 150~200여 미터나 떨어졌지만, 그는 그곳에서 바라봐야 진면목을 볼 수 있다. 눈앞의 마애불은 전통 민간신앙인 산악숭배사상과 거석신앙 그리고 불교문화가 습합되어 이루어진 것으로, 삼국시대 마애불 조성의 전통을 그대로 이어받았다. 마애불은 구정봉을 머리 위에 이고 사자봉과 미왕재로 향하는 능선을 양쪽으로 거느린 채, 당당하며 거대하다. 나라 안에서 이처럼 높은 곳에 위치한 마애불도 드물뿐더러, 그런 만큼 발아래 펼쳐진 풍광을 한눈에 넣을 수 있는 곳도 흔치 않다.

 붙박이라도 된 양 자리를 잡고 앉아 시시각각 해가 넘어가며 달라지는 장면을 망연히 즐겼다. 적어도 내게 마애불은 종일토록 그 언저리를 서성거리며 봐야 하는 대상이다. 지금껏 무턱대고 그랬다. 마애불에게로 해가 비쳐들 무렵부터 그늘이 드리울 때까지 미련하게 버텼다. 공부가 짧으니 어쩌겠는가. 그렇게라도 해야 겨우 마애불이 그곳에 새겨진 까닭의 첫머리 정도나마 가늠할 수가 있었다. 적어도 그렇게 서너 차례는 보고 나서야, 비로소 그것을 '봤다'고 말하곤 했다. 누군가가 글 한 줄에 어느 때가 가장 좋다는 주관적인 판단을 써놓았다고 해서 그 시간에 대뜸 가서 그를 만나고 마는 것은 내게는 불량한 행동이다. 그 이전과 그다음은 어떻게 할 것인가. 이전을 거느리지 못하고 다음을 꿈꾸지 않는 현재는 없는 법이 아니던가.

 물끄러미 바라보는 용암사터의 마애불은 사다리꼴의 자연석을 감실처럼 파내고 돋을새김으로 새겼다. 상호相好가 몸에 비해 상대적으로 커서 괴이하게 보이기도 한다. 입은 굳게 다물었고 눈초리는 위로 치켜졌으나, 그윽하게 감은 듯 아래를 바라보는 눈매는 일품이다. 그러나 상호 아래로는 상호와 견주어 몸

마애불의 조각 그 자체의 아름다움도 있을 테지만 때로는 그들이 산속 어디쯤, 어떻게 자리 잡고 있는지를 헤아렸을 때 더욱 진한 아름다움으로 다가올 때도 있다. 이렇듯 먼 곳에서도 또렷이 볼 수 있는 마애불은 나라 안에서 몇 안 되기에 더욱 그러하다.

의 비례가 잘 맞지 않아서 어색하다. 좁은 어깨는 움츠린 듯 각이 졌으며, 지나치게 가는 팔과 잘록한 허리, 그리고 오른발이 크게 과장되었다. 또 왼손에 비해 오른손이 상대적으로 크며 더군다나 각각을 서로 다른 사람이 조각한 것처럼 어긋나 보이기까지 한다. 법의는 우견편단右肩偏袒으로 걸쳤는데, 배 부분의 주름은 거의 보이지 않는 반면 왼쪽 소매 부분이나 오른쪽 무릎 그리고 대좌臺座에 와서는 두드러지게 많은 주름이 표현되어 있다. 무릎을 덮은 군의裙衣 자락은 상현좌裳懸座로 대좌까지 덮었으며 머리의 육계肉髻 또한 과장된 듯 두툼하다. 이렇게 트집 잡듯이 찬찬히 보고 나면, 마애불은 전체적으로 세련되었다기보다는 투박하며 성긴 모습이 강하게 느껴진다.

또 하나, 이 마애불에서 두드러지게 어색한 부분은 대좌다. 그것은 불상 자체의 크기만 6미터에 달하고 머리 위 화염문의 광배까지 합하면 높이가 8.5미터에 이르는 큰 불상이 앉기에는 기이하다 싶을 정도로 너무나 얇다. 그 탓에 안정감이 사라지고 말았다. 불상의 무게를 지탱하지 못해 이내 무너져내릴 것만 같은 불안한 느낌이 강하게 든다. 이것은 용암사터 마애불이 풍기는 가장 큰 취약점으로 보인다. 대좌가 얇으니 덩달아 군의 자락은 흘러내리다 만 것처럼 짧게 표현되고 말았다. 그리하여 위에서부터 내려오던 시선이 갑자기 끊어진 대좌 탓에 갈 곳을 잃는 당혹함을 경험하게 된다. 더구나 대좌 아래는 인위적으로 바위를 떼어내 허공으로 만들었으니 불안한 느낌은 더욱 증폭된다. 경주 남산의 봉화골 막바지에서 만나는 보물 제199호인 신선암 마애보살반가상이 유희좌遊戲座로 앉은 대좌나 보물 제187호인 용장골 용장사터 삼륜대좌불三輪臺座佛의 두툼한 상현좌裳懸座에 견주어보면, 불상의 크기에 비해 대좌가 얼마나 빈약하며 턱도 없는 비례를 지녔는지를 단박에 알아차릴 수 있다. 이처럼 비례가 어긋나 있지만 이 마애불에는 몇 가지 주목할 만한 점들이 있다. 먼저 항마촉지인을 한 불상의 오른쪽 무릎 옆에 작은 보살상 혹은 선재동자나 동자상으로 보이는 인물상을 더불어 새겨 놓은 것이다. 양쪽에 모두 있다면 협시脇侍로 볼 수 있겠으나 덜렁 혼자뿐이어서 무엇이라 규정하기가 난감하다. 다음으로 광배의 화려함이다. 신광身光과 두광頭光이 모두 표현되었고, 신광은 바깥쪽으로 화염문을, 안쪽에는 당초문을 새겼다. 머리 뒤의 두광은 안쪽에 단엽연화문을 새기고 당초문을 그 둘레에 다시 새겼으며, 바깥에는 화염문까지 새겨 화려한 모습을 보여준다.

이 모두를 종합해보면 마애불의 조성 시기는 통일신라의 일사불란했던 미적 견고함이 해체된 후로 보는 것이 맞을 것 같다. 고려시대에 접어들면서 지방 토호들의 영향력이 강하게 작용해 지방색이 묻어난 흔적들이 느껴지기 때문이다. 더구나 마애불의 상단에서 '통화25년정미統和二十五年丁未'라는 연호가 새겨진 와편이 발견되었는데, 이는 1007년을 일컫는다. 지방 호족 세력들이 크게 세를 불린 시기는 나말여초 즈음이다. 이로 미루어 이 마애불은 신라가 멸망하고 고려가 등장한 무렵에 새겨졌을 것으로 짐작할 수 있다. 월출산에 불교문화가 꽃피우기 시작한 것은 삼론학三論學에 밝고《법화경》에 정통했던 혜현스님부터다. 그 뒤 영암 출신인 선각국사 도선이 도갑사를 창건해 중흥의 시기를 맞이했으며, 이 마애불 또한 그 흐름을 타고 조성된 것이 아닌가 한다. 그렇다면 용암사의 창건 또한 마애불의 조성과 같은 시기에 이루어졌을 가능성이 크다. 이만한 마애불이 조성되었다면 당연히 그 언저리에 마애불을 관리

환조인 듯 부조의 높이가 높다. 오른쪽 무릎 옆의 작은 입상이 장식적 요소를 더했다.

하고 기도하는 암자를 같이 만들었을 것이다. 여러 번 부침이 있긴 했을 테지만 끝내 폐찰이 된 시기는 대략 조선 후기로 보인다. 높은 산중 험한 곳에 있었기 때문에 크고 작은 전란을 피할 수 있었던 것이 비교적 사찰을 오랫동안 유지한 가장 큰 이유다. 조선 후기까지 용암사를 방문한 유자들의 기문이 남아 있는 것으로 미루어, 이 시기까지 법등은 꺼지지 않았을 것으로 짐작된다.

앞서 말했듯 이곳과 유사하게 마애불을 가운데 두고 양쪽으로 탑이 세워져 있는 가람의 형태를 가진 예로 해남 대둔산의 북미륵암을 들 수 있다. 그곳 또한 이와 비슷한 시기에 마애불이 조성되었으며 마애불의 양쪽으로 3층석탑이 서 있다. 또 마애불의 시선이 먼 바다를 향하고 있는 것도 이곳과 같다. 물론 이곳 마애불의 시선은 바다로 직접 나아가지 못하고 해구海口, 곧 영산강의 포구를 향하고 있지만, 이는 서로 같은 것이라고 봐도 무방하리라는 생각이다. 또한 이런 생각도 해볼 수 있다. 만약 1995년 지표 조사 당시 출토된 〈미용암사도솔未龍品寺兜率〉〈미용未龍〉〈신미辛未〉〈○도솔○○兜率○〉이라고 새겨진 명문銘文 와편들의 글씨를 종합해 〈신미용암사도솔○辛未龍品寺兜率○〉이라는 명문으로 해석한다면, 이곳 또한 두륜산 북미륵암과 마찬가지로 미륵을 새긴 것일 수도 있다. '도솔○'을 미륵불이 상주하는 도솔천兜率天으로 추정할 수 있다. 그렇다면 앞에서 말한, 인위적으로 바위를 잘라낸 까닭과 대좌의 빈약함에 대한 의문이 한꺼번에 풀릴 수도 있다. 그것은 미륵이 하생하기를 바라며 허공에 모셔놓으려는 적극적인 표현이었을 수 있다. 마애불이 새겨진 위치 자체가 이미 높은 곳이기는 하지만, 아래를 잘라내 더욱 높은 하늘에 떠 있는 미륵을 표현하려 했던 것 아닐까.

이렇듯 허공에 떠 계신 마애불보살을 표현한 대표적인 경우는 보물 제199호인 경주 남산의 신선암 마애보살반가상과 보물 제243호인 대구 동화사 입구 마애불좌상이 있다. 두 곳 모두 용암사터 마애불에 비해 그 규모가 작고 높이가 낮기는 하지만, 두 불보살 모두 어엿하게 구름을 타고 계신다. 신선암 보살상은 이미 높은 곳에 위치한 바위에서 배반평야와 토함산 줄기를 그윽하게 내려다보고 계시지만, 그곳에서 다시 구름 위에 앉았다. 대구 동화사의 마애불좌상은 용암사터처럼 큰 바위의 상단부에 해당하는 곳에 새겨졌다. 그러고는 드물게 팔각의 대좌 위에 모셨는데, 그 대좌가 놓인 곳이 바로 구름 위다. 특히 동화사 입구의 마애불좌상은 보는 순간 구름을 타고 하생하는 모습을 연상할 수 있다. 마찬가지로 눈앞의 용암사터 마애불 또한 구름만 없을 뿐, 서서히 인간 세상으로 내려와 용화법회龍華法會를 베풀려는 듯한 모습이 읽히기도 한다.

특이한 1마애불 쌍탑의 가람 구조

　　벌써 서너 시간 동안 같은 자리에서 마애불을 보고 있다. 그가 서쪽을 향해 앉은 탓에 정오 무렵에야 해가 들기 시작하지만, 그늘에 있는 그 또한 보지 않으면 안 되기 때문이다. 마애불을 찾아 나선 순례자들이여, 나라 안 그 어떤 마애불 앞에 가더라도 그늘에서 밝음으로 이어지는 미묘한 변화를 지나 이윽고 그에게 햇빛이 쏟아지는 찰나의 아름다움을 기억하라. 더불어 그가 다시 그늘 속으로 사라지는 순간도 놓치지 말라. 햇빛이 비쳐든 그 순간만이 아름다운 것은 아니다. 그 긴 시간 모두가 아름다운 것이다. 그의 그늘진 과거를 기억하지 못하는 사람들은 햇빛을 담뿍 받아 두터운 그림자로 더욱 선명하게 빛나는 그를 두고 감히 아름답다는 말을 자신 있게 꺼내서는 안 된다. 세상에 존재하는 모든 아름다움은 전체 속에서 도드라진 것일 뿐, 저 홀로 툭 불거져 나오지는 않는 법이다. 겨우 부분인 한순간만을 보고 그가 아름답다고 어찌 말할 수 있는가.

무턱대고 그렇게 해보라. 그러고 나면 눈앞의 마애불만이 아니라, 그대들 스스로도 아름다운 존재가 되어 있을 것이다. 그대들이 아름다우면 세상 모든 것 아름답지 않은 것이 없다. 부처님만이 아름다워서야 되겠는가. 아니다. 우리 모두가 아름다워야 한다. 부처님이 비바람과 눈보라를 견디고 땡볕을 마다하지 않으며 바위에 매달려 거기 그렇게 계신 까닭은 스스로 아름다움을 뽐내려는 것이 아니다. 그는 이미 아름답기에 더불어 우리들을 아름답게 하기 위함이다. 기억하라. 길 가다가 만나는 모든 부처님들은 다만 우리들이 이미 아름다운 존재라는 것을 깨우쳐주려고 거기 그렇게 계신 것이다.

민망하게도 바로 눈앞에 지붕돌의 끝을 드러낸 서탑은 3층석탑이다. 허튼 것 같지만, 다른 곳에서는 보기 힘든 자연석을 기단으로 삼아 지붕돌을 올린 빼어난 조형성을 보여준다. 탑이 생뚱맞은 곳에 있어 마애불과의 관계도 추정해보지만, 이처럼 사방이 훤히 조망되는 곳에 탑을 세운 것은 고려시대에 유행하던 산천비보사상에 따른 것이라는 설이 정설처럼 되어 있다. 그 까닭은 이곳이 선각국사 도선이 당나라에서 돌아와 지목한 남쪽의 비보처神補處인 삼암三巖 중 하나라는 것이다. 삼암은 이곳 월출산의 용암과 백계산의 운암雲巖, 조계산의 선암仙巖이다. 그 세 곳에 모두 절을 세우고 탑을 세워야 한다고 했는데, 이곳 용암사와 백계산 운암의 옥룡사玉龍寺 그리고 조계산 선암사가 있어 설득력

아래 절터에 있는 탑이 동탑이라면 이 탑은 서탑에 해당한다. 이렇듯 마애불 앞에 쌍탑을 둔 경우는 해남 북미륵암이다. 그렇다면 하나의 금당에 쌍탑을 둔 경우와 같다고 봐야 한다. 곧 마애불이 금당 역할을 했을 것이라고 짐작할 수 있는 것이다.

이 있기는 하다. 하지만 그 내용이 조선총독부에서 발행한 《조선사찰사료》에 처음 등장하는 것이어서 곧이곧대로 믿기가 쉽지 않다. 따라서 반드시 그렇다고 할 수 없다.

    탑이 있는 자리가 지금의 자리가 맞는지도 의심스럽다. 동탑이 놓인 자리는 용암사터보다 높은 곳이며 용암사의 앞이 아니라 오른쪽 옆에 놓여 있는 형태다. 더구나 서탑 근처 혹은 마애불 근처에서 발견되는 와편의 존재는 그 언저리에 전각이 있었다는 것을 암시한다. 그것이 마애불을 덮었던 전각이었는지, 아니면 그 앞 어딘가에 있던 작은 전각이었는지는 밝혀지지 않았다. 만약 마애불을 덮었던 전각이 있었다면 보물 제1200호인 고창 선운사 동불암지 마애여래좌상에 건립되었던 것처럼 공중 누각 형태가 아니었을까. 마애불의 높이가 있으므로 땅바닥에 전각을 지어놓으면 마애불이 보이지 않아 이를 참배할 수 없었을 것이기 때문이다. 혹은 아예 전각이 멀리 떨어져 마애불 전체를 조망할 수 있는 자리에 있었을 수도 있다. 서탑 언저리, 즉 탑 뒤나 탑 동쪽에 존재하면서 마애불을 향한 기도처로서 기능했을 가능성을 배제할 수 없다.

    자꾸 그런 의심이 드는 것은 앞에서도 말했지만, 정상이 쓴 〈월출산유산록〉에 '5층석탑'이라고 나오기 때문이다. 그러나 1금당 쌍탑의 가람 구조에서 탑의 층수는 대개 같기 마련이다. 이곳과 같이 1마애불 쌍탑인 해남 북미륵암도 탑은 3층으로 층수가 같다. 그럼에도 이곳만 달랐다는 것은 미심쩍다. 자리 또한 매우 의심이 가는데, 긴 호박과 같은 자연석 위에 탑이 있는 것이 아무래도 원형은 아닐 것 같기 때문이다. 정상은 마애불이 서탑과 동탑 사이에 있다고 하지 않았는가. 그것은 지금의 자리가 아닌 다른 곳으로부터 후대에 옮겨온 후, 망실된 부분을 자연석으로 처리하는 솜씨를 보인 것으로 짐작된다. 물론 앞서 말했듯, 마애불을 바라보는 위치에 따라 서탑과 마애불의 각도가 틀어지면서 동탑과 서탑 사이에 마애불이 위치할 수도 있다. 그러나 그렇게 되면 마애불은 정면이 아니라 비스듬히 보이게 된다. 그러나 굳이 마애불을 비스듬히 바라봐야 할 까닭은 없으므로 이러한 추론은 힘을 가지지 못한다. 그 때문에 서탑의 위치가 과거와는 다르게 변경되었다는 생각을 하는 것이다.

만약 도선국사의 말대로 산천비보를 위해 탑을 세웠다면, 서탑만이 아니라 동탑 또한 마찬가지였을 것이라는 점을 간과해서는 안 된다. 1마애불 쌍탑의 구조가 해남의 북미륵암과 이곳에만 보이며 그 마애불들이 모두 산 아래가 아니라 먼 바다를 보고 있다는 점이 같다면, 원형을 유지하고 있는 북암을 기준으로 생각해야 하지 않나 싶기도 하다. 그곳에 남아 있는 석탑 역시 동탑은 미륵불 앞에 있는 바위 구릉 위에 있지만, 그것을 산천비보사상에 의해 세운 것이라고 하지는 않는다. 이곳과 마찬가지로 사방이 탁 트인 곳에 세워져 있는데도 말이다. 더구나 동탑은 비록 높이 있지만 그 위치가 이곳처럼 마애불과 거의 마주 보는 곳에 있으니, 궁금증은 더욱 커진다. 하지만 아직 나는 그것을 명쾌하게 풀어낼 깜냥은 되지 못한다.

모질게도 잊히지 않는 붉은 노을빛

미수 허목이 쓴 〈월악기月嶽記〉에는 용암사 위에 9층부도가 있으며 그곳을 지나 구정봉으로 향한다고 되어 있다. 또한 나라 안의 명산들을 두루 유람하고 산천의 지세와 풍속 등을 채록해 《지행록地行錄》을 지은 식산息山 이만부

(1664~1732)나 《산수기山水記》의 〈기호남산수記湖南山水〉를 지은 연경재研經齋 성해응(1760~1839)은 하나같이 '월출산' 편에서, 구정봉 아래 용암사에는 9층부도가 있었다고 쓰고 있다. 그러나 그곳이 이 언저리인 것은 분명하지만 정확히 어디인지 가늠하기는 쉽지 않다. 서탑 앞에 있는 바위에 올라 탑을 등지고 앉으면 오른쪽으로 100미터 남짓한 아래에 석축이 쌓인 터가 있는데, 혹시 그곳이 9층부도가 있었던 곳은 아닌지 모르겠다. 덤불과 나무를 헤치고 그 자리까지 다가가기는 했지만 석축도 흔적만 남았을 뿐, 이미 무너졌을 탑재를 찾을 수 없으니 난감하다.

조선시대 유자들은 부도라는 단어를 다양한 의미로 사용했다. 요즘은 스님들의 사리를 모신 묘탑 정도로만 사용되지만, 당시에는 묘탑은 물론 스님 자체를 일컫거나 탑을 부도라고 부르기도 했다. 그러니 이들이 말하는 9층부도란 곧 탑을 말하는 것은 아니었을까? 허목은 비교적 용암사 근처의 정경에 대해 자세하게 기록했는데, 기문에서 용암사에 대한 부분만 간추리면 다음과 같다.

이곳에는 또 용암사가 있는데 거기에 올라가 9층부도를 보았다. 이어서 구정봉에 올라가니 거기에 구룡정이 있었다. 이곳은 구름과 안개로 싸여 있었다. 산봉우리 위에 종과 같이 생긴 큰 바위가 하나 있었는데, 한 사람이 흔들어도 움직이는데 열 사람이 흔들어도 더 이상은 움직이지 않았다. 이 바위 이름을 영암이라고 부르는 까닭도 이 때문이라고 한다. 이 산에는 이와 같이 생긴 돌이 세 개가 있다. 그 하나는 도갑사 아래 있고, 또 다른 하나는 용암 아래 소년대 위에 있다. … 용암의 아래에는 수레 모양의 바위가 세 개 있다. 소년대 동쪽에 있는 것을 운거라고 하고, 그 운거의 북쪽에 있는 것을 마거라고 하며, 제일 아래쪽에 위치한 것을 녹거라고 했다. 이들은 모두 산중에서 기이하게 생긴 것들로서, 그중에 녹거가 가장 크기 때문에 그 골짜기를 녹거동이라고 했다. 여기서 동북쪽으로 동떨어진 산봉우리가 하나 있어 고산이라고 했으니, 그 아래에 고산사가 있다.

又有龍巖寺 其上觀九層浮圖 仍登九井峯 峯有九龍井 遇雲霧 峯上 有巨石如鐘 一人搖之則有情 十人搖之 亦不過 邑有靈巖之名 以此云 山石如此者三 一在道岬下 一在龍巖下少年臺上… 龍巖下 有三石車 曰雲車 在少年臺東 曰馬車 在雲車北 曰鹿車 在最下 皆山中異蹟 鹿車最大 故謂其洞曰鹿車洞 其東北別峯曰孤山 下有孤山寺_〈월악기〉 부분

이곳이 그곳인지, 그곳은 어디인지, 더욱 궁금증만 남는다. 그러나 절터에서 궁금증 하나 가지지 못하는 것도 허망한 일이다. 절터의 매력 중 하나는 절터마다 이렇듯 궁금증이 난무하고 다시 찾을 때마다 그것이 하나씩 풀려간다는 것이다. 오늘도 궁금증은 더욱 커지기만 하고 겨우 생각해낸 것이라고는 미륵하생에 대한 것뿐이다. 그 가정이 옳던 그르던, 그것이 지금의 내가 할 수 있는 깜냥의 전부이니 어쩌겠는가.

산 그림자가 두터워질 무렵, 탑을 등지고 마애불마저 등지고 앉으니 영산강이 붉은 노을빛을 한껏 머금은 채 바다로 향하고 있었다. 그러나 나는 못 본 듯, 홀연히 짐을 챙겨 떠나고 말았다. 이내 찾아올 어둠보다 조금씩 짙어지는 노을이 두려웠던 탓이다. 나는 그 가혹한 장면을 견디지 못한다. 어느덧 10여 년이나 됐지 싶다. 월출산에서 마주한 노을을 아직도 잊지 못하는 것이 말이

다. 10여 년이나 지난 일이지만 40년이 지났어도 잊히지 않는 소년의 첫사랑과도 같이, 그 장면은 끈질기게 내 속에 남아 있다. 그러니 서둘러 떠난 까닭은 두려울 만치 아름다운 그와 다시 맞닥뜨리면 넋이라도 그곳에 두고 와야 할 것만 같았기 때문이다.

　허겁지겁 구정봉 언저리에 올라섰지만 뒤도 돌아보지 않았다. 옛사람들 모두 구정봉에 올라 시 한 수 남기기를 마다하지 않았지만, 그저 산등성이에 비치는 내 긴 그림자만으로 노을을 가늠하며 걸었다. 그대들이여, 용암사터에 가거든 부처님을 통해 네 자신만 만날 뿐, 함부로 노을을 바라보지 말라. 자칫 노을을 본 그대들 모두 부동의 바이러스에 감염되어 월출산의 숱한 바위들처럼 굳어버리고 말지도 모를 일이다. 기어코 너른 들판에 그 유순한 노을빛과 함께 영산강이 실타래 풀리듯 서해로 흘러가는 모습을 보고 말았다면, 그대는 두고두고 모진 그리움에 몸을 떨어야 하리라.

월출산 용암사터

　　　　용암사터는 전남 영암군 영암읍 회문리 월출산 산상에 있다. 그러나 해발 804미터에 있는 절터로 오르는 길은 전남 강진군 성전면 월남리의 월남사터를 지나서 있는 경포대 매표소를 통해 구정봉으로 오르는 것이 가장 수월하다. 한나절에 다녀오는 것이 버거운 등산을 해야 하므로 가벼운 차림은 곤란하다. 경포대 매표소에서 구정치로 오르다가 사자봉으로 나뉘는 갈림길이 나오면 왼쪽 길을 택한다. 구정치에 올라서도 계속 왼쪽 산등성이 길을 따라 오르면 곧 구정봉이다. 마애불과 절터는 구정봉 근처에 세워져 있는 '용암사지 마애여래좌상'이라는 표지판을 따라 500미터가량 내려가면 된다. 마애여래좌상 바로 아래에 다다라 잘 살펴보면 한 사람이 지나갈 수 있는 묵은 돌계단이 오른쪽에 보이는데, 그곳으로 100여 미터 남짓 내려가면 너른 평지가 나타난다. 그곳이 동탑이 위치한 용암사터다. 경포대에서 절터까지 다다르는 데에는 대략 한 시간 반에서 두 시간 남짓 걸린다.

　　용암사는 문곡文谷 김수항이 지은 〈월산기유月山紀遊〉에 여섯 번째로 등장하는데, 그곳으로 향하는 길은 가도 가도 끝이 없는 험로이며 절의 누각에 오르면 영산강이 바다로 들어가는 해구海口와 마주한다고 했다. 그러나 암자가 언제 세워졌는지 또

주춧돌이 박혀 있는 암자의 금당 축대 바로 아래에 부서진 수조가 남아 있다. 암자에 다다른 순례자들의 목을 축이기 위한 불유佛乳가 흐르던 곳이었을까. 암자의 샘은 암자 뒤편에 뚜렷하게 남아 있다.

언제 사라졌는지는 알지 못하며, 암자 근처에 있는 탑이나 마애불의 편년으로 창건 시대를 추정하고 유자들이 남긴 기문이나 시로써 폐사의 시기를 가늠할 뿐이다. 남아 있는 마애불은 고려 초기에 조성된 것이며 유자들의 기문이나 시는 조선 후기인 18세기 초반까지 나타나니, 대략 그 즈음에 절이 생겼다가 사라진 것으로 봐야 할 것이다.

절터는 1995년 7월부터 10월까지 목포대학교박물관에 의해 지표 조사가 이루어졌다. 남아 있는 석조 유물로는 절터 곁의 3층석탑 한 기와 건물지의 주춧돌 그리고 돌절구와 석종형 부도 정도다. 마애여래좌상과 그 앞에 서탑이라고 알려진 3층석탑은 이미 드러나 있었으니, 험준한 산상의 절터치고는 제법 많은 석조 유물이 남아 있는 셈이다. 그 밖에 유자들이 남긴 기문 중, 휴옹 심광세가 남긴 〈용암사에 제하다. 절은 영암 월출산에 있다題龍巖寺 在靈巖月出山〉라는 시에서 "가파른 바위 위로 석등이 구름 높이 솟아 있다嶬巖石磴入雲高"라고 해서 석등, 곧 돌을 파서 만든 계단이었을 돌사다리의 존재를 암시했지만 유구는 발견되지 않았다.

국보 제144호인 월출산 마애여래좌상은 높이가 전체 8.5미터에 달하는 거대한 마애불이다. 위는 좁고 아래가 넓은 사다리꼴의 자연 암반에 고부조高浮彫로 조각된 마애불은 사람의 접근이 용이하지 않은 곳에 있기 때문인지 훼손된 곳 없이 선명하게 남아 있다. 그러나 아래로 갈수록 부조가 얕아지는 모습이 보이며 감실 안에 앉아 있는 듯, 마애불이 새겨진 바위는 움푹한 느낌이 든다. 머리는 소발素髮을 하고 두툼하며 높은 육계가 둥글게 표현되었다. 눈은 가늘게 찢어지고 눈초리가 치켜 올라갔으며 입은 굳게 다물어 근엄하고 위엄 있는 모습을 보인다. 상호는 전체적인 느낌이 사각형에 가까운 형태이며 몸에 비해 크게 표현되어 비례가 어색하다. 목에는 삼도가 선명하며 우견편단으로 걸친 법의는 무릎과 다리를 지나 대좌까지 덮고 있는 상현좌의 모습이다. 수인은 왼손을 복부에 오른손은 오른쪽 무릎에 올린 항마촉지인이며, 오른쪽 무릎 바깥쪽으로 지물을 들고 있는 보살상 혹은 동자상이 자그마하게 새겨져 있다.

대좌는 일부러 바위를 잘라낸 것처럼 되어 있으나, 8.5미터나 되는 크기의 마애불이 앉기에는 빈약한 느낌도 든다. 머리 주위로 세 겹의 두광이 있는데 그 안에 단엽연화문이 표현되었다. 몸을 둘러싼 신광은 두 줄의 선각으로 에워쌌으며 안에는 당초문이 아름답게 베풀어졌다. 또 신광 밖으로는 화염문이 조각되어 화려함을 더해 준다. 한편 이마와 머리의 경계 부분에 일곱 개의 구멍이 나 있어 궁금증을 자아낸다. 이마 옆으로 빙 둘러 나 있는 작은 구멍은 금속으로 만든 장식을 붙였던 것으로 보이지만, 그것이 어떤 내용과 형식을 갖춘 것인지는 알 길이 없다. 이렇듯 상호나 그 주위에 연속적으로 작은 구멍이 나 있는 경우는 보물 제97호인 괴산 원풍리 마애

마애여래좌상에서 묵은 계단을 따라 암자터로 내려서면 왼쪽으로 석물이 보인다. 곡물이나 양념류 같은 것들을 빻던 돌확이다. 전라도에서는 학독이라고 했으며 절구보다는 크기가 작다.

불좌상의 불상이나 인물상에서 확인할 수 있다.

　마애불의 불신佛身은 비례가 조화롭지 못하므로 통일신라시대에 조성된 것으로 보기에는 무리다. 또한 마애불의 상단에서 발견된 와편에서 1007년을 일컫는 '통화 25년정미'라는 연호가 발견되었으므로, 대략 고려 초에 조성된 것으로 보인다. 더구나 1995년 지표 조사 때 '신미용암사도솔◯辛未龍嵒寺兜率◯'로 추정되는 명문 와편이 출토되어 절의 이름이 용암사로 밝혀졌으므로, 월출산 마애여래좌상이라는 명칭은 월출산 용암사터 마애여래좌상으로 바꿔야 할 것이다. 한편 명문에 '도솔'이라는 글자가 새겨진 것은 의외다. 도솔은 곧 도솔천을 뜻하는데 이는 미륵보살과 연관이 있기 때문이다. 이곳과 같은 1마애불 쌍탑의 형식으로 조성된 해남 대둔산의 북암은 아예 북미륵암이라고 불린다. 그렇기에 이곳의 마애불 또한 조성 당시부터 미륵불이었거나, 그렇지 않았다면 후대의 사람들에 의해 미륵불의 역할을 하도록 바뀌었을 수도 있다.

서탑이라고 일컫는 3층석탑은 마애여래좌상에서 150미터쯤 떨어져 있다. 마애여래좌상을 기준으로 약간 오른쪽으로 치우쳐 있지만, 거의 마주 보는 곳에 있다고 봐야 한다. 기단부를 어른 키보다 더 높은 길쭉한 자연석을 이용한 점이 특이하다. 그러나 탑의 위치가 애매하다. 이를 두고 고려시대에 유행한 산천비보사상에 근거해 설명하는 경우도 있지만, 마주 보고 있는 마애여래좌상과의 관계성 또한 염두에 둘 필요가 있다. 왜냐하면 탑이 있는 곳이어야만 마애여래좌상을 제대로 바라볼 수 있기 때문이다.

대부분의 사람들이 마애불 바로 앞에서 참배하고 기도하려는 성향을 보이지만, 그곳에서는 마애불의 모습을 제대로 친견하기가 쉽지 않다. 치켜봐야 하기 때문이다. 바로 아래에서 올려다보는 앙각仰角의 시선은 마애불을 과장해 더욱 거대하게 보이게 하는 효과는 있다. 하지만 이미 거대한 마애불에서 다시 그 크기를 과장하는 효과까지 기대하지는 않았을 것 같다. 만약 그러한 시각 효과를 의도했다면 대구 팔공산 동봉의 마애약사여래입상과 같이 아래가 넓고 위로 갈수록 좁아지는 특유의 조성 기법이 동원됐어야 할 것이다. 그리고 마애불의 시선 또한 참배자의 눈과 마주칠 수 있도록 표현해야 했던 것은 아닐까. 그러나 이 마애불의 시선은 먼 바다를 향하고 있으니 참배자의 시선과는 어긋난다. 하지만 치켜보는 것을 배제한다고 단정적으로 말하기도 어렵다. 아래는 넓고 위는 좁은 형태인 사다리꼴의 바위가 이미 앙각의 시선을 유도하기 때문이다. 이 마애불이 일설대로 도솔천에 머물고 있는 미륵불을 표현한 것이라면, '더욱 높은 곳에 계신 부처님'이라는 관념을 극대화하기 위해 바로 아래에서 올려다보는 것을 충분히 의도했을 수 있다.

동탑은 1995년 지표 조사 이후, 1996년 무너진 것을 다시 복원하며 보물 제

1283호로 지정되었다. 탑은 탑봉이라고 부르는 바위 위에 조성되었으며 3층석탑이다. 그러나 자리가 협소하기 때문인지 기존 사찰과는 달리, 중심 건물이 있었던 곳에서 벗어나 탑만 따로 서 있다. 탑은 고려시대에 유행한 것처럼 기단부 갑석 위 1층 몸돌 아래에 굄돌을 받치고 있다. 또한 1층 몸돌에 비해 2층은 급격하게 줄어들어 3분의 1정도의 크기밖에 되지 않는다. 복원 당시 1층 기단부에서 백자 사리호와 금동보살좌상, 청자대접과 사리 32과가 나왔다. 사리는 현재 도갑사로 이운해 보관되어 있다. 절터의 중심 건물터에서 앞쪽으로 오솔길을 따라 50미터가량 내려가면 석종형 부도 두 기도 만날 수 있다.

【6장】
영암 쌍계사터
―
아름다운 천축대를 감쌌을 화엄의 물결

✿

퉁방울눈과 주먹코를 지닌 순박한 돌장승

화엄의 종장들이 모여든 그윽한 골짜기

땀을 흘린 불상과 탑에 묻은 햇살

통방울눈과 주먹코를 지닌 순박한 돌장승

15년 만이다. 그렇다고 그 짧지 않은 세월 동안 그곳 언저리에 한 차례도 가지 않은 것은 아니다. 근처에서 묵은 것은 물론 지나다니기를 수십 차례였지만, 무슨 영문인지 그에게로 걸음을 나누지는 않았다. 화순 운주사에 갔다가 나주의 운흥사와 불회사를 휘둘러 영암으로 가는 길이면 그저 그가 있는 먼 골짜기를 한번 쳐다보기만 했을 뿐 들어가지는 않았다. 그러나 늘 그가 궁금했다. 그러고 보니 예전에도 그랬다. 다른 곳을 찾을 때 그를 끼워넣기는 했지만, 단 한 차례도 그를 위해 그곳에 간 적은 없었다. 그곳은 영암 쌍계산에 있는 쌍계사터로, 구태여 사람을 대하듯 '그'라는 인칭대명사를 사용한 까닭은 절터 들머리에 서 있는 돌장승 때문이다.

1983년 여름, 사진을 찍고 글을 써서 밥을 벌어먹겠다고 생각하고 전국을 떠돌기 시작했을 무렵, 가장 먼저 찾아다닌 것이 전국에 산재한 장승이다. 그중 전라도는 마을장승이나 사찰장승을 가리지 않는 장승의 보고였다. 나무장승과 돌장승을 막론하고 사찰장승으로는 전국에서 가장 많은 수가 분포되어 있었으니 무작정 찾아 나서곤 했다. 그때였다. 쌍계사터를 지키는 돌장승을 만난 것이 말이다. 정확히 몇 년도인지는 기억나지 않는다. 그러나 뚜렷하게 남아 있는 기억은 운주사와 운흥사, 불회사 그리고 나주 봉황면의 철천리 칠불석상七佛石像과 쌍계사터로 이어지는 코스가 아주 매력적인 답사 코스라는 것이다. 더불어 월출산 아래로 넘어가 성풍사터 5층석탑과 월남사터 그리고 무위사까지 보고 나면, 아름답고 다양한 불교문화에 체할 정도로 안복眼福에 겨운 답사 길이었다.

  쌍계사터는 그때와 다름없이 지금도 폐사지의 모습으로 남아 있지만, 당시에는 운흥사와 불회사 또한 폐사지와 다름없었다. 그 세 곳에 걸음을 자주 나누었던 까닭은 앞에서 말했듯, 키 큰 돌장승이 짝을 이루어 서 있었기 때문이다. 그것도 세 곳 모두 말이다. 그런 모습은 운주사와 더불어 내게 또 하나의 안목을 갖추게 해주었으니, 자연스레 발걸음이 잦았고 지금도 돌장승을 처음 맞닥뜨렸던 장면은 뇌리에서 지워지지 않는다. 그 후 어느 시점부터 운주사에 갈 때면 운흥사와 불회사는 찾았으나 쌍계사터는 그냥 지나치고 말았다. 굳이 핑계를 대자면, 그때부터는 더 이상 한갓지고 여유로운 답사가 아니라 일이 되어버려 그랬던 것 같다. 그렇게 스스로도 의식하지 못하는 사이에 자연스럽게 발길이 끊겼다.

  그리하여 더욱 애틋해진 그곳으로 가는 오늘, 생각만큼 선뜻 다가가지 못했다. 마치 헤어진 옛 연인을 다시 만나는 것처럼, 설레지만 어색하기도 하다. 동살이 막 비치는 월출산의 바위 봉우리들이 벌겋게 물들었다가 다시 하얗게 빛날 때까지, 물안개를 피워내던 저수지에 맑은 햇살이 비쳐 들 때까지 쭈뼛거리며 서성이다가 금정면 남송리로 향하는 고개를 넘었다. 금정면 소재지에서도 15분가량은 더 가야 하는 곳, 길이 많이 달라졌다. 마을로 들어가는 길도 그

월출산은 산중 마애불들과 함께 도갑사와 무위사가 산 양쪽에서 에워싸고 있어 불국토라 할 만하다.

렇거니와 절터로 가려면 지나야 하는 감나무밭 사잇길도 포장이 되어, 어디가 어디인지 도무지 가늠을 할 수 없다. 기어코 이른 아침밥을 먹고 있는 마을 사람을 찾아 길을 물었다.

막 주홍빛으로 물들어가는 감이 탐스럽게 달려 있는 좁은 길을 더듬어 넓은 터에 다다르자 길은 철망으로 막혔다. 그러나 자세히 보니 작은 문을 만들어놓고 빗장을 걸기는 했으나 쉽게 열 수 있도록 되어 있다. 감나무밭을 관리하는 농막인 것 같은 조립식 건물이 들어서고 넓게 터를 다져놓아, 이곳까지 와서도 길은 여전히 가물가물했다. 무턱대고 계곡으로 들어섰더니 어쩐 일인지 거칠었던 산길이 아주 말끔하게 정비되어 있다. 사실 절터로 향하며 이처럼 길이 말끔하게 정리되어 있으면 불안감이 앞서는 것이 사실이다. 혹시 내가 그토록 원하는 잔폐殘廢의 아름다움이 훼손되지나 않았을까 하는 걱정 때문이다.

폐허란 그저 지저분해서 반드시 정리하고 깔끔하게 정돈해야 할 공간만은 아니다. 생각해보라. 폐허의 스산한 풍경이 혐오감이나 두려움만 발생시키던가. 그렇지 않다. 아름다움이란 음양 모두에게서 느낄 수 있는 것이다. 결코 그중 어느 하나가 다른 어떤 것에 비해 우월하거나 우선하지 않는다. 그러한 생각은 비단 폐사지를 다니면서 얻은 것만은 아니다. 그 이전, 한국전쟁의 상흔이 고스란히 남은 DMZ와 민통선 지역을 다녔던 적이 있다. 또한 석탄산업합리화 정책 이후 문을 닫기 시작했던 태백과 사북 그리고 고한 지역의 무수한 폐광은 물론, 서해안의 염전, 도시의 재개발지역들에 대한 사진 작업을 10여 년 넘게 하고 난 후 비로소 깨달았다. 폐허가 인간의 본성과 상호작용하는 관계를 톺아보지 못하는 눈과 마음으로 어찌 아름다움을 논할 수 있겠는가 하고 말이다.

계곡을 오르는 길은 점점 불안감을 증폭시켰다. 길섶의 웃자란 나무들을 말끔하게 베어내 길은 훤하게 넓어졌다. 두어 차례 계곡을 건너는데 비록 성긴 모습이기는 했지만, 분명 사람이 놓은 돌다리마저 있으니 초조하기만 했다. 초조한 마음이 커질수록 한편 의아한 생각도 들었다. 이 골짜기에 쌍계사터 말고 무엇이 더 있을까 하고 말이다. 그러나 아무리 생각해도 없었다. 몇 안 되는 쌍계사의 석조 유물들 중에서도 돌장승을 제외하면 사람들이 관심을 기울일 만한 것이 없을 텐데, 이처럼 길을 좋게 만들다니, 무슨 영문인지 알 길이 없었다.

길이 좋아진 덕분에 험하던 때와는 달리 수월하게 오르는가 싶었는데, 금세 돌장승이 눈앞에 서 있었다. 다행이다. 길은 달라졌을지언정 그와 주변은 그대로였다. 잔뜩 찌푸린 미간에 퉁방울눈과 주먹코를 하고서도 무엇이 그리 수줍은지 어깨를 웅크린 채 서 있었다. 때로는 뻐드렁니를 뽐내거나 날카로운 송곳니를 입 밖으로 꺼낸 채, 제 딴에는 한껏 험한 표정을 짓기도 한다. 하지만 아무리 들여다봐도 무섭지 않은 것은 물론, 오히려 순박해 보이는 표정은 돌장승이 가진 치명적인 매력이다. 그 매력에 빠져 짧지 않은 세월 동안 그들을 찾아다녔으니, 이곳 쌍계사터의 돌장승은 묘한 매력을 풍기는 사찰장승 중 손에 꼽을 만큼 빼어나다.

예전에 그랬듯 근처에 짐을 풀었다. 흘깃 보고 그냥 지나칠 만한 것이 아니기 때문이다. 적어도 나는 장승을 만나면, 그 언저리에서 쉬어야 하고 놀아야 한다. 더구나 십수 년 만에 만났는데 어찌 모른 척 훌쩍 지나치고 말겠는가. 가까이서 보기도 하고 어루만지기도 하면서 그에게 볕이 들기를 기다렸다. 그러나 깊어가는 가을이어서인지 볕은 그를 피해갔다. 뒤를 막아선 편백나무 그늘

에 가려 도무지 그에게로 별이 찾아들 기미가 보이지 않았다. 그래도 쉽사리 곁을 떠나지 않은 까닭은 오랜만에 보는 그의 얼굴이 진하고 투박한 젓갈 냄새를 풍기는 것만 같았기 때문이다.

화엄의 종장들이 모여든 그윽한 골짜기

두어 시간 그 곁에서 놀다가 시 한 편을 꺼냈다. 1722년 11월 6일, 이곳을 다녀간 담헌 이하곤의 시였다. 그는 1722년 10월 13일부터 12월 18일까지, 남도 일대를 떠돌며 쓴 기행일기인 《남유록》과 기행시집인 《남행집南行集》에 이곳 쌍계사에 대한 이야기를 남겼다. 시는 절 들머리에서 지은 〈쌍계사를 찾다訪雙溪寺〉와 절에 다다른 후에 지은 〈쌍계사〉 두 편인데, 그중 〈쌍계사를 찾다〉를 펼쳤다.

홀로 야윈 말 타고 차가운 시냇물 건너노라니　獨騎瘦馬渡寒溪
우뚝 솟은 대나무 사이 해는 서산으로 저무네　苦竹林中日欲西
낙엽이 온 산을 덮어 갈 길을 헤매게 하고　落葉滿山迷去路
저녁 구름 피어오르는데 객사는 어디에 있는가　暮雲何處有招提

더불어 11월 6일의 기행일기에 쌍계사에서의 일을 자세히 남겼다. 이하곤은 그날 나주 금성관에 들렀다가 오후에 남쪽으로 60리 떨어진 쌍계사에 다다랐다.

오후에 쌍계사에 이르렀다. 절은 나주 남쪽 60리에 있으며 웅장하고 화려하다. 절에 머무는 중들이 완악하여 손님 맞을 마음이 없어 보였다. 향화승이 막 오재를 올리느라 독경 소리가 멀리 밖에까지 들렸으며, 불상은 몹시 작고 다른 절과는 달리 동쪽을 향하여 앉았는데 특이했다. 향화전에 다다르니 주지가 사적을 보여주었는데 거기에 다음과 같이 쓰여 있었다.

"신라시대 백운대사가 태백산에 올라 남방을 바라보매 이상한 기운이 있어 그곳으로 석장을 짚고 왔다. 옛날 불전 아래에 용이 살던 못이 있었는데 대사가 부적으로써 물리치려고 하니, 밤에 천둥과 번개가 치더니 비가 내려 용이 그만 물러갔다. 대사가 제자들에게 일러 말하기를 '매일 이상한 중이 와서 나를 도울 것이니 너희들은 그를 알아보도록 하라'고 했다. 이튿날 오후에 과연 중이 왔는데 외모가 지극히 남다르고 이상하여 모두 용이라 일컬으며 절을 세웠다. 원나라 지정 연간에 승려 아대사가 중수했다."

이로부터 아대사는 큰 공덕주가 되어 산중 여러 암자에서 진영을 안치하여 높이 받들었다고 한다. 이 절에도 봉안한 그림이 한 장 있어 나에게 보여주었는데, 짙은 눈썹에 큰 눈이며 체격이 우람했다. 하지만 근세에 안치한 것 같아 완악한 중들이 기롱하는 것이 아닐까 싶어 피식 웃었다. 내원과 상원, 천축대가 가장 아름답다고 들었으나 갈 길이 바빠 올라가보지 못했다.

午刻至雙溪寺 寺在州南六十里 制度碓麗 居僧頑甚 了無迎客意 香火僧方設午齋 梵唄聲達戶外 佛像甚小 東面坐 與他寺異也 過香爐殿 主僧示以寺蹟 其文曰新羅白雲大師登太白山 望南方有異氣 遂卓錫于此 舊有龍湫在佛殿下 師以神符檄龍 是夜雷雨大作 龍移去 師謂弟子曰明日有異僧來助我 汝識之 翌日午時僧果至 貌極殊異 盖

龍云 遂建寺 元至正間 僧阿大師重修 自此以阿公爲大功德主 山中諸庵 各置畫像崇奉 寺中亦有一本示余 濃眉大眼 狀貌魁梧 使居近世 恐不免頑僧之譏也 一笑 聞內院上院天竺臺最佳 行忙未及登覽_《남유록》부분

당시 이하곤은 주지가 내민 사적기를 본 듯하다. 그 내용을 정리하면 다음과 같다. 쌍계사는 신라시대에 백운대사에 의해 창건되었는데, 금당 아래에 있는 연못을 메워 용을 쫓아낸 후 창건했다. 그 후 지정 연간(1341~1367)인 고려 말 무렵 아대사가 다시 중수했으며, 이하곤이 방문했을 당시 그의 진영이 절에 남아 있었다. 또 절에 딸린 암자로는 내원암과 상원암 그리고 천축대가 있는데, 그중 천축대가 가장 아름다운 곳이다.

이하곤이 절에 다다랐을 때, 스님들이 여느 절과 같이 사대부인 자신을 귀하게 맞이하지 않고 무심했던 모양이다. 더구나 '거승완심居僧頑甚'이라고 표현한 것을 보면 그 때문에 심통이 난 것 같다. 완악이란 억세고 고집스러우며 사나운 성질을 일컫는다. 도대체 스님들의 성정이 어땠기에 그러한 표현까지 했을까? 그러나 스님의 입장에서 보면, 사대부 한 명이 절에 찾아들면 그 귀찮음이 여간 만만찮았을 것이다. 그러니 사대부들의 출입이 잦지 않은 심산유곡의 절에서는 사대부를 보고도 데면데면하게 대할 수도 있었지 싶다.

하지만 내 관심은 그런 문제가 아니다. 찬찬히 그의 글을 읽으며 찾으려 한 것은 들머리의 돌장승에 관한 것이다. 그러나 아무리 그의 글을 되짚어봐도 돌장승에 관한 이야기는 한마디도 나오지 않는다. 이하곤은 미술에서 일컫는 진경산수와도 같은 진경문학을 했던 사람이다. 사물에 대한 표현이 지나치게 과

장되지 않는 것은 물론, 눈앞에 펼쳐진 것들에 대해 가감하지 않고 기록하는 사진寫眞사상에 젖어 있었다. 자신 앞에 기이하게 생긴 돌장승을 두고 한 줄 글도 남기지 않을 그가 아니다. 물론 이하곤이 다녀갔던 시기보다 늦은 시기에 장승이 세워졌을 수도 있다. 또한 불화이거나 산수화가 아닌, 민간의 장인들이 만들어 세운 돌장승에 대해 관심을 기울이지 않았을 수도 있다. 그는 어차피 사대부였으니까.

이곳 돌장승의 조성 시기에 대해 뚜렷하게 밝힌 문헌 자료는 없다. 그러나 인근 지역인 운흥사나 불회사와 견주어, 대략 18세기 초에 세워진 것으로 추정할 수는 있다. 운흥사 입구의 여장승인 하원당장군下元唐將軍 뒷면에 새겨진 명문에 따르면, 강희康熙 58년 2월에 화주승 하학下學과 별좌 김노즉이金老卽伊가 참여해 만들었다고 되어 있다. 강희는 청나라 성조(재위 1662~1722)의 연호로, 강희 58년은 조선 숙종 45년인 1719년에 해당한다. 이것으로 미루어 이곳 쌍계사의 돌장승 또한 어슷비슷한 시기에 세워졌을 것이라고 추정한다. 그 까닭은 서로 가까운 지역이기도 하려니와 크기는 물론 그 생김새가 운흥사나 불회사 들머리의 돌장승과 많이 닮아 있기 때문이다.

운흥사나 불회사의 조성 시기를 보면, 이하곤이 이곳 쌍계사를 찾았을 당시인 1722년에는 돌장승이 없었을 수도 있다. 하지만 그 후에 쌍계사에 들렀을 것으로 짐작되는 선지善知스님의 글에서도 돌장승에 대한 이야기는 빠지고 쌍계사의 상원암에 대한 이야기만 빼곡하다. 선지스님의 생몰년은 알 수 없으며 다만 《동명유고東溟遺稿》라는 문집만을 남겼을 뿐인데, 문집에 쌍계사와 관련된 시 네 수를 남겼다. 스님은 호연浩然, 함경涵鏡스님 들과 교유했으며, 호연

6장 영암 쌍계사터 · 247

스님의 부도와 탑비는 쌍계사에 남아 있었다고 전하지만 현재는 사라지고 없다. 또 함경스님은 《수능엄경首楞嚴經》을 일만 번 읽고 깨달음을 구했다고 알려진 화엄종주 화악華嶽 지탁스님(1750~1839)과 교유가 있었던 선암사의 스님이며, 조선 후기까지 선암사에 진영이 남아 있었다고 전한다. 화악스님은 완당 김정희와도 깊이 교유했다. 금강산 장안사 지장암에서 열반에 든 후, 그 탑비명을 강진 만덕산 백련사의 아암 혜장스님의 부탁으로 다산 정약용이 쓴 것으로 유명하다. 이로 미루어 쌍계사는 순창 구암사와 해남 대둔사 그리고 승주 선암사와 순천 송광사와 같은 호남의 사찰을 중심으로 펼쳐졌던 조선 후기 화엄불교에 동참한 사찰이었다고 볼 수 있다.

특히 이곳과 직간접적으로 인연을 맺은 스님들의 면면을 보면 대둔사의 영향을 강하게 받은 것으로 보인다. 대둔사는 당시 청허 휴정스님의 제자인 편양 언기스님과 그 법손들이 중심이 되어 활발한 화엄강회를 열었다. 그중 설파 상언스님은 《화엄경》을 스물다섯 차례나 강講하고, 《화엄소華嚴疏》와 《화엄초華嚴鈔》를 해설하고 그림으로 그려서 《화엄은과華嚴隱科》를 짓기도 했다. 또한 그의 제자이자 아암스님과 교유가 깊었던 연담 유일스님은 《화엄경》에 대한 여러 강설들을 모아 새롭게 정리하고 자신만의 이론을 더해 《화엄현담사기華嚴玄談私記》를 짓기도 했다. 이들 모두 조선 후기의 화엄교학을 이끈 종장들이었으며, 그윽한 골짜기에 위치한 쌍계사는 그들이 와서 쉬기도 하고 강회를 열었던 곳이었을 것이라는 짐작을 해본다.

땀을 흘린 불상과 탑에 묻은 햇살

돌장승 곁을 지나 계곡을 옆으로 끼고 대숲 사이로 난 아름다운 길이다. 그 길을 따라 400~500미터 남짓 오르니 크고 당당한 입석이 순례자를 반긴다. 그 곁에는 당간지주라고 하기에는 크기가 작고 괘불대로 보기에는 위치가 생뚱맞은 돌기둥 두 개가 나란히 서 있다. 길 양쪽으로 한 쌍이 세워져 있는데 그 중 하나에는 '건륭乾隆 기미己未'라고 선명하게 새겨져 있다. 건륭은 청나라 고종의 연호로 1735년부터 1795년까지 재위 60년 동안 쓰였다. 건륭 기미란 조선 영조 15년인 1739년을 말하며 돌기둥의 건립 연대를 말하는 것이리라. 그렇다면 돌장승의 건립 또한 앞서 말한 운흥사의 돌장승 건립 시기와 어슷비슷해, 그 무렵 이곳에 대대적인 불사가 이루어졌다고 생각할 수 있다. 하지만 아쉽게도 문헌 자료를 찾을 수가 없어 사실 확인이 되지 않는다.

돌기둥이 있는 곳에서 다시 500여 미터를 오르자 대숲 사이로 석축들이 산재해 있다. 길 왼쪽으로 돌절구가 놓여 있는 곳 또한 석축에 둘러싸인 것이 사찰과 관련된 건물티로 보였다. 바로 그 앞에 놓인 돌다리를 건너자 눈앞에 오밀조밀한 석축이 높게 쌓여 있고 큰 느티나무 한 그루가 순례자를 반겼다. 그곳이다. 쌍계사의 금당이 있었던 곳 말이다. 웃자란 풀이 뒤덮인 곳에는 자연석으로 된 주초석들이 불거져 있는가 하면, 그 위에는 수없이 많은 와편들이 흩어져 있다. 좀더 뒤적거려보려고 해도 뒤엉킨 억센 넝쿨이 쉽사리 걷어지지 않았다. 좀더 위에 펼쳐진 넓은 터에 올라보니, 그곳 또한 대숲 밖으로 잘 쌓은 얕은 석축들의 행렬이 이어졌다. 내친걸음에 더욱 깊은 산속으로 들어가니 간간이 보이던 하늘마저 보이지 않을 만큼 대숲의 그늘이 짙었다.

한 쪽 기둥에 건륭乾隆 기미난초라고 새겨져 있어 조선 영조 15년인 1739년에 세워진 것으로 보인다.

이하곤의 글에 따르면 이곳이 쌍계사의 금당이 있었던 곳이다. 느티나무 곁으로 석축이 단정하게 남아 있으며 석축 위로는 자연석을 주춧돌로 삼았던 흔적이 고스란히 남아 있다. 금당터를 지나 산길로 20여 분을 더 올라갔으나 쌍계사에서 가장 풍광이 좋았다는 천축대는 찾을 수가 없었다.

20여 분 오르다 말고 되돌아 나와서 느티나무 그늘을 찾아 앉았다. 이하곤의 글에 따르면, 동쪽을 향해 앉았다던 금당의 작은 부처님이 앉았을 자리를 가늠하며 말이다. 《조선왕조실록》 효종 10년(1659) 윤3월 20일의 기록을 보면, "전남도 금성현의 쌍계사에 있는 불상에서 땀이 흘러내렸다全南道錦城縣雙溪寺佛像流汗"라는 구절이 나온다. 금성현은 나주다. 지금은 쌍계사가 영암에 속하지만, 당시는 나주에 속했다. 그러나 앞뒤가 모두 잘리고 그 내용만 달랑 남아 있어 어떤 일로 그렇듯 땀을 흘리는 영험을 보였는지는 알 수 없다. 또 절 앞을 시원하게 흘러가는 맑은 계류 때문인지, 이곳도 벌교의 징광사와 마찬가지로 종이 부역이 심했던 곳 중에 한 곳이다. 《조선왕조실록》 헌종 1년(1660) 3월 5일의 기록에 의하면, 금성현에서 사용하는 품질이 가장 좋은 백면지를 쌍계사가 도맡아 냈다는 기록이 있기 때문이다. 그것이 전부였다. 절터의 느티나무에 걸려 있는 맑은 햇살과 대숲을 스쳐가는 바람 소리 그리고 졸졸 흐르는 계류 소리를 더 보탤 수 있으려나. 절터는 고즈넉했다. 길 양쪽으로 늘어서서 홀로 걷는 순례자를 감싸주는 짙은 대숲이 아니었다면 쓸쓸해졌을 수도 있겠다 싶었다. 다시 돌장승이 있는 곳으로 돌아와서는 그에게 싱긋 미소를 보내며 어루만지듯이 끌어안고 기댔다.

한동안 그렇게 있다가 서둘러 영암읍내의 성풍사지로 달렸다. 어느덧 해거름이 코앞이었다. 절터에 석양이 비칠 무렵 홀로 남은 5층석탑이 찬란하게 빛나는 순간을 놓치고 싶지 않았다. 탑 돌에 남아 있는 아무리 얕은 주름이나 작은 구멍일지라도, 그 순간만큼은 모든 것을 낱낱이 드러내지 않던가. 마치 살아 움직이는 것처럼 말이다. 과연, 일찍 다다른 절터에는 부드럽기 짝이 없는

돌장승을 정면에서 바라보면 험상궂게 생겼다. 또 이마 한가운데 백호가 새겨져 있다. 이는 대개의 사찰장승, 곧 호법護法장승들의 특징이다. 이처럼 사찰에 장승을 세워 외호신장으로 삼은 것은 기존의 민간신앙과 불교가 습합되는 과정에서 생겨난 것으로 보인다.

햇살이 가득하고 탑은 은은한 막바지 햇살을 듬뿍 받고 있었다. 돌들은 모든 강렬함을 잃어버린 듯 온화한 모습을 보이고 있었으니 그 아니 아름다웠겠는가. 그래도 기다렸다. 탑이 더욱 부드러워지기를.

20분, 30분. 탑은 거짓말처럼 온화함을 넘어 평화로움까지 보여주었다. 맑은 하늘과 저물어가는 투명한 햇살 때문이었다. 투명한 햇살은 탑을 비추는 것이 아니라, 탑에 조금씩 묻어 있는 것만 같았다. 그 모습은 탑의 아름다움을 극대화시켰다. 저절로 탑을 향한 경배의 마음이 우러나올 만큼 말이다.

이 아름다운 탑을 세운 이는 영암현 호장戶長 박문영朴文英이다. 그는 '나라의 정성鼎盛과 조야朝野가 더욱 편안해지기를 기원하며' 고려 목종 12년(1009)에 탑을 세웠다. 이처럼 조성 주체와 목적이 분명하면서도 단월檀越들이 함께 힘을 모으지 않은 경우는 흔치 않다. 대개 서로 힘을 모아서 탑을 세우고 그 내용을 적어놓기 마련이지만, 이 탑에는 단월들이 참가했다는 기록은 없다. 탑의 조성 경위와 목적을 정확히 알 수 있게 된 것은 1986년 탑의 복원 공사 중 1층 탑신 윗면의 방형 사리공舍利孔에서 청자 사리호舍利壺와 함께 화강암으로 만든 탑지석塔誌石이 발견되었기 때문이다. 탑의 조성 연대를 절의 창건 연대로 볼 수도 있겠지만 섣부른 판단을 내릴 수는 없다.

언제 창건되었고 언제 스러졌는지 알 수 없는 절터에 막바지 빛을 묻혀놓던 태양마저 산자락을 넘어갔지만, 나는 쉬이 절터를 떠나지 않았다. 조금씩 어둠이 내릴지라도 탑이 머금은 빛은 여전히 발산되고 있는 듯했기 때문이다.

영암읍에 있는 성풍사지 5층석탑이며 보물 제1118호다. 영암현 호장인 박문영이 1009년에 건립했다.

성풍사터와 영암 쌍계사터

　　　　쌍계사터는 전남 영암군 금정면 남송리 산18-2번지 국사봉 기슭에 있다. 영암읍에서 819번 도로를 따라 금정면 소재지 삼거리에서 우회전해서 장흥군 유치면으로 향하는 23번 국도를 따라 큰 고개를 오르다가, 표지판을 따라 왼쪽으로 좌회전한다. 영암읍에서 금정면까지는 10킬로미터, 금정면사무소에서 인곡마을까지는 5킬로미터 남짓이다. 마을 길로 2킬로미터가량 들어가면 마을의 느티나무 정자가 나오는데, 그곳에서 마을 사람들에게 물어보는 것이 좋다.
　　정자 아래에서 개울을 건너 감나무밭 사이로 500미터쯤을 오르면 자동차를 세울 만한 공간이 나온다. 그곳부터 철망을 쳐서 길을 막아놓았으나 오른쪽의 작은 문이 쉽게 열린다. 계곡을 따라 500미터가량을 오르면 돌장승 두 기가 있으며 다시 200미터 정도 오르면 입석과 당간지주가 있다. 그곳에서 또 500미터 정도 오르면 길 왼쪽에 돌절구가 있고 그 앞으로 큰 느티나무와 석축이 보이는데, 그곳이 쌍계사의 금당터다. 길은 계곡을 따라 이어지며 잘 정비되어 있는 완만한 산책길 정도다. 앞에 말한 석조 유물들은 모두 길섶에 있기 때문에 특별히 찾아 헤매지 않아도 된다.
　　돌장승 두 기는 전남 민속자료 제17호로 지정되었으며 몸에는 주장군周將軍과 당장군唐將軍이라는 글씨가 각각 새겨져 있다. 이러한 사찰장승은 대개 호법장승이라고 해서 미간에 백호가 있는 경우가 많다. 호법장승은 금강역사나 사천왕상과 같은 외호신장의 역할을 하며, 사찰이 성역임을 알리고 불법을 수호하는 목적으로 세워진다. 당장군은 올라가면서 오른쪽으로 있는 장승으로 키는 247센티미터, 주장군은 왼쪽에 있는 것으로 키가 347센티미터다.

1871년에 간행된 《호남읍지湖南邑誌》에 따르면, 쌍계사의 창건은 신라 문성왕 16년(854) 백운대사에 의해 이루어졌다고 한다. 백운대사는 임제종의 승려라고 하는데 행적은 알 길이 없다. 그 후 1065년에 행호대사倖浩大師가 중수했으며, 1263년에 아대사가 다시 중창했다. 1265년 아대사가 입적하자 다비해 탑을 세웠고, 1368년에 세 명의 보살이 원력을 합해 다시 중창했다. 이곳에 드나든 스님들의 면면을 볼 때 절은 조선 후기까지도 존속했던 것으로 보이지만, 어떤 연유로 폐사가 되었는지는 알 수 없다. 조선 후기 호연대사의 부도탑과 탑비도 있었다고 전하지만 현재는 전하지 않으며, 탑비의 탁본조차 남아 있지 않아 호연대사의 행적 또한 묘연하다.

더불어 3층석탑도 있었다고 하지만 그것조차 사라지고 없다. 탑의 존재는 이곳을 찾았던 이하곤이 지은 〈쌍계사〉라는 시에 잠깐 보인다. 시의 마지막 구에 내원암과 상원암에 올라가보려 했으나 바쁜 일정 때문에 더 이상 오르지 못한 자신의 신세를 한탄하며 "명료한 설법 들어볼 시간 없으니未暇吾了義/ 내 여행길 바쁘고 바쁘도다 我行苦忽忽/ 거듭 탄식하며 옛 탑을 어루만지다가三歎撫古塔/ 고개 돌려 동쪽 고개 바라보누나回首望東峰"라고 노래한다.

영암군 영암읍 용흥리 533-1 월출산 기슭의 마을 한가운데에 있는 성풍사터 5층 석탑은 보물 제1118호로 지정되었다. 탑의 조성 연대에 대한 절대 연대가 밝혀진 탑

쌍계사터와 이웃한 나주 불회사(위)와 나주 운흥사(아래)의 사찰장승들이다.

이 많지 않은데, 이 탑은 1009년이라는 조성 연대가 확실하게 밝혀져 있다. 1986년에 무너져 있던 탑을 복원하는 과정에서 화강암으로 만든 탑지석이 나왔는데, 거기에 다음과 같이 조성 연대는 물론 조성 주체까지 쓰여 있다.

보살계제자 고려국 영암현 호장 박문영이 특별히 나라의 정성과 조야가 더욱 편안해지기를 기원하며 공경하게 5층석탑을 조립하여 성풍대사에 안치하니, 영원히 공양할 것이다. 통화 27년 기유년 6월일 기록한다.

菩薩戒弟子高麗國靈
嵒縣戶長朴文英特爲
邦家鼎盛朝野益女
敬造立五層石塔安
置聖風大寺永充
供養也
統和二十七年己酉六月日記

탑은 2층 기단 위에 5층 탑신을 올리고 상륜부를 장식한 수더분한 형태다. 기단부는 네 매의 장대석으로 짜인 지대석 위에 구성되었는데, 하층기단 면석에는 우주와 1탱주가 모각模刻되고 두 매의 판석으로 이루어진 하층기단 갑석은 상면에 원호와 각형의 2단 굄을 마련해 상층기단을 받고 있다. 상층기단 면석은 네 매의 판석으로 조립되었으며 각 면에는 우주와 1탱주가 모각되었다. 상층기단 갑석은 부연副椽은 없

성풍사지 5층석탑은 2층 기단 위에 탑신석을 올렸는데 상층 기단의 갑석에는 부연副椽 없이 3단의 굄대를 만들어 그 위에 탑신석을 올렸다. 1986년 복원 과정에서 3층 옥개석과 5층의 탑신석 및 옥개석을 다시 만들어 끼워 넣었다.

으나 상면에 3단의 굄대를 마련해 탑신부를 받고 있다. 탑신부는 탑신석과 옥개석을 1석씩으로 조성해 건립했는데, 각층 탑신석에는 우주가 정연하게 각출되어 있다. 옥개석은 받침이 초층부터 3층까지는 네 단씩이고, 4층부터 5층까지는 세 단씩이다. 낙수면이 평박하고 네 귀퉁이 전각에 반전이 있어 전체적으로 경쾌한 느낌을 준다. 이들 중 3층 옥개석과 5층의 탑신석 및 옥개석은 복원할 당시 새롭게 끼워 맞춘 것이다.

【7장】

강진 월남사터

혜심이 연못 속에 노닐던 중을 우연히 만나다

✦

공명이란 하나의 깨질 시루이네

저 위, 저 건너 혹은 고개 너머

전체로 살고 전체로 죽다

존재하는 모든 것을 아우르는 힘

공명이란 하나의 깨질 시루이네

푸른 새벽은 월출산 바위 봉우리에 걸려 엉거주춤하고, 밤새 내리던 비는 산 아래에서 스러졌다. 동구에 세운 자동차 문을 열자 비릿한 비 냄새가 묻어났다. 는개가 흩날렸지만 부러 걸었다. 얼굴을 간질이듯 살포시 내려앉는 는개가 싫지 않았다. 겨우내 숨죽였던 땅이 이른 봄비에 되살아나듯, 는개에 젖으면 젖을수록 나 또한 정신이 맑아졌다.

마을 길을 지나 허물어진 돌담을 돌아들자 는개가 빚어낸 이내 속에 한 떨기 산다화가 선명했다. 청정법신에 붉은 가사를 걸쳐놓은 것인가, 시선은 빨려 들어가듯 붉은색에 멈췄다. 바람조차 깨어나지 않은 월남사터의 석탑이 산다화 뒤에 우뚝하건만 눈에 들어오지 않았다. 그저 허물어진 돌담에 기대어 망연히 산다화의 모습을 즐겼다. 그렇게 돌담에 기대어 있었던 것은 걸음 떼는 것조차 조심스러울 만큼 고즈넉한 절터의 새벽을 흩트리고 싶지 않은 까닭도 있었다. 하지만 그건 허울 좋은 핑계에 불과할 수도 있다. 꽃송이마다 매달려 있는 바지런한 새들의 지저귐이 뜻밖에도 소란스러웠다.

꽃으로 탑으로 자유롭게 날아다니는 새들에게 잠시 눈길을 빼앗기는가 싶

남도의 봄은 동백에서부터 온다. 봄이 깊어 가면 꽃 떨어지는 소리가 이곳저곳에서 들린다고 해도 지나치지 않을 만큼 동백이 흔하다. 그런 동백꽃에서 12세기 남송의 선승禪僧 원오圜悟·극근(1063~1135)이 어록에 남긴 '생야전기현生也全機現 사야전기현死也全機現' 곧, 살 때는 삶에 철저하여 그 전부를 살아야 하고, 죽을 때는 죽음에 철저하여 그 전부를 죽어야 한다는 말을 떠올리곤 한다.

기암괴석이 많아서인지 월출산에는 유난히 마애불이 많다. 산중에 예닐곱 정도의 마애불이 있다.

었지만, 눈길은 얼른 산다화에게로 돌아왔다. 붉디붉은 산다화 몇 송이가 홀연히 땅바닥으로 곤두박질치고 있었기 때문이다. 툭, 자유낙하의 쏜살같음. 그뿐이다. 뒤이어 꽃들이 더러 떨어졌지만, 그들은 아주 떠나버린 것이 아니다. 제 몸을 던져 깨달음을 구하는 망신참법亡身懺法인가. 새벽의 적막을 깨트리는 둔탁한 소리를 내며 꽃들은 제 몸을 던져 또 다른 아름다움을 베풀었다. 산다화는 나뭇가지에서뿐 아니라 땅에서도 아름다운 꽃으로 피어나 마치 떨어진 그곳이 제자리인 양 자리를 잡고는 꼼짝도 하지 않았다. 그들을 두고 어찌 꽃이 피었을 때만 꽃이며 졌을 때는 꽃이 아니라고 하겠는가. 그들은 이미 꽃이었으며 아직 꽃이다. 그러니 꽃 피는 것만 좋아할 일이 아니며 꽃 지는 것 또한 슬퍼할 일이 아니다.

　　이곳 월남사터에 피었다가 진 꽃이야 무수히 많았을 테지만, 유난히 돋보이는 꽃은 진각국사 혜심이다. 그는 스물네 살 되던 해인 승안承安 6년(1201)에 사마시에 합격했다. 그 후 태학에 들어가 공부했으나 곧 병든 어머니를 돌보기 위해 그곳을 떠났다. 그러나 어머니를 돌보기 시작한 이듬해, 어머니는 세상을 떠나고 말았다. 깊은 슬픔에 젖어 장례를 마친 혜심은 사대부의 길을 버릴 작정을 하고는 문득 〈득도시사가시得度時辭家詩〉라는 시를 지었다.

　　　　불법에 뜻을 두고 사모하여　　志慕空門法
　　　　식은 재와 같은 마음으로 좌선을 배우나니　　灰心學坐禪
　　　　공명이란 하나의 깨질 시루이고　　功名一墮甑
　　　　사업이란 이루고 나면 덧없는 것　　事業恨忘筌

부귀도 그저 그렇고　富貴徒爲爾

빈궁 또한 그런 것　貧窮亦自然

내 장차 고향마을 버리고　吾將捨閭里

소나무 아래에서 편안히 잠이나 자려 하네　松下寄安眠

제목의 '득도'란 출가를 말하는 것이니 시 한 편 남기고 홀연히 집을 떠난 그는 조계산 수선사를 찾아 삭발염의削髮染衣하고 불문에 발을 들였다. 당시 수선사에는 보조국사普照國師 지눌(1158~1210)이 머물고 있었다. 지눌은 선과 교학을 분리하지 않고 같이 수행해야 하며, 선과 교는 서로 다르지 않은 같은 뿌리라는 주장을 펼쳤다. 곧 선교일치를 내세우며 결사를 맺고 가행정진加行精進을 했으니, 팔공산 거조암에서 이룬 정혜결사定慧結社가 그것이다. 혜심은 그러한 지눌을 찾아 삼보三寶에 귀의하려는 뜻을 구했다. 그로부터 수선사를 떠나 지리산 금대암에 들어가 눈이 이마에까지 차도록 꿈쩍도 않으며 3년간 수참修懺을 한 후〈부처님의 꽃佛覺華〉이라는 오도송悟道頌을 들고 지눌을 찾았다. 지눌은 "내 이미 너를 얻었으니 죽어도 한이 없겠다. 너는 마땅히 불법을 펼 것을 자신의 소임으로 삼고 본원을 폐하지 말라吾旣得汝 死無恨矣 汝當以佛法自任 不替本願也"며 맞이했다.

그 후 1210년 지눌이 입적하자 혜심은 수선사의 2세 법주가 되어 국사의 자리를 이었다. 1220년 마흔세 살에는 지리산 단속사의 주지를 거쳤고, 1231년 봄에는 지눌의 수행처인 보문사와 정혜결사를 이루었던 팔공산 거조암의 청량굴을 찾아 지눌을 추모하며 참배한 후, 1233년에 다시 수선사로 돌아왔

월남사터는 월출산 기슭에 자리 잡은 평지가람이다. 진각국사 혜심이 창건했다고 전한다.

다. 그러나 늦가을인 11월부터 병세를 보이기 시작해 1234년 봄, 지금의 순천 지역에 있었다고 전하는 월등사月燈寺로 몸을 옮겼다. 그해 6월 26일 "노한이 오늘 몹시 아프다老漢今日痛忙"는 말을 남기고 좌탈입망座脫立亡했으니, 향년 쉰일곱 살이고 승랍 32년이었다. 입적 당시 임종게는 "이 주먹으로 선을 설명하리니, 너희들은 믿겠느냐遮箇拳頭也解說禪 汝等信否"는 것이었다.

"펴면 다섯 손가락의 길고 짧음이 제각기 다르다" 하고, 주먹을 쥐어 보이면서 말하기를 "합하면 한덩어리가 된다. 펴는 것도 합하는 것도 자유자재하여 하나이거나 여럿이거나 구애됨이 없다. 그러나 이렇기도 하고 이렇지 않기도 한 것이 주먹의 본분설화다. 어떠한 것이 본분설화인가?"라고 했다.

開則五指參差 握拳云 合則混成一塊 開合自在 一多無礙 雖然 如是未是拳頭本分說話 怎生是本分說話

저 위, 저 건너 혹은 고개 너머

그가 적멸에 든 지 어언 800여 년, 그러나 아무래도 내 생각에는 그가 이곳에서 사라진 것이 아니다. 그는 마음 잃고 갈 곳 몰라 헤매는 나그네가 손을 내밀면 돌샘 곁에서 차를 우려놓고 미소 짓고 있었다. 또 다른 날은 소나무 아래 앉았다가 시 한 수를 노잣돈으로 내밀곤 했다. 앞서 말했듯 꽃이 떨어졌다고 꽃이 진 것이 아니듯 말이다. 다만 그것이었을 뿐, 그는 내게 부처님에 대해 이야기하지 않았다. 하지만 묘한 일이다. 그를 만나고 돌아서는 날이면, 언제나 내 마음 속 깊은 곳에 부처님이 앉아 있었다. 부처님은 차가 되고 시가 되어 내게 스며들었다. 선다일여禪茶一如이며, 선이면서 선 없어야 시가 되고禪而無禪便是詩, 시 속에 시 없을 때 선이 또한 엄연히 존재했던 것이다詩而無詩禪儼然. 그는 부처님에 대한 이야기를 하지 않았지만 그를 생각하면 언제나 부처님이 떠오른 것은, 혜심이 교와 선 그리고 유와 불을 나누지 않고 동원同原으로 여겼기 때문은 아니었을까. 교는 부처님 생각이 말로 나타난 것이고, 선은 그 말을 밖으로 꺼내놓지 않은 마음 자체다. 그렇기에 그것 또한 하나일 뿐, 둘이 아니다. 다만 교, 곧 언어가 필요한 곳이 있는가 하면 그것조차 버려야 할 때가 있을 뿐이다. 그러니 교 없는 선은 허약하고 선 없는 교는 허망할 수 있는 것이다.

《금강경》6장 〈정신희유분正信希有分〉에서 이르지 않던가. "여래가 늘 말하기를 너희 비구들아, 내 설법이 뗏목의 비유와 같음을 아는 자들은 법조차 오히려 놓아버려야 할 것이거늘, 하물며 법이 아닌 것이랴如來常設 汝等比丘 知我說法 如筏喩者 法尙應捨 何況非法"라고 말이다. 무슨 의미일까? 뗏목을 탄 이곳은 강을 건너 닿아야 할 저곳과 어떤 차이가 있을까? 강 이쪽은 현재 내가 살고 있는 곳이며, 강 저쪽은 진리와 깨달음의 세계인 피안을 말한다. 그러니 그곳은 본디 우리들이 지녔던 세계의 실체를 일컫는다. 그곳은 저 위이며, 저 건너 혹은 고개 너머인 셈이다. 그곳에 다다르면 그곳으로 가기 위해 방편으로 삼았던 것을 버리라는 말이 아닌가. 그러나 나는 생각한다. 피안에 다다르기 위해 방편으로 삼았던 뗏목이나 사다리를 걷어치우고 버렸다고 해서, 그것들이 사라지는 것일까 하고 말이다. 대답은 '아니다'이다. 그것은 선에 이르렀다고 교를 버리는 어리석은 행동을 하라는 말이 아니다. 더구나 시에 이르렀다고 선을 버리라는 말 또한 아니다. 다만 언어와 문자로 뒤덮여 있는 미망의 세계에서 벗어나 천둥벌거숭이의 적나라한 실체를 직면하라는 것뿐이다.

주섬주섬 다구를 꺼냈다. 월남사터를 찾으면서 어찌 차를 두고 올 수 있으며 시 몇 수 들고 오지 않을 수 있겠는가. 햇것이 아니면 어떠랴. 탑 앞에 향을 사르고 차 한 잔을 올렸다. 차가 식으면 음복이라도 하듯 내가 마시고 다시 우려낸 차를 거듭 올리기를 되풀이했다. 다관이 비면 또 우리기를 서너 번, 그때마다 완당 김정희의 글 한 줄을 되뇌었다.

조용히 앉은 자리 차는 반쯤 비웠는데 향기는 처음 그대로　靜坐處茶半香初
마음이 미묘하게 움직일 때 물은 흐르고 꽃은 피어나네　妙用時水流花開

그랬다. 드문드문 동박새의 지저귐이 고즈넉함을 일깨우는 새벽의 절터는 그 자체로 이미 시詩다. 산다화 붉은빛 가득 드리운 탑 앞에 앉아 눈을 감고 입을 다물었다. 잠시나마 말하지 않음은 차를 마실 때 굳이 해야 할 일이다. 홀로 앉아 마시는 차가 풍기는 향은 차향이 아니라, 차를 마시는 사람의 향일 것이기 때문이다. 명선茗禪이라고 하지 않았는가. 이는 선과 차가 서로 다르지 않음을 말하는 것이니, 홀로 차를 마신다는 것은 입선入禪과도 같다.

초의선사 의순은《다신전茶神傳》에서 말한다. "차를 마실 때는 사람 수가 적을수록 고귀하다飲茶以客少為貴." 차를 마시는 것은 자연을 호흡하는 것이며 그를 통해 본디의 자신을 보는 행위다. 더구나 홀로 마시는 차임에랴. 혼탁한 나를 들여다보는 일은 맑고 고요한 곳에서 이루어지는 법 아니던가. 비록 찻잔이 손 안에 쏙 들어오지만 그것이 호수보다 더 넓고 깊은 것임을 알아차려야 한다.

한때는 벽돌을 쌓아올린 전탑의 조성 방식을 닮았다고 해서 모전석탑模塼石塔이라고 불렀으나 지금은 그냥 석탑이라고 부른다. 석재들의 모양이 벽돌 형태가 아니라 판석 형태이며 그들을 서로 결구한 수법이 전탑과는 다르기 때문이다.

몰록 깨달을 수 없다 하더라도 입을 닫고 눈을 감은 채 고요히 찻잔을 응시하면, 그를 통해 만나는 것은 우주다. 그렇기에 홀로 마시는 차는 창 너머에 있는 본디의 나를 바라볼 수 있는 창이며 되비치는 거울과 다르지 않다. 드센 바람에 향은 쓰러지고 차는 식었지만, 그 또한 어떠랴. 백운거사白雲居士 이규보(1168~1241)의 글에 따르면 해마다 봄이면 국사들의 진영 앞에 맑고 깨끗한 물을 올렸으니, 이만하면 혜심도 식은 차 한잔에 봄이 왔음을 짐작했으리라.

전체로 살고 전체로 죽다

작은 연못이 대숲가에 움푹 패여 있어　盆池陷在竹邊
거울이 항상 눈앞에 열려 있네　鏡匣常開目前
천길이나 되는 푸른 옥 거꾸로 꽂혀 있고　倒卓千竿碧玉
만리 푸른 하늘 원만히 잠겨 있네　圓涵萬里靑天

이윽고 혜심이 〈작은 연못盆池〉이라는 시 한 수를 내놓았다. 분지盆池는 동이만한 작은 연못을 말하는 것이 아니던가. 그러나 그 속에 천길이나 되는 옥과 만리나 펼쳐진 드넓은 하늘이 담겨 있으니, 곧 우주가 들어 있는 셈이다. 우주는 세상에 존재하는 모든 것을 포함한다. 그러나 우리들의 마음은 우주조차 품는 법이다. 그렇기에 깊고 넓기를 헤아릴 수 없는 그 연못은 우리들의 마음이다. 어느 날 그 작은 연못가에 혜심이 다시 앉았다. 물끄러미 연못을 보다가 그 속에서 자신을 빤히 바라보는 또 다른 스님을 만나 〈그림자와 마주하다對影〉라는 시를 지었다.

연못가에 홀로 앉았다가　池邊獨自坐

못 속에서 우연히 중을 만났네　池底偶逢僧

묵묵한 미소로 서로를 바라보나니　默默笑相視

말 걸어도 그가 대답하지 않을 것을 알기에　知君語不應

어느덧 연못은 거울이 되었다. 연못 속의 스님은 바로 혜심 자신이며, 그를 만난 스님 또한 혜심이다. 연못 밖의 혜심이 스스로를 잘 알지 못하는데, 연못 속의 혜심 또한 그 자신을 알겠는가. 그렇기에 아예 누구냐고 묻지 않고 그저 입가에 미소 지으며 바라볼 뿐이다. 관조하듯 자신의 마음과 끊임없이 만나라는 충고다. 어디 그뿐인가. 또 다른 날의 연못은 그에게 〈맑은 못淸潭〉이 되어 원융회통圓融會通과 회삼귀일會三歸一의 법문을 하고 있다.

차갑기가 얼음 녹은 물 마시듯　寒於味釋氷

빛나기가 새로 닦은 거울인 양　瑩若新磨鏡

다만 한 가지 맑은 맛을 가지고　只將一味淸

천차만별 그림자를 훌륭히도 비추누나　善應千差影

청정하며 두루 원만해 모든 것을 끌어안았으니, 그 연못이 연화장세계蓮華藏世界가 아니고 어디겠는가. 혜심은 이윽고 〈작은 연못小池〉 앞에 다시 앉아 고백하듯이 노래한다.

바람 자고 파도 일지 않으니　無風湛不波
삼라만상이 눈에 가득 비치누나　有像森於目
많은 말이 무어 필요하랴　何必待多言
바라만 봐도 이미 뜻이 족한 것을　相看意己足

이것을 두고 어찌 방관이라고 하겠는가. 오히려 소순기蔬筍氣가 넘쳐나는 행동이다. 아무런 양념도 하지 않은 푸성귀와 죽순의 맛, 그 자체 그대로인 것이다. 이것저것 더 이상 보태지 않았다는 것은 꾸미지 않았다는 것과 같다. 아! 그렇게 아무것으로도 치장하지 않은 채 당당히 갈 수만 있다면 삶이라는 것이 어찌 아름답지 않을 것이며, 두려울 것이 있겠는가. 비록 산다화가 나무에서는 떨어졌지만, 그래도 꽃인 것은 두려움이 없기 때문이다. 겨우내 푸른 잎을 잃지 않는 강인함과 찬 바람 쌩쌩 불고 흰 눈 펄펄 날리는 속에 붉디붉은 꽃을 피워 내는 용기, 살아서 정열의 색을 뿜어내더니 떠날 때도 낱낱의 꽃잎으로 흩어지는 나약함을 보이지 않으며 통째 떨어지고 말지 않던가. 그 때문에 그가 잃어버리지 않은 것은 아름다움이다. 전체로 살고 전체로 죽기 때문이다. 전체라는 것은 더미를 말하는 것이고, 그것은 아무것으로도 매만져지지 않은 소박한 것이다. 그렇기에 전체란 거대한 것이 아니라 오히려 자신에게 덕지덕지 붙어 있는 것들을 낱낱이 덜어내는 것 아니겠는가. 그리하여 오히려 고사목과도 같이 앙상하게 남았을지라도 바람에 쓰러지지 않는 것 아니겠는가.

존재하는 모든 것을 아우르는 힘

드디어 해가 비치고 구름이 걷혔다. 월출산 골짜기에 몸을 숨기고 있던 바람이 한걸음에 절터로 내려왔다. 혜심의 탑비를 감싸고 있던 대숲이 파르르 떨고 마른 풀잎에 맺힌 이슬방울들이 반짝였다. 혜심은 그 모양을 보고 "온갖 풀잎 끝에 조사의 뜻 분명하니祖意明明百草頭/ 그 풀잎에서 바로 눈을 뜨라草頭直下好開眸"고 했다. 하찮게 여겨지거나 발부리에 차이는 풀잎 끝에 조사의 말이 매달렸으니, 진리는 먼 곳에 있는 것이 아니라는 말이다. 그는 이처럼 자연이 보여주는 모습을 부처님의 마음으로 바꿔 전해주던 빼어난 통역자였다.

이규보는 진즉에 그것을 알고 있었다. 그가 지은 〈월남사지진각국사비月南寺址眞覺國師碑〉에 "국사의 그 혀는 곧 부처의 마음이며, 그 마음은 곧 부처의 혀였다舌是佛心 心是佛舌"라고 했으니 말이다. 혜심은 우리 불교사에서 아름다운 존재로 기억되어야 마땅하다. 그는 선禪과 차茶, 시詩와 선禪, 선과 교, 유와 불 그리고 승과 속을 이어주는 다리였기 때문이다. 이미 제각각 아름다운 그것들은 혜심이라는 다리를 건너며 또 다른 아름다움으로 버무려져 지금 우리 앞에 펼쳐져 있다.

아름다움이란 무엇인가? 아름다움에 대해 내릴 수 있는 수많은 정의 가운데 하나는 '세상에 존재하는 모든 것을 아우르는 힘'이라는 것도 포함될 수 있다. 그렇기에 혜심은 아름다운 사람이지 않을 수 없다. 하지만 부처님이 이미 아름답지 않았다면, 어찌 혜심이 푸르고 밝은 눈으로 그것들을 아우르는 다리가 될 수 있었을까. 이미 제각각 아름다운 것일지라도 그것을 꿰어 우리들 앞에 내놓을 수 있는 것은 깊은 생각과 넓은 실천이 만들어낸 또 하나의 아름다

이규보가 지은 진각국사 혜심의 부도탑비다. 비신의 아래에는 거대한 귀부가 받치고 있으며 이수는 없다. 사진은 비의 뒷부분인 음기陰記다. 대체로 부도탑과 탑비는 같은 장소에 있기 마련이지만, 부도탑은 송광사의 광원암廣遠庵에 남아 있다.

움이 아니고 무엇이랴.

절터에 흔해 빠진 산다화 몇 송이 탑전에 공양 올리고 돌아서는 길, 월출산의 뾰족한 바위 봉우리들이 한 송이 꽃으로 피어 있다. 내 눈앞의 그들은 저마다의 자태를 뽐내지만, 멀리서 보면 한낱 아름다운 산의 봉우리일 뿐이다. 오늘 종일토록 만난 혜심이 꽃이라면 부처는 흙이자 햇살이며 바람이다. 그것은 혜심이라는 꽃이 아름다울 수 있는 까닭이다. 꽃은 결코 그 자체만으로는 아름다울 수 없다. 부처가 아름다울 수 있는 것은 그의 땅에서 피고 진 꽃들 때문이며, 그 꽃들은 부처의 말과 마음을 거름으로 삼았기에 제각각 아름다울 수 있다. 어찌 그것을 따로 떼어놓을 수 있겠는가. 서로가 서로를 아우르는 그들의 그 어느 것도 여여如如해야 하리라. 멀리 탑을 에돌아 떠나는 내게 산다화 꿀을 따던 동박새가 이별 노래를 불러주었다. 그 소리는 귀에 걸고 혜심이 내놓은 노잣돈은 목에 걸었다. 차밭이 펼쳐진 산등성이 너머 무위사에 들렀다가 공부방으로 돌아오는 내내 목에 주렁주렁 걸려 있던 그것은 혜심의 시 한 수였다.

마음과 짝하지 마라　莫與心爲伴

무심이면 마음이 절로 편안하리　無心心自安

마음과 짝한다면　若將心作伴

자칫 그에게 속으리　動卽被心謾

큰 선물과도 같은 시다. 공부방에 돌아와 책상에 앉으니, 혜심이 불쑥 자신의 손을 들어보였다. 그러고는 묻는다. "내 손이 부처님 손과 같아 보이느냐我手

2012년 2월, 월남사터는 발굴 조사에 들어갔다. 절터를 차지하고 있던 여염은 모두 철거되었고 집들이 남아 있어도 주민들은 떠나고 없었다. 탑 뒤에 월남사라는 현판을 내건 집도 인적이 끊어진 지 오래인 듯했다. 마을 구경을 다니다 보니 여염에서 만들어 사용하기에는 부담스러웠을 법한 절구가 눈에 띄었다.

何似佛手"고 말이다. 또 한쪽 다리를 책상에 걸치더니, 다시 묻는다. "내 다리가 당나귀 다리와 같아 보이느냐我脚何似驢脚"고 말이다. 순간 당황해 머뭇거리자 단박에 "만약 그대들이 분별하거나 머뭇거리면 바로 깨달음과는 멀어지고 만다" 하는 것이 아닌가. 이는 모든 것에는 서로 높낮이가 없다는 말이다. 평등하다는 말이다. 이러한 아뇩다라삼막삼보리의 세계에 다다르기 위해서는 자신의 높고 낮음을 스스로 이미 깨닫고 있어야 한다. 어떻게 해야 할까? 이는 자신의 마음속에 있는 것을 스스로에게 되비쳐봐야 하는 것이니, 그 누구도 대신해줄 수 없다. 세상에 혼자 해야 할 일, 너무나 많다.

백호(白湖) 임제(1549~1587)가 월남사에 들렀을 때 남긴 시에 "오래된 담은 마을 둑에 기대 있고/ 깨진 비석은 내를 건너는 다리가 되었다."고 했는데 지금도 돌담에 묵은 돌과 장대석들이 박혀 있다.

월출산 월남사터

전남 강진의 월남사터는 월출산 남쪽 기슭인 성전면 월남리에 있으며, 무위사와 고개 하나를 두고 자리 잡은 평지 가람이다. 진각국사 혜심이 창건 혹은 중창했다고 알려졌으나 분명하지 않으며, 그 연대 또한 정확히 알 수 없다. 언제 폐찰되었는지 또한 모호하다. 수선사의 13세주인 각진국사覺眞國師 복구(1270~1335)가 월남사에 머문 것은 확인되지만, 정치적 격동기였던 여말선초에 대한 기록은 찾을 수가 없다.

조선 중기에 들면서부터 지리지보다는 시문에서 그 흔적을 찾을 수 있는데, 백호 임제가 지은 〈월남사 옛터를 지나며過月南寺遺址〉라는 시에 "오래된 탑은 마을 둑에 기대 있고古塔依村塢/ 깨진 비석은 내를 건너는 다리가 되었다殘碑作野橋"고 했으니, 〈무위사사적기無爲寺事蹟記〉에 쓰인 대로 임진왜란 연간에 폐찰이 된 것으로 볼 수도 있다. 그러나 고산孤山 윤선도(1587~1671)가 〈남귀기행南歸記行〉에 남긴 기록은 사뭇 다르다. 그는 스물다섯 살이 되던 1611년 11월 해남으로 성묘 가는 길에 월남사터를 지나며 한 줄 글을 남겼다. "맑은 새벽 월남사에 말을 매니淸晨繫馬月南寺/ 불당에는 부처가 그려져 있고 뜰에는 탑이 있네堂有畵佛庭有塔"라고 했으니, 절집이 있었다는 이야기다. 또 두타초頭陀草 이하곤이 1722년 11월 27일 이곳을 지났는데,《남유록》에 "옛날에 월남사가 있어 제법 승경을 이루었는데 지금은 사라지고 마을 사람들이 살고 있다舊有月南寺頗勝 今廢民人居之"고 썼다. 이러한 글을 보면 월남사는 폐찰이 되고 난 후 다시 절집을 일구었다가 또다시 폐찰이 되는 부침이 이어졌던 것으로 짐작할 수 있다.

전남 화순에서 태어난 혜심은 본디 유학의 길을 걸어 스물네 살이 되던 1201년에 사마시에 합격했다. 다음 해인 1202년, 현재의 송광사인 조계산 수선사에 머물던 보조국사 지눌을 스승으로 모시고 출가했다. 1210년 지눌이 입적하자 그의 뒤를 이어 수선사의 2세 법주가 되었다. 수선사는 지눌이 팔공산의 거조암에서 새로운 불교를 꿈꾸며 결성한 정혜결사의 나중 이름이다. 지눌은 귀족 계층과 결합한 불교계에 대한 비판운동으로 결사를 시작했으며 정혜쌍수의 실천을 주장했다. 더불어 간화선을 받아들여 선양하며 선교일치의 새로운 불교사상을 마련했다. 혜심은 거기에 더해 유학과 불교가 서로 다르지 않다는 불유동원佛儒同源을 이야기했으며, 선시禪詩로 불교문학의 새로운 지평을 열기도 했다.

그가 남긴 문집으로《조계진각국사어록曹溪眞覺國師語錄》과《무의자시집無衣子詩集》《금강경찬金剛經贊》《구자무불성화간병론狗子無佛性話揀病論》《심요心要》가 있다. 그리고《선문염송禪門拈頌》은 그가 창작한 것이 아니라 옛 선사들의 염송시를 편집한 것인데, 선가에 내려오는 옛이야기 1,125칙을 체계적으로 정리한 보배와도 같은 작업이다. 또한《선문강요禪門綱要》1권이 있었다고 하나 전하지는 않는다. 이로 미루어보면 혜심은 선의 실천 방법으로 시를 포함한 문학을 택했으며, 그의 사상을 시를 통해 표현했다고 봐도 지나치지 않다. 혜심을 필두로 해서 비로소 불가에 선문학禪文學

월남사지 진각국사비는 보물 제 313호다. 빗돌이 닳아서 비문의 내용은 읽을 수 없지만 탁본과 함께 이규보의 문집인 《동국이상국집》에 그 원문이 자세히 남아 있어 내용을 알 수 있다.

이 꽃을 피우기 시작했는데, 뒤를 이어 원감국사圓鑑國師 충지(1226~1292)와 백운白雲 경한(1299~1374), 태고太古 보우(1301~1382), 나옹懶翁 혜근(1320~1376)이 널리 알려졌다.

절터에 남아 있는 석조 유물은 보물 제313호인 혜심의 탑비와 높이 7미터에 이르는 보물 제298호인 3층석탑이 있다. 탑비의 귀부는 온전한 모습이나 몸돌의 글씨는 알아보기 힘들 지경이다. 다만 뒷면에 새겨진 음기陰記의 판독은 어느 정도 가능하며 머릿돌인 이수는 없다. 한때 모전석탑模塼石塔이라고 불리던 3층석탑은 2002년 봄에 월남사터 3층석탑으로 명칭이 바뀌었다. 모전석탑이란 돌을 벽돌 모양으로 다듬어 쌓아 올린 탑을 말한다. 곧 우리가 전탑이라고 줄여서 부르는 전조탑파塼造塔婆의 양식을 따른 것이다. 그러므로 이름이 바뀌었다는 것은 이 탑이 전탑을 흉내 낸 것이 아니라 석탑의 구조를 지니고 있다는 것을 뜻한다. 기단을 낮게 두었고, 1층 몸돌에 비해 2층 몸돌의 높이가 현저하게 짧으며, 지붕돌의 결구 수법은 백제의 것을 닮았지만 전체적으로 날씬한 비례는 고려 탑의 모습에 가깝다. 이와 같이 월남사터 3 층석탑은 백제의 양식이 지방화된 특성을 고스란히 지니고 있어 귀하다. 일대에서 이와 유사한 탑으로는 강진군 군동면의 보물 제829호인 금곡사 3층석탑이 있다.

법당이 있던 터는 월남리 832번지라고 전해오며, 855번지 앞에도 탑이 한 기 더 있었다고 전한다. 이를 뒷받침하듯 현재 월남사라는 현판을 걸고 있는 사찰 안에 탑의 지붕돌 하나가 있었는데 지금은 사라지고 없다. 그런데 의아하게도 이는 통일신라의 양식을 지닌 것이어서, 절터에 현존하는 탑보다는 오히려 무위사에 남아 있는 3층석탑과 더 닮았다. 마을 사람들은 현재 남아 있는 탑을 수탑, 사라진 탑을 암탑이라고 불렀다.

탑에는 애달픈 이야기 하나가 전해오는데 다음과 같다. 탑을 조성하던 석공은 식솔들에게 불사가 끝날 때까지 자신을 찾아오지 말고 집을 잘 지키라고 당부한 후 떠났다. 그러나 그의 부인은 너무 오랫동안 집을 비운 남편이 견딜 수 없이 보고 싶었고, 어느 날 몰래 이곳 월남사를 찾아들었다. 먼발치에서 남편을 훔쳐보니 불사에 열중한 남편은 삼매경에 빠져 있었던지 수척해 보였다. 그 모습이 안쓰러워 걸음이 떨어지지 않던 그녀는 작은 목소리로 남편을 부르고 말았다. 사랑하는 부인의 목소리를 들은 석공은 그녀를 향해 머리를 돌렸다. 순간 벼락이 치며 완성 직전에 있던 석탑은 조각이 나고 그의 사랑하는 부인은 돌로 변해버렸다. 석공은 돌이 되어버린 부인을 어루만지며 눈물을 흘렸으나 이미 때는 늦었다. 다시 처음부터 일을 새로 시작해야 했던 석공은 인근을 뒤져 석재를 구했으나 쓸 만한 돌이 없었고, 생각 끝에 석공은 그의 부인이 화신한 돌을 쪼아 다시 이 탑을 완성했다는 이야기다.

월남사터에서 가장 의아한 것은 진각국사 혜심의 탑비만 있고 부도탑이 없는 것

순천 송광사에 있는 보물 제1043호 순천 송광사 십육조사진영
十六祖師眞影 속의 진각국사 진영.

이다. 비문에 의하면 혜심의 다비는 월등사 북쪽 산봉우리에서 치러졌고 영골을 수습해 본산本山으로 돌아왔다고 한다. 그 본산이란 수선사를 일컬으며 그 이듬해인 1235년, 다시 광원사의 북쪽에서 장사를 지내고 부도탑인 원소지탑圓炤之塔 혹은 원조지탑圓照之塔을 세웠다고 전한다. 광원사는 서암이라고도 불리는 송광사 광원암을 말하는데, 의아한 것은 부도탑과 부도비를 각각 다른 곳에 세운 이유다. 대개 부도탑과 탑비는 같은 장소에 있기 때문이다. 그럼에도 두 개를 서로 떼어놓았다는 것은 다분히 정치적인 의도가 깔려 있을 것으로 짐작된다.

 혜심에 대한 고려 왕실의 지원은 각별했다. 고려 22대 왕인 강종(재위 1211~1213)은 혜심에게 만수가사滿繡袈裟와 마납磨衲 각 한 벌과 보병寶甁 그리고 차와 향을 보내며 법요法要를 구했으며, 이에 혜심은 《심요心要》를 찬해 왕에게 드렸다. 또 무신정권의 최우(?~1249)는 스스로 수선사에 입사入社했다. 그것으로도 모자라 아들인 만종萬宗과 만전萬全을 혜심의 문하로 보내 법제자가 되게 했을 뿐 아니라, 사원전까지 희사하며 극진히 모셨다. 이로 미루어 광원암에 있어야 할 탑비가 월남사터에 있는 까닭은 몽골의 침입에 대비해 해상 세력들을 결집시키려고 했던 최우의 전략이었을 가능성이 크다. 영암과 강진의 해상 세력이란 지방의 토호들이었을 것이며 그들을 모으기에 진각국사만 한 인물이 없었을 것이다. 그로 인해 진각국사의 탑비는 광원암으로 가지 못한 채 월남사에 남았을 가능성이 크다.

   2012년 3월 현재 월남사터는 발굴조사 중이다. 인근 민가들이 모두 떠난 자리에서 얼마나 많은 유물들이 쏟아져 나올지 자못 궁금하다. 이번 발굴을 통해 정확한 창건 연대와 중수 시기 같은 것들이 밝혀질 수 있었으면 좋겠다.

【8장】

곡성 당동리 절터

―
그릉께 저 팔 옆에도 아그들이 안 달라붙었소

✽

젓갈처럼 짭짤한 보성강 풍경
이것이 강인가, 아니면 술인가
그 어느 근사한 대웅전의 부처님이 이만하실까
"거그가 어덴지는 우덜도 모르제"

젓갈처럼 짭짤한 보성강 풍경

곡성의 죽곡면 당동리 절터는 멀다. 아니 지척에 두고도 굼벵이 기지개 켜듯 그곳으로 향하는 걸음이 더디다. 천지사방에 강물처럼 넘실대는 매향梅香과 봄볕이 극성스럽기 짝이 없고 보성강에 드리운 산수유꽃의 매혹적인 자태에 반한 때문인가. 강물조차 멈칫거리며 흐르는 판에 헤픈 내 눈길이 머물 곳은 또 얼마나 많았겠는가. 예닐곱 해 전 꽃필 즈음부터 거푸 세 차례나 당동리 절터의 사면불四面佛을 찾아 나섰다가 돌아와선, 곡성이 고향인 소설가 공선옥에게 불현듯 전화를 했다. 대뜸 곡성은 어떤 곳이냐고 물었다. 그녀는 잠시도 머뭇거리지 않고 "지지리도 가난한 곳"이라고 했다. 그러고 나서 한참을 웃다가 "착한 땅"이라는 말도 잊지 않았다. 나는 그 말이 고향을 떠난 작가가 고향에 대해 지키는 최소한의 예의 때문에 한 말이라고는 생각지 않았다. 곡성 땅을 한차례라도 걸어봤다면, 또 그 곽곽한 땅을 일구는 사람들과 이야기를 나누거나 소주잔이라도 몇 순배 돌려봤다면, 누구라도 금세 그녀의 말에 동의할 것이기 때문이다. 그녀는 수수로 만든 마당비의 아랫단처럼 고향에 대한 이야기를 풍성하게 쏟아놓았다. 그 이야기 중 몇은 마치 닳아빠진 빗자루의 끝처럼 뭉툭했다. 찔레

꽃 향기 속에서 그녀의 어머니가 밭을 매던 정경이며, 짙은 숲 어디선가 뻐꾹새가 울던 고향의 밤 같은 것을 이야기하며 그녀는 간혹 긴 한숨을 쉬는 듯 싶었다. 그래 내가 "여보세요"라고 할 때쯤이면 전화기 너머에서 호흡이 다시 제자리를 찾아 이어지곤 했다.

한동안 땅에 대한 이야기를 하던 그녀는 강에 대한 이야기를 풀어놓았다. 전라선 열차가 머물렀다 가는 작은 역 압록에서 보성강은 맥없이 맑은 순자강과 만나 섬진강이라는 이름으로 태어난다. 그 아름다운 강의 물빛이며, 섬진강에 하나밖에 남지 않았다는 어느덧 사라졌을지도 모를 줄배나루인 호곡나루의 추억을 이야기하던 그녀는, 보성강은 그저 "물소리만 들어도 좋은 곳" "강변을 거닐기만 해도 더할 나위 없는 곳"이라고 말하고는 사내처럼 웃었다. 책 한 권 들고 나가서 강을 거닐다가 나무 그늘 밑에서 책을 읽다 돌아왔으면 좋겠다는 말도 덧붙였다.

전화를 끊고 다시 보성강 언저리를 헤매고 있는 오늘, 나는 그 강을 따라 걷는다. 한 뼘만큼의 기름진 들도 베풀지 않고 곡성 땅을 빠져나가버린 인색한 강. 그래서 오히려 짙은 양념을 한 젓갈과도 같은 짭짤한 풍경을 머금은 보성강은 마치 선로(禪路)처럼 흘러 두말없이 나를 동리산문 태안사에 데려다놓았다. 그러나 선뜻 절집으로 들어서지 않았다. 곡성 땅에 다다르면 부처님보다 더 먼저 만나고 싶은 사람이 있었다. 조태일(1941~1999), 그는 시인이다. 이미 이승의 사람은 아니지만, 그의 시문학관이 태안사 들머리에 얌전하게 앉아 있으니, 그가 그리웠다. 그는 불교와는 떼려야 뗄 수 없는 인연을 맺었는데, 그것은 그의 아버지 때문이다.

모든 소리들 죽은 듯 잠든

전남 곡성군 죽곡면 원달 1리

구산九山의 하나인 동리산桐裡山 속

태안사泰安寺의 중으로

서른다섯 나이에 열일곱 나이 처녀를 얻어

깊은 산골의 바람이나 구름

멧돼지나 노루 사슴 곰 따위

혹은 호랑이 이리 날짐승들과 함께

오손도손 놀며 살아라고

칠남매를 낳으시고

난세를 느꼈는지

산 넘고 물 건너 마을 돌며

젊은이들 모아 야학夜學하시느라

처자식을 돌보지 않고

여순사건 때는

죽을 고비 수십 번 넘기시더니

땅뙈기 세간살이 고스란히 놓아둔 채

처자식 주렁주렁 달고

새벽에 고향을 버리시던 아버지.

삼십년을 떠돌다

고향 찾아드니 아버지 모습이며 음성

동리산에 가득한 듯하나

눈에 들어오는 것

폐허뿐이네 적막뿐이네.

_〈원달리元達里의 아버지〉 전문, 《나는 노래가 되었다》, 148~149쪽, 조태일 지음, 신경림 엮음, 창비, 2004.

조태일의 아버지인 조봉호는 대처승이자 태안사의 주지이기도 했다. 그 때문에 조태일은 절집에서 태어나 어린 시절을 보내고, 죽어서 다시 부처의 품으로 돌아온 셈이다. 바람처럼 절집과 문학관을 에돌아 강으로 내려섰다. 그러나 강에는 아직 나무 그늘이 없다. 적나라하게 드러난 땅뙈기에 매화꽃들은 투명하게 빛나고 간혹 바람이 불었다.

이것이 강인가, 아니면 술인가

태안사를 처음 간 것은 1985년이다. 섬진강을 따라 이어진 아스팔트 길에서 보성강으로 꺾어들면 비포장 길이 나왔는데, 여기서는 진한 흙먼지가 풀풀

일었다. 하지만 흙먼지 이는 길을 따라갔던 태안사에 대한 기억은 남아 있지 않다. 기억에 남기 시작한 것은 그로부터 3년 후 태안사를 다시 찾았을 때부터였다. 그때는 구산선문 중 동리산문의 개산조 혜철국사惠哲國師 적인(785~861)의 부도탑인 보물 제273호 적인선사 조륜청정탑과 보물 제274호 광자대사탑 그리고 보물 제275호인 광자대사비를 찾아갔던 길이었다. 당시 조륜청정탑이 있던 부도전은 선방과 붙어 있어 출입이 쉽지 않았다. 하안거 철이기도 해서 우여곡절 끝에 들어갈 수 있었는데, 포단도 없이 부도전 마당에 앉아 선정에 들었던 납자들의 모습이 지금도 선연하다. 안내를 해주던 스님은 3년이 가깝도록 묵언정진 수행을 마친 직후라고 했다. 그 때문인지 마주 선 이들을 압도하고도 남음이 있던 눈빛은 거칠지만 결이 고왔다.

그러나 그보다 더 뇌리에 강하게 박혀 있는 것은 보성강의 자태다. 정치精緻하지 못해 들쑥날쑥한 것은 물론 사람 손길 타지 않은 소박한 강의 모습에 매료되고 말았다. 당시는 여름이었지만 조태일은 1992년 겨울, 팔순이 가까운 어머니와 함께 강 곁을 흘러 태안사를 다시 찾았다.

나라가 위태로웠던 칠십년대 말쯤
아내와 어리디어린 세 아이들을 데리고
고향 떠난 지 삼십년 만에
내가 태어났던 태안사를 찾았다.

여름 빗속에서 칭얼대는

아이들을 걸리며 혹은 업으며
태안사를 찾았을 때
눈물이 피잉 돌았다.

그리고 두 번째로
임신년 겨울,
팔십을 바라보는 어머님을 모시고
아내와 이젠 웬만큼 자란 아이들을 데리고
터벅터벅 태안사를 찾았을 땐

백골이 진토 된
증조부와 조부와 아버님이
청화 큰스님이랑 함께
껄껄껄 웃으시며
우리들을 맞았다.
_ 〈태안사 가는 길 1〉 전문, 앞의 책, 54~55쪽.

　스무 살 청년 무렵, 조태일의 시는 때로 내게 밥이거나 국이 되기도 했다. 긴급조치가 횡행하던 군사독재 말기의 암울한 시절, 밤새 그의 시를 먹고 난 다음 날이면 사랑이 충만해 있곤 했다. 조태일의 시는 사랑의 대상과 방법을 일러주기에 모자람이 없었다. 그런 밤에는 판매금지 처분을 받았던 그의 시집

《국토》를 타자기로 두드려 이튿날 친구들에게 나눠주곤 했다. 그 추억이 허망하지 않은 것은 그의 〈국토서시國土序詩〉를 통해 "발바닥이 다 닳아 새살이 돋도록" 우리 땅과 하늘 밑을 서성거려야 한다는 것을 배웠기 때문이다. 비록 그는 국립5·18민주묘지에 묻혔지만 〈풀씨〉에서 노래했다. 풀씨가 날아다니다가 멈추는 곳, 그곳이 고향이며 그곳에 묻힐 것이라고 말이다.

풀씨가 날아다니다 멈추는 곳
그곳이 나의 고향,
그곳에 묻히리.

햇볕 하염없이 뛰노는 언덕배기면 어떻고
소나기 쏜살같이 꽂히는 시냇가면 어떠리.
온갖 짐승 제멋에 뛰노는 산속이면 어떻고
노오란 미꾸라지 꾸물대는 진흙밭이면 어떠리.

풀씨가 날아다니다
멈출 곳이 없어 언제까지나 떠다니는 길목,
그곳이면 어떠리.
그곳이 나의 고향,
그곳에 묻히리.
_〈풀씨〉 전문, 앞의 책, 39쪽.

달빛에 매화가 돋보이고 물소리가 그의 시로 들릴 때까지 늦도록 보성강을 거닐다가 태안사 들머리 구멍가게에서 술잔을 들었다. 조태일의 시를 되뇌면 생겨나는 쓸쓸함은 소주로 달래면 됐다. 그러나 암향暗香이 되어 들이닥친 봄은 어이하나. 기어코 몸과 마음을 가누지 못하고 쓰러졌다. 백운거사 이규보는 〈취가행醉歌行〉이라는 시에서 자신이 술을 마시는 까닭은 순전히 봄 탓이라고 평계를 댄다.

하늘이 내게 술 못 마시게 할 양이면　天若使我不飮酒
아예 꽃과 버들 피어나게 하질 말아야지　不如不放花與柳
꽃버들이 아리따운 이때 어이 안 마시리　花柳芳時能不飮
봄은 나를 저버릴망정 나는 그리 못하리　春寧負我我不負

오늘 내가 술잔을 든 것은 순전히 시인 조태일 탓이다. 조선 후기에 호를 매사梅史 혹은 문무자文無子라고 쓰던 이옥(1760~1815)이라는 분이 있었다. 정조의 문체반정에 맞서기도 했던 그는 담정潭庭 김려(1766~1822)와 두터운 친구 사이였다. 그가 쓴 〈묵취향서墨醉香序〉라는 글을 읽고, 나는 그만 술에 취한 듯 휘청거렸던 적이 있다. 자신이 책을 좋아하고 술을 좋아한다는 것을 글 첫머리에 밝힌 이옥은 그저 봄볕 하나만으로도 술에 취한 듯 취하고 마는 사람이다. 어느 날 친구가 술단지에 술은 담지 않고 《화간집花間集》과 〈초당시여草堂詩餘〉가 실린 《시여취詩餘醉》 한 질을 넣어 그에게 선물했다. 빈 술단지에 들어 있는 책을 받아든 이옥은 이렇게 의심했다. "아! 먹은 누룩으로 빚은 것이 아니며, 책

속에는 술통이나 술잔이 없거늘, 어찌 이 책이 나를 취하게 만들 수 있을까異哉!
墨非醞麴 卷無釋卣 則書安能醉我也"라고 말이다.

그러나 사흘 동안 쉬지 않고 그 책을 읽은 이옥은 자신도 모르게 눈에서는 꽃이 피어나고 입에서는 향내가 나며 별천지와도 같은 무하유無何有의 세계로 빠져들었다. 글에 취한 것이다. 그러고는 말한다.

모를 일이로다. 이것이 책인가, 아니면 술인가? 吾不知 是書耶 是酒耶

그랬다. 이옥은《시여취》를 읽고 취하고 나는 조태일의 시에 취했을 뿐, 결코 어젯밤 마신 소주에 취한 것이 아니다. 하지만 취기는 쉽게 가시지 않았다. 늦도록 마신 술기운을 털어내고 이른 새벽에 정신을 추슬렀는가 싶었지만, 이번에는 꽃향기가 덮쳤다. 정신을 차릴 수 없었다. 그러나 꽃향기도 잠시, 살포시 물안개가 낀 보성강은 물빛 하나만으로 나를 또다시 취하게 만든다. 매화나무 아래에 서서 그를 바라보면 눈에서는 어질어질 안화가 피어나며 정신은 몽롱해지니, 이옥의 표현을 빌려서 나 또한 말하지 않을 수 없다. "모를 일이로다. 이것이 강인가, 아니면 술인가?" 하고 말이다.

그 어느 근사한 대웅전의 부처님이 이만하실까

정녕, 봄날의 보성강은 견디기 힘들 만큼 아름다운 유혹이다. 그토록 아름다운 보성강을 등지고 당동리로 들어섰다. 농사 준비로 한창 바쁜 철이어서 모두 들에 나간 듯 낯선 이를 보고 짖는 개 소리만 요란할 뿐, 사람 그림자는 보이지 않았다. 2004년 봄 국립광주박물관에서 발굴을 마친 절터는 대밭을 지나 있었지만 그 흔적을 찾아보기가 쉽지 않았고 유구 또한 눈에 띄지 않는다. 절터임을 알리는 표지판이 없었다면, 무심한 눈길은 그저 여느 농사짓는 땅과 같은 그곳을 지나치고 말았을 것이다. 마을회관 앞에 다듬은 옛 돌이 두엇 뒹굴고 있어 눈여겨봤을 뿐, 어느 곳에 꼭꼭 숨었는지 사면불을 찾기는 수월찮다.

마을을 두어 바퀴 돌아도 귀 어둡고 눈 어두운 할머니들만 계신 탓에, 몇 차례나 헛걸음을 하고서야 겨우 찾았다. 마을 끝, 매화 흐드러진 돌담을 돌아 얕은 바위를 타고 넘자 그곳에 계셨다. 마을 가장 높은 곳에서 대숲에 둘러싸여 마을을 내려다보고 있었지만, 마을에서는 도통 보이지 않는 곳이다. 상호는 문드러지고 깨졌다. 그나마 갓 떠오른 태양이 부처님 뒤 훌쩍 키가 큰 대나무를 넘어오지 못해 볕이 들지 않은 것이 천만다행이다. 그마저도 아니었다면 부처님의 피폐한 모습이 강렬한 햇빛에 낱낱이 불거졌을 것이다. 그 모습을 대하는 순간 입에서 신음처럼 말이 흘러나왔다. "아! 어쩌자고 이 모습으로 나투신 것인가" 하고 말이다.

그렇지만 가까이 다가가기는커녕 꼼짝도 하지 못했다. 취해버린 것이다. 연이어 흘러나온 신음은 앞에 말한 이옥의 말을 다시 빌린 것이었다. 그렇지만 입 밖으로 내놓지는 않았다. 그렇듯 내가 더 이상 움직이지 못하고 굳어버린 까닭이 부처님의 피폐한 모습 때문만은 아니다. 그렇다고 지독하게 아름다워 넋이 빠진 것도 아니다. 또 남루한 모습에 측은지심이 생긴 것도 아니다. 다만 오래도록 꼼짝도 하지 못한 채 먼 눈길로만 부처님을 어루만졌던 까닭은 그가 '지금 바로 여기'에 존재하고 있다는 사실 때문이다. 납자들의 누더기마냥 이

당동리에는 통일신라 당시에 조성된 사찰이 있었다. 발굴조사 당시 금동불상 한 구가 나왔다.

부친 자신의 몸뗀 다시 새 분의 부처님을 더 모셨기에 어찌 불러야 하는 것인지 명호부터 헷갈린다

끼가 덕지덕지 붙은 참담하고 남루한 모습을 하고서도 말이다. 그것은 글로 쓰거나 말로 뱉어내는 여여如如라는 낱말과는 전혀 다른 감동을 발생시켰다. 그 짧은 순간 내 마음속에서 일어났던 일을 글로 다 옮기지 못하겠다. 아! 하는 탄성을 흘림과 동시에 생각마저 잃어버렸기 때문이다.

해가 비쳐들자 마지摩旨를 올리려는지 바람이 찾아왔다. 그 바람에 정신을 추슬러 바라보니 댓잎은 밤새 머금은 이슬을 털어내려 자꾸만 뒤채고, 부처님은 햇살과 바람 그리고 이슬로 공양을 한다. 그 모습을 바라보며 눈앞의 부처님에 대한 생각을 바꾸기 시작했다. "아! 그 어느 근사한 대웅전의 부처님이 이만하실까"라고 말이다. 푸른 하늘을 닫집으로 삼았으며 대밭을 후불탱화로 두르고 보성강을 구품연지九品蓮池로 앞에 두었으니, 그 아니 행복하실까. 겨우내 미뤘던 단청불사를 새롭게 시작한 것인지 땅에는 초록빛이 배어나고, 이 꽃 저 꽃 덩달아 피어나고 있으니 탑이 없으면 또 어떨까. 아직 잎이 나지 않아 깡마른 대추나무 세 그루면 탑으로 충분하고 생뚱맞지만 훤칠하게 키가 큰 전봇대는 금당 앞 석등으로 나무랄 데가 없다.

그 전봇대에 나 있는 구멍으로 작은 새 한 마리가 뻔질나게 들락거렸다. 새는 말을 잊은 채 앉아 있는 나를 꿔다 놓은 보릿자루쯤으로 여겼다. 태연스럽게 내 곁으로 왔다간 바위에 붙은 이끼를 뜯어 구멍으로 가져가는가 하면 대밭에 떨어진 잔가지들을 물고 가기도 했다. 아마 알을 품으려 둥지를 만드는 것 같았다. 그런데 그 작은 놈이 집으로 들어가기 전, 불경스럽게도 부처님의 머리 위에 앉아 두리번거리는가 하면 어느 때는 무릎 위에 앉아 지저귀곤 했다. 그것은 전봇대 구멍에서도 마찬가지였다. 그가 구멍에 발을 디디고 재잘거리는 소리는 마치 풍탁風鐸이 바람에 흔들리는 소리와도 같았다. 그만한 탑이나 석등은 어느 절집 마당에도 없지 싶었다.

　게다가 모셔온 곳은 서로 다르지만, 두 분의 부처님이 같이 앉았으니 이불병좌二佛竝座다. 더구나 한 분은 자신의 몸에 다시 작은 부처님을 세 분이나 더 두르고 계시니 그것은 또 무엇인가. 당동리 언덕의 부처님은 크게 보면 두 분이지만 합하면 모두 다섯 분이다. 말이 애매하지만 나로서도 어쩔 수가 없다. 앙련의 대좌 위에 올라앉은 분은 두 분이지만, 그중 한 분은 등과 양쪽 팔에 돋을새김으로 다시 작은 부처님을 새긴 사면불이기 때문이다. 표현할 길이 막연해 사면불이라고는 했지만 엄밀하게 따지면 사면불은 아니다. 나라 안 곳곳을 무수히 쏘다녔지만 그 어느 곳에서도 이런 모습을 한 부처님을 뵌 적이 없다. 그러니 당연히 그 부처님을 무엇이라고 불러야 할지 명호가 떠오르지 않았다. 일천한 공부로는 이와 같은 형식을 갖춘 것은 들어본 적조차 없다. 큰 바위에 동서남북으로 부처님을 새기는 사방불四方佛이나 앞뒤로 부처님을 새기는 배면불背面佛은 더러 마주할 수 있다. 그러나 당동리의 부처님과 같이 자신의 몸에 또 다른 부처를 새기는 형식은 처음 대하는 것이며 보고된 자료 또한 찾지 못했다. 그러니 지금의 나로서는 막연히 사면불이라거나 '당동리의 그분'이라고 할 수밖에 없다.

　그러면 또 어떠랴. 짙은 안개에 쌓인 듯 때때로 무엇으로 규정지을 수 없는 것들이 내놓는 모호함은 당혹스럽긴 하지만 유쾌하기도 하다. 이 세상에 존재하는 모든 문화라는 것이 연쇄적인 고리로 연결되어 있지 않던가. 드물게 그 고리에서 불거져나온 것들에게서 받는 위안은 또 얼마나 크던가. 하지만 그것조

당동리 절터의 불상이라고 전하는 것이지만 불분명하다. 예전에는 마을 입구에 있었으나 한 번 도난을 당하고 난 뒤 마을 가장 깊은 언덕으로 옮겨 모셨다고 한다.

당동리에 같이 모셔져 있지만 이 부처님은 인근 화장사터라고 하는 곳에서 옮겨온 것이라고 전한다.

차도 뜬금없는 경우는 드물다. 새롭거나 기존의 사회질서를 따르지 않는 것 하나가 태어나기 위해, 그는 오히려 얼마나 많이 기존의 사회를 닮았어야 했겠는가. 그렇지 않고서는 결코 그곳에서 벗어날 생각조차 할 수 없기 때문이다. 그것은 내 발밑을 모르면 내가 내게서 벗어날 수 없는 것과도 같다. 무엇으로부터 벗어난다는 것은 그 무엇에 대한 지극한 고민의 결과이며 주체적인 행동일 수 있다. 그러나 종교미술은 그와는 또 다르다. 대개 종교적 성향을 지닌 미술들은 그 자체에 이미 경전이라는 텍스트를 포함하고 있기 때문이다. 불상이나 불화 또한 그와 다르지 않을 터, 당동리 절터의 부처님은 도대체 어디로부터 온 것일까? 그러나 나는 그 유추를 멈추기로 했다. 몇몇 경전을 뒤적여 찾아낸 사방불이나 밀교의 오방불 이야기를 가지고 고민하기보다, 그 마을에서 살아온 사람들의 이야기에 귀를 기울이는 편이 한결 낫겠다는 생각 때문이었다.

"거그가 어덴지는 우덜도 모르제"

당동리 절터의 석불은 절집이나 산속에 있는 것이 아니라 마을에 내려와 계셨으니, 석불 앞을 지나 농사지으러 가는 어르신 한 분에게 모른 체하고 말을 던졌다. "할배요, 여 부처는 희안하이 생기싯네요?" 대뜸 그렇게 묻자 어디서 무슨 볼일로 이런 마을까지 찾아 왔느냐고 꼬치꼬치 물으시더니, 대답을 내놓았다. 당동리에서 태어나 줄곧 그 자리에서 살았다는 그이는 "이게 뭔지 안다요. 부처가 부처를 업은 것이여, 할매 부처가 아그 부처를 업고 어데를 간다 이거여." "그래요, 어디를 가시는데요?"라고 다시 묻자 빙긋이 웃음 머금은 얼굴로 "거그가 어덴지는 우덜도 모르제, 그래도 가기는 어데 좋은 데를 가는 갑소. 그릉께 저 팔 옆에도 아그들이 안 달라붙었소. 좋은 데는 좋은 덴디 우덜도 알믄 따라가고 잡은디, 알지를 못한단 말이오, 전에 도시에서 누가 와서 보더 이, 거그가…, 서천 뭐라고 해쌌턴디…" "서천서역이요?" "그란갑소, 거그로 가는 길이라고 하더만, 그란데 저 뒤에 등짝에 업힌 아그는 봤능가? 그거는 큰 아그여, 팔에 붙은 거는 작은 아그들이고…"라며 웃었다. 덧붙여 둘 사이에 애기가 있으니 필시 둘은 부부 부처이며, 사면불을 두고 큰 부처님이 아기 부처들을 업고 있으니 할머니, 그 옆에 무뚝뚝한 얼굴을 한 부처가 할아버지라고 풀어냈다.

　아기를 업고 어디를 가고 있으며 그곳이 어디인지 모른다는 것은 사실과 설화의 서사 구조를 동시에 지닌, 신화적이자 문학적인 기막힌 해석이다. 도시에서 왔다고 했던 이가 할아버지 앞에서 풀어낸 이야기는 아마도 생불왕生佛王인 삼승할망의 이야기가 아니었을까? 서천서역국의 꽃밭을 찾아가 그곳을 관리하는 감관에게서 생명꽃을 구해 아이의 잉태를 원하는 기주祈主에게 전해주는 역할을 하는 할머니 말이다. 아까웠다. 그 이야기가 마을 주민들 사이에 전해오는 것이었으면 좋았을 텐데 하는 생각 때문이다. 설령 그것이 옳던 그르던 간에, 할아버지의 아기 이야기에 부처님이 어디에서 왔는지 그리고 그들이 가려는 이상향의 장소가 어디인지만 구체화되었더라면 나무랄 데 없는 설화였을 것이다.

　그이뿐 아니라 마을 어른들 몇도 같은 이야기를 하고 있으니, 그들은 모두 일터를 오가며 이 부처님을 만난 것이다. 그것은 자신들의 삶 속에서 부처님을 만난 것과 다르지 않다. 그만하면 부처님을 제대로 만난 것 아니겠는가. 비록

어깨 양쪽 뒤에 홈이 뚜렷하게 남아 있다. 광배를 만들어 세웠던 흔적이 아닐까 싶기도 하다.

남루한 모습일지라도, 마을 사람들에게는 화려한 전각 안에 앉아 계시는 근엄한 부처님 못지않은 소중한 부처님이다. 그렇다. 이곳으로 오기 전에 전화 통화를 했던 소설가 공선옥은 '지지리도 가난해 오히려 착한 땅'이 곡성이라고 하지 않았는가. 당동리 절터의 부처님은 그 착한 땅에 사는 사람들이 자신들의 마음속에 둔 부처님이었으니, 그야말로 진정 아름다운 부처님이 아니고 무엇이랴.

할아버지와 헤어져 매화꽃잎이 비가 되어 흩날리기 시작하는 고샅을 걸어 나오며, 미술사를 더듬어 양식을 따지고 경전을 들춰가며 기어코 그를 무엇으로 규정지으려고 하던 내가 부끄러워진 것은 또 무슨 까닭인가. 순한 물빛을 하고는 흐르는 듯 마는 듯 고요한 보성강을 다시 바라보며 마을에서 내려서는데, 문득 진각국사 혜심이 지은 〈선상을 새로 칠하다 新漆禪床〉라는 시 한 편이 생각나 흥얼거렸다.

　　꾸미기를 수놓은 비단으로 했으니　粧飾以文繡
　　여러 부처님들은 어찌 그리 부유한가　諸佛河大富
　　고치기를 타다 남은 불쏘시개로 했으니　補以燒短薪
　　조주선사께서는 어찌 그리 가난했나　趙州河大貧

　　하하하.

곡성 당동리 절터

　　　　　　당동리 절터는 전남 곡성의 태안사에서 그리 멀지 않은 죽곡면 당동리에 있다. 당동리 일대는 백제 문주왕(재위 475~477) 때 욕내欲乃로 불리다가, 통일신라 경덕왕 16년(757)에 곡성군으로 개칭되었다. 고려 말 우왕 5년(1379), 곡성의 치소治所가 지금의 곡성읍 동악산 아래로 옮겨지기 전까지 900년간 백제시대부터 곡성지역의 치소가 있던 곳이기도 하다. 2004년 봄 국립광주박물관에서 절터의 발굴을 마쳤지만 명문 와편이나 다른 기록을 찾을 수 없어 절 이름은 막연하다. 마을 주민이자 밭으로 변한 절터의 소유주이기도 한 이희극 씨가 자신의 밭에서 수습했다는 금동여래입상을 신고했다. 당당한 모습을 한 금동불은 왼쪽 손가락만 망실되었을 뿐, 거의 완형에 가까운 것으로 시무외여원인을 하고 있으며 법의는 통견으로 걸쳤다.

　　전각이 있었던 자리는 마을회관을 바라보고 왼쪽 위에 있는 대밭을 지난 곳에 있다. 전각은 정면 5칸, 측면 3칸의 장방형이었으며 고려시대의 유적이라고 알려졌다. 이곳 절터는 1966년 정영호 박사에 의해 처음 발굴이 되었는데, 당시의 기록으로는 석조 유물이 산재했다고 하나 지금은 그 흔적을 찾아보기가 쉽지 않다. 또한 금동여래입상은 통일신라시대의 유물로 밝혀졌으니, 나말여초 즈음에 있었던 절집이라는

1966년, 《고고미술》에 실린 정영호 박사의 발굴 당시 사진이다. 양쪽에 보살들이 서고 가운데에 보탑이 아름다운 중대석은 언제 도난당한 것인지 알 수가 없다.

것만 추정할 뿐이다.

    정영호 박사의 발굴기는 1966년 8월에 발행된 《고고미술》에 〈곡성 당동리 일명 사지逸名寺址 조사〉라는 제목으로 실려 있다. 그 조사 보고서에서 눈여겨볼 것은 지금 절터에 남아 있는 사면불의 사진이다. 그 사진에는 지금은 사라지고 없는 중대석이 잘 남아 있다. 정영호 박사가 처음 발굴할 당시에는 중대석 부분이 땅속에 파묻혀 있어 직접 파냈다고 하는데, 중대석의 정면에 새겨진 조각이 눈길을 끈다. 가운데는 목조 양식을 한 탑을 세우고 그 탑을 향해 양쪽에 보관을 쓴 보살을 새긴 것이다. 이것이 《법화경》의 〈견보탑품見寶塔品〉에서 말하는 "석가여래와 다보여래가 공중에 떠 있는 탑의 사자좌에 앉으셨다"는 장면을 형상화한 것은 아닌지 궁금하다. 그렇다면 당동리 절터의 사면불은 각종 경전에 등장하는 사방불과 〈견보탑품〉의 장면들이 혼재되어 있는 독특한 것이라는 생각을 해볼 수도 있다. 그러나 도굴꾼에 의해 중대석은 사라지고 없다. 석불 또한 본디 지금의 자리가 아니다. 이곳으로 옮겨온 까닭은 수차례에 걸쳐 도난을 맞았기 때문이라고 한다. 마을 입구에 가져다놓았다가 도난을 당해 다시 찾은 다음에, 이렇듯 마을 깊숙한 곳에 모신 것이다.

나라 안의 사방불은 경주 남산 탑골의 마애불상군과 소금강 굴불사터 사면불, 경북 문경의 사불산 사방불 그리고 경기도 안성의 선유동 마애사방불, 경기도 파주시 진동면 동파리의 마애사면석불이 있다. 배면불로는 광배 뒷면에 약사여래를 새긴 경주 남산 보리사의 석조여래좌상 그리고 광배 뒷면에 목탑과 함께 석가여래좌상을 새긴 안강읍 근계리의 석불입상, 광배 뒷면에 정병을 든 여래입상이 선각으로 새겨져 있어 그 아름다움을 더하고 있는 남원 만복사터의 석조여래입상이 있다. 경남 밀양시 내일동의 무봉사 석조여래좌상 또한 광배 뒷면에 약사여래를 새겼으나, 후불탱과 너무 가까이 놓여 있어 확인하기 힘들다. 또 경북 선산의 궁기동 석조보살좌상의 뒷면에도 선각으로 보살좌상을 새겨놓았으며, 봉림사지 석불좌상의 광배 뒷면에는 승상을 얕은 부조로 새겼다. 이렇듯 배면불이나 사방불은 통일신라시대나 고려시대를 가리지 않고 성행한 것으로 보이며 전국적으로 분포되어 있다. 또 대개의 배면불들은 전면의 불상들보다는 얕은 부조이거나 아예 선각으로 새겨져 있는 것이 특징이다. 선각으로 새겨진 것 가운데 단연 돋보이는 것은 남원 만복사터의 석불입상이다. 그것은 마치 고려 불화의 한 장면을 보는 듯이 정교하고 섬세한 아름다움을 뽐낸다.

이들과는 달리 당동리의 석불좌상은 광배에 새긴 것이 아니라, 아예 부처님의 몸에 다시 부처를 새겼다. 다만 양쪽 어깨 위에 사각형의 홈이 파인 것으로 봐서 머리

조각이 뭉드러져 잘 보이지는 않지만 오른손은 가슴께에 올리고 왼손은 배꼽 근처에 두고 오므려서 무엇인가를 받치고 있는 듯한 모습이다. 이러한 경우는 약사여래일 가능성이 크며, 통일신라시대 사방불에서는 동쪽에 모셨다. 그러나 이 불상은 위치가 틀어져버렸으므로 약사여래가 어느 쪽을 향하고 있었는지는 정확히 알지 못한다.

뒤에 두광만을 다른 돌로 조각해 세우지 않았을까 짐작이 된다. 등에 또 다른 부처님을 새겼으니 몸 전체를 감싸는 신광을 표현한 광배를 걸쳤던 흠은 아닌 것으로 보인다. 또 앞에서 말한 것처럼 여느 배면불과는 달리 등 뒤나 팔뚝에 새긴 부처님들이 높낮이만 다를 뿐 모두 돋을새김인 것 또한 다른 점이다. 그것도 얕은 부조가 아니라 중부조 정도로 새겼으니 더욱 돋보인다. 2005년 7월 곡성군 시도유형문화재 제272호로 지정되었다.

가는 길은 호남고속도로 곡성 나들목으로 나가서 좌회전한 후, 다시 죽곡면 소재지 방향으로 좌회전한다. 고속도로 나들목에서 나와 좌회전하자마자 왼쪽을 살피면 둔덕 위에 석불입상 한 구가 비스듬히 서 있는 모습을 확인할 수 있다. 그곳에서 10

당동리로 가는 길, 호남고속도로 죽곡 나들목을 빠져 나와서 왼쪽으로 보면 통견의 법의를 걸친 석조여래 입상이 있다. 발은 땅에 묻혀 보이지 않지만, 손은 홈이 파진 것으로 보아 따로 만들어서 끼웠던 것으로 보인다.

분쯤이면 당동리에 닿을 수 있다. 진행 방향에서 왼쪽으로 버스 정거장이 있으며 마을로 올라가는 시멘트 길이 보인다. 마을회관 앞에 자동차를 세운 후, 왼쪽으로 보면 대밭이 보이며 절터임을 알리는 표지판이 있다. 석불좌상이 있는 곳으로 가려면 우선 마을회관 오른쪽 골목으로 100미터 남짓 오른다. 그러면 한적골로 넘어가는 고개가 보이는데, 그 고개 못미처 왼쪽에 있는 바위 근처가 부처님 계신 곳이다. 두 분의 부처님 중 왼쪽 부처님은 당동리 절터에서 옮겨왔으며, 오른쪽 부처님은 한적골 절터에서 옮겨왔다고 한다.

【9장】

무안 총지사터

|

씻김을 벌여야 하나, 수륙제를 치러야 하나

❊

무뚝뚝하게 서로의 연꽃 방죽을 기닐다

옴 마니 반메 훔

촌옹의 분개, 그리고 권세가들의 탐욕

사람이나 사물이나 지켜야 할 제자리가 있다

민간신앙과 불교의 만남, 돌장승

"묵고 살라고 안 그랬소, 땅이라도 파 묵어야지."

무뚝뚝하게 서로의 연꽃 방죽을 거닐다

연꽃 저문 못 속에는 연보랏빛 부레옥잠이 흐드러졌고 들에는 진보랏빛 부처꽃이 지천이다. 그저 그렇게 꽃으로 때를 짐작하고 하늘과 바람으로 계절을 가늠하며 길 떠나던 날이 하안거 해제 날이다. 얼마 전 목포에 사는 지인에게서 얼굴 한번 보자며 연락이 왔다. 그때부터 엉덩이가 들썩였다. 태어나기를 당골의 자식으로 태어나 자신도 그 길을 걷고 있는 지인이 연꽃 방죽을 같이 거닐자고 하니 어찌 마다하겠는가. 한달음에 달려가 유달산 기슭 다순구미마을의 그이네로 찾아들었다. 막걸리는 저녁 내내 우리들 곁을 떠나지 않았고 이런저런 이야기 끝에 청 좋은 그이의 소리를 들으며 어깨를 들썩일 수 있음은 말로 다하지 못할 만큼 행복한 시간이었다.

몇 해 전 봄에는 남도의 작은 섬인 청산도를 그이와 걸었다. 장구까지 둘러메고 온 그이 덕에 보리 물결 넘실대던 어느 밭두둑에서 육자배기를 비롯해 뽕짝 메들리까지 듣는 호사를 누리기도 했다. 나는 잊지 못한다. 끊어질 듯 이어지며 사람을 쥐어짜다가도 어느 순간 풀어놓으며 덩실덩실 힘차게 차고 나가던 그 소리들을 말이다. 거기에 더해 소리를 내뱉던 그이의 얼굴은 더군다나 잊히지 않는다. 온갖 삶의 경지가 모두 배어든 깊은 소리가 걸쳐 있는 얼굴, 삶이 그저 소리이고 소리가 곧 그의 전부라는 것이 고스란히 드러나 있는 드물게 보는 아름다운 얼굴이었다.

이튿날 막걸리의 취기가 채 가시지 않은 새벽에 무안의 연꽃 방죽에 다다라 한없이 거닐었다. 그러나 서로 아무 말도 하지 않았다. 그는 그의 방죽을 거닐고, 나는 내 방죽을 거닐 듯 그렇게 말이다. 두어 시간, 그렇게 거닐다가 헤어졌다. "얼굴 한번 보세"라고는 했지만 시간 약속도 하지 않았던 것처럼, 이번에도 헤어지면서 다시 만나자는 약속 같은 것은 없었다. 어디로 갈 것인지 떠나는 길도 묻지 않았다. 참 무뚝뚝한 만남이었고 또 이별이었지만, 그래도 아쉬움은 티끌만큼도 남지 않았다. 비록 서로 살갑진 않지만 그렇듯 함께 연꽃 방죽을 거닐 수 있었다는 것만으로도, 그이는 내게 충분했기 때문이다. 때로 서로 말이 없다고 하더라도 그 마음은 말보다도 더 깊고 연잎보다도 더 넓다고 믿기 때문이다.

그와 헤어지고 난 후, 지척인 승달산 기슭의 법천사와 목우암 들머리로 향했다. 그곳으로 가는 길에도 지인과 내 관계 못지않게 무뚝뚝한 이가 있다. 암자로 가는 길 중간, 그이는 그 자리에 여전히 서 있었다. 무뚝뚝하기는 이를 데 없지만, 그렇다고 저어해 가까이하기가 어려운 것도 아니다. 저 혼자 뚱한 표정을 한 그는 그저 살갑기만 할 뿐 무섭거나 밉지 않다. 오히려 그 무뚝뚝함이 정겨워 보이거나 웃음을 자아내는 것은 조금 전 헤어진 지인과도 다르지 않다. 나는 그것이 한국 사람들에게서 떼려야 뗄 수 없는 하나의 모습이라고 믿는다. 그는 눈가에 알 듯 모를 듯한 미소를 짓고 있지만, 입은 굳게

물갑사 앞을 지나다가 화들짝 놀랐다. 꽃 한송아없는 가을 들판이 너무도 아름다웠기 때문이다.

다물고 거기에 앞으로 내밀기까지 했으니 심통이 난 것 같기도 하다. 그는 아무래도 모든 말을 선뜻 드러내놓고 할 것 같지가 않다. 속으로 삭일 것과 드러낼 것을 가려서 할 것만 같고, 한밤중 캄캄한 산길에 번개가 쏜살같이 번쩍이고 우레가 쳐도 호들갑을 떨기는커녕 그저 덤덤할 것만 같아 보였다. 그것은 자연과 더불어 살아가는 사람들이 지니는 공통적인 모습이다.

오히려 자연의 변화에 대해 호들갑을 떠는 사람들은 문명의 숲에서 살아가는 사람들이다. 자연에 기대어 살아가는 사람들의 희망과 체념은 모두 자연이 결정하는 것이기에 그 사람은 그저 덤덤하다. 그러나 문명에 기대 살아가는 사람들의 꿈과 절망은 자연보다 그들이 일궈놓은 문명의 산물에 근거하기에 유난하게 자연현상에 호들갑을 떤다. 어쩌면 자연조차 문명의 힘으로 바꿀 수 있다는 오만에 빠졌기 때문인지도 모른다. 그처럼 자연에 순응하며 살아가던 우리 선조들의 모습을 고스란히 빼다 박은 것 중 하나가 바로 돌로 만든 장승이다. 돌장승은 절집으로 향하는 이들을 지켜주며 절집으로 삿된 것들이 드나들지 못하도록 막아준다. 그렇지만 돌장승들은 그런 역할을 하기에는 너무나 순해 보인다. 그 얼굴을 하고서도 수백 년을 같은 자리에 서서 법천사며 목우암으로 드나들던 불자들을 맞이하던 돌장승 앞에서 노닐다가 이웃한 총지사터摠持寺址로 발길을 돌렸다.

옴 마니 반메 훔

총지는 다라니陀羅尼를 말한다. 진언眞言이나 명주明呪를 지송持誦해 법을 구하는 종파이며, 그 가장 대표적인 것이 '옴 마니 반메 훔'이다. 그러한 진언, 곧 밀교를 이 땅에 전파한 인물은 《삼국유사》의 '혜통항룡惠通降龍' 조에 따르면, 문무왕 당시에 당나라에서 돌아온 혜통惠通이다. 그는 밀교의 기본 경전이라고 할 수 있는 《대일경大日經》과 《금강정경金剛頂經》이 인도에서 번역되어 중국에 전해지고 난 후의 밀교인 순밀純密을 공부한 것으로 알려졌다. 또 진언을 외워 신문왕의 등창을 낫게 하기도 했다. 하지만 신라시대에 총지종이 성립되었다는 기록은 찾을 수 없다. 고려시대에 이르러서야 총지종이 열리는데, 그 기틀을 혜통이 마련했기에 그를 총지종의 개조開祖로 보는 것이다.

물론 8세기의 혜통 이전인 7세기에 이미 밀교를 접한 인물들이 있었다. 밀본密本, 안홍安弘, 명랑明朗과 같은 스님들이며, 그들은 위에 말한 경전 이전의 잡밀雜密 계통을 공부했다고 알려졌다. 명랑은 후에 신인종神印宗을 다시 일으켰으며 《관정경灌頂經》에 근거해 경주 남산 기슭에 사천왕사를 세우기도 했다. 그러니 같은 밀교종파이긴 하지만, 명랑은 신인종, 혜통은 총지종의 종조가 되는 셈이다. 하지만 두 종파간의 관계는 알 수 없으며 서로의 종지가 무엇인지도 뚜렷하지 않다.

밀교를 뜻하는 다라니를 음역하면 작지作持, 능지能持, 능차能遮 그리고 총지摠持가 된다. 그중 총지는 모든 참되고 신비스러운 말씀과 심오한 우주의 진리를 모두 다 간직하고 있다는 뜻이어서 섬뜩한 말이기도 하다. 그러나 모든 것을 다 가지면 잃게 마련인가. 호남에서 가장 정교하게 지어졌다는 그 찬란했던 총지사가 이제는 흔적조차 가뭇해 찾을 길이 막연하다. 전각뿐 아니라 전각을 떠받쳤을 주춧돌까지 깡그리 사라졌다. 절터로 향하는 길섶에 서 있는 돌장승이 아니면 희미한 축대의 흔적에 매달리거나 주춧돌 자리를 뒤지는 것으로 가

늠하고 말아야 하는 지경이 된 것이다. 이제는 밀교가 이 지역에 어떻게 전래되고 융성했는지조차 알 길이 없다. 다만 사찰의 이름이 총지였으니, 그것으로 총지종과 관련이 있을 것이라고 짐작할 뿐이다.

태조 왕건(재위 918~943)은 건국 초기인 936년에 신인종의 본산인 현성사賢聖寺를 개성에 창건했다. 그 이후 신인종과 총지종은 고려 불교에 막강한 힘을 발휘하는데, 둘의 성격이 조금 다르다.《고려사절요》에 보면 숙종 6년(1101)에 왕이 경기도 장단에 있는 총지사에 행차해 승려 후煦를 문병했다는 기록이 나온다. 또한 의종 11년(1157)에는 왕이 총지사에 유람을 가서 복을 기원하는 시를 써 붙이고 주지와 함께 놀았다고 한다. 명종 16년(1186) 9월에는 내란이 있을까 염려되어 광암사光嵓寺와 총지사에 불정소재도량佛頂消災道場을 설치하고 명인전明仁殿에서《인왕경仁王經》을 읽어 재앙을 물리치라고 신하들이 간한 내용이 있다. 이로 미루어 총지종은 기복과 소재적消災的 성격이 강하다. 반면 앞서 살펴본 것처럼 사천왕사를 지어 당나라를 물리치려 한 명랑의 신인종은 불법의 힘을 빌려 나라를 지키려는 호국의 성격을 강하게 풍긴다.

《고려사》를 꼼꼼하게 읽어보면, 밀교에 의한 도량법회道場法會가 500여 회나 개설되었다는 기록이 나온다. 그런가 하면 고려시대 인종·강종·원종·충렬왕 그리고 충선왕의 즉위식이 밀교의 관정의식灌頂儀式으로 치러졌으며, 인종은 궁내의 상안전常安殿에 그리고 강종은 선경전宣慶殿에 불정도량을 설치하기까지 했다. 불정도량이란 무엇일까? 따로 설명하는 것보다 백운거사 이규보가 지은〈불정도량소佛頂道場疏〉를 읽어보는 것이 한결 나을 것 같다.

운운. 세웅께서 드물게 나타나심은 우담발화가 피는 듯하고, 법장이 존귀함은 마니보가 빛남과 같나이다. 돌아보건대 미약한 재질로 외람되이 큰 기업을 이어받아 이 나라를 안정시키려 하나, 스스로를 돌아보니 공명한 덕이 모자라서 부처님께 귀의하여 그 가호를 받으려 합니다. 좋은 때를 가려 절을 깨끗이 청소하고 사각의 방단을 세우고 향과를 정성스럽게 베풀며 칠조의 계복을 입고 비구를 다투어 선양하나이다. 문득 귀로 옥음의 묘리를 들으니 금수로 이마를 어루만지는 듯합니다. 엎드려 바라옵건대 감로로 골고루 적시고 진리의 바람으로 널리 펼쳐서 산이 더욱 견고하듯이 왕업의 신령함이 영구하고 신기에 위험이 없어 국가를 태평하게 하소서.

云云 世雄希現 優鉢華之開敷 法藏最尊 摩尼寶之照耀 眷惟眇質 叨襲丕基 安定厥邦 顧乏恭明之德 歸依於佛 佇蒙覆護之慈 洎選良辰 灑淸梵宇 峙方壇之四角 祇展香科 披戒服之七條 競揚祕句 耳纔經玉音之妙 頂若受金手之摩 伏願甘露普霑 眞風遠暢 如山益固 享祚業之靈長 置器不危 擁國家之帖泰_〈불정도량소〉 전문

세웅은 부처님을 말하며, 법장은 불경을 이른다. 마니보란 마니보주로 여의주와 같은 보배로운 구슬이며, 칠조의 계복은 스님들이 걸치는 가사를 말한다. 또 비구란 곧 진언을 일컫고, 금수란 부처님의 손, 마지막에 말하는 신기神器란 임금의 자리이니 이 내용만으로도 무엇을 빌고 기원했는지 알 수 있다.

그런가 하면 해인사에 보관되어 있는 《대장경》과 대각국사大覺國師 의천(1055~1101)에 의해 진행된 《속장경續藏經》에도 《대일경》이나 《소재경消災經》 같은 밀교 경전이 모두 합해 433부 926여 권이나 포함되어 있다. 더불어 왕건의 〈훈요십조〉를 새삼 돌이켜보면 고려의 밀교 사랑은 끝이 없는 것처럼 보인

다. 〈훈요십조〉의 첫 항목에서 국가의 대업이 여러 부처들의 호위 속에 이루어질 수 있다고 하지 않았는가. 또 두 번째 항목에서는 산천비보사상을 전면에 내세웠던 선각국사 도선을 옹호했는데, 그는 밀교선密敎禪을 받아들였던 인물이니 이는 밀교를 옹호한 것과 다르지 않다. 이렇듯 고려에 와서 피어난 밀교에 대한 신앙심은 호국과 기복 그리고 소재溯災를 기원하며 커져가기만 했다.

촌옹의 분개, 그리고 권세가들의 탐욕

한참 전각이 있었을 법했던 곳을 헤매다 내려오니 절터 들머리의 마을 주민이 기다리고 있다. 샅샅이 들쑤시고 다니는 내가 마뜩치 않은지 곱지 않은 눈길을 한 채 말이다. 나중에 알고 보니 그이는 내가 복원계획을 수립하는 관계자인 줄 알았다는 것이다. 그러나 한눈에도 공무원이 아닌 차림새에 마음이 누그러졌는지 말을 걸자 봇물 터지듯 늘어놓는 푸념이 대단했.

하필 내가 찾았던 2005년 8월은 복원계획을 수립한다고 지역 언론에 발표되고 난 직후였다. 또 그해 5월, 지금 내가 헤매다 내려온 총지사의 금당이 있었을 법한 밭이 도굴꾼들에 의해 중장비로 뒤집어지고 난 다음의 일이다. 주민의 이야기인즉, 이 마당에 무슨 꼴 같지 않게 복원이고, 그것이 가당키나 한 것이냐며 어이가 없다고 했다. 그도 그럴 것이 그 일대의 땅은 대개 그이 소유였고 금당 자리였을 법한 곳에는 아예 비닐하우스까지 지어 놓았다. 이제 아무것도 남지 않은 총지사터가 발굴이 되고, 마침내 복원이 되면 자신의 집이나 밭을 모두 잃게 되는 셈이나 마찬가지인데 바보가 아닌 다음에야 어찌 동의를 하겠느냐는 것이다. 아무리 대토를 해주거나 보상을 해준다 한들 고향을 쉽게 떠날 수 있겠는가 말이다. 그러니 밭두둑을 오가며 살피는 사람들이 마뜩치 않은 것이다.

나로서는 먼 길을 달려가서 생판 처음 보는 사람에게 타박 섞인 하소연을 받게 되니 생뚱맞았다. 하지만 그 말은 백번 옳고 맞다. 그러나 어쩌겠는가. 우리 모두 이제야 겨우 그런 일들에 관심을 가지게 되었으니 말이다. 서로 상처를 입지 않는 현명한 지점이 찾아졌으면 좋겠다는 무책임한 말 공양이라도 그이에게 드릴 수밖에….

이렇게까지 주민의 감정이 상한 데는 행정당국의 잘못이 크다. 사적지로 지정되지 않은 대개의 절터들이 사유지이고, 또 그곳은 경작지로 탈바꿈한 지 오래다. 땅을 그냥 두지 않고 일구어 작물을 경영하는 것이 어찌 평생 농사를 천직으로 알고 살아온 이들의 잘못이겠는가. 그것은 우리 민족의 본능이니 그들을 탓할 일이라고는 생각지 않는다. 오히려 미처 그러한 마음을 헤아리지 못한 우리 모두의 잘못은 아닐지 돌이켜봐야 한다. 당장 내일의 끼니를 걱정하고 자식의 학비를 염려하며 논밭을 일궈온 사람들에게 문화와 역사를 앞세워 무턱대고 땅을 내놓으라거나 농사를 짓지 말라는 것은 터무니없는 요구다.

그이는 지난 5월의 일을 떠올리면서는 목에 핏대까지 세우면서 흥분했다. 중장비까지 동원되는 대규모의 도굴이었건만 주민들은 그것이 무엇을 하는 것인지 전혀 알지 못했다. 오히려 밭에 박혀 있어 성가시기만 했던 주춧돌이며 장대석을 치워주고 있으니 농사짓는 데 불편한 것들을 말끔하게 정리해주는 것이 아니겠는가 하며 내심 고맙게 여기기까지 했다고 한다. 주민의 입장에서는 밭의 경작을 위해 치워야 하는 돌이 산더미였는데 말끔히 치워주니 얼마나 고마운 일이었겠는가. 그것도 장비까지 동원해서 재빨리 일을 하니 더욱 고맙지 않았겠는가. 오히려 독려를 하면 할 일이지 마다할 일이 아니었다.

　복원 운운하지 않더라도 그곳이 호남 제일의 사찰이었던 곳이라는 행정적인 파악이 되었더라면 차근차근 인근 주민들을 교육시킬 수는 없었을까 하는 아쉬움이 너무도 크다. 행정력이 미치지 않으면 마을 주민이라도 교육을 시키고 자긍심을 심어주어 보존을 위한 지킴이 역할을 맡겼어야 하지 않았겠는가 말이다. 그것이 한심한 것이다. 총지사라는 절이 있었으며, 그 절이 호남 일대에서 가장 정교하게 지어졌던 것이라는 점을 행정당국이 간과하고 있었던 것이니까 말이다. 결국 주민들이 욕을 먹거나 어이없는 일을 당해야 할 것이 아니라 행정당국이 그 책임을 고스란히 져야 할 판이다.

　한편 한심한 것은 도굴꾼들이 훔친 것을 구입하는 사람들이다. 그들은 도굴꾼들이 파간 돌을 비싼 돈을 주고 구입해 고작 집을 짓는 데 사용하거나 마당에 늘어놓는다. 자신의 솜씨로 자기가 살 집을 가꾸지 못해 오래 묵은 것들에게서 세월을 빌리거나 옛사람들의 솜씨를 빌려 마치 자기의 것인 양 과시하려는 얄팍한 생각이다. 한번 생각해보라. 그런 것들을 구입하려는 사람들이 이 땅의 민초들이겠는가? 아니다. 그렇다면 중산층들이겠는가? 그것도 아니다. 그래도 스스로 꽤나 행세한다고 하는 사람들일 것이다. 적어도 주춧돌을 비롯한 석물들을 들여 놓으려면 마당이 번듯한 집이라도 있어야 할 테니까 말이다.

　심지어 무덤에서 훔쳐온 것들을 마당에 버젓하게 세워놓은 우스꽝스러운 꼴을 본 적이 한두 차례가 아니다. 남의 무덤 앞에 서 있던 장명등長明燈이나 석인상 또는 동물상들을 자신의 정원을 밝히는 석등으로, 그것도 집을 드나드는 사람들을 빤히 쳐다보게 놓아두었으니 코웃음도 나오다가 옆으로 피식거리며 샐 일이 아닌가. 이런 한심한 안목이 빚어내는 작태로 자신을 돋보이게 하려는 것은 아무래도 돈이 고여서 썩어나거나 아니면 무지해 알지 못하거나 둘 중 하나다.

아직도 도굴이 성행한다는 것은 여전히 수요가 있다는 말이다. 하다 하다 이제는 주춧돌이나 장대석까지도 파가는 세상이 되었다. 아마도 주춧돌들은 정원의 근사한 돌의자가 되었거나 한옥을 짓는 사람들이 자기 집의 주춧돌로 삼았을 것이다. 장대석은 계단이나 꽃밭의 경계석 정도, 그것도 아니라면 어루만지기 좋은 그 닳고 닳아 반질반질한 면으로 주인들의 삶을 위안이라도 해주고 있는 것일까.

사람이나 사물이나 지켜야 할 제자리가 있다

나 또한 도굴꾼과 같은 부류의 인간으로 취급당한 적이 있다. 그것도 이름 대면 누구나 알 만한 내로라하는 어느 노미술사가로부터였다. 신문 연재를 하고 있을 때였다. 어느 날 걸려온 전화는 나처럼 이렇게 절터나 마애불을 찾아다니며 사진을 찍고 글을 써대고 하는 짓이 도굴꾼들에게 얼마나 많은 정보를 주는 것인 줄 아느냐고 나무라는 내용이었다. 더구나 어떤 한 사람을 지목하며 밀리언셀러가 된 그 사람의 책 때문에 이 땅은 도굴범들의 천국이 되었고 무수히 많은 유물들이 도굴꾼들의 손에 의해 사라졌다는 것이다. 무슨 날벼락 같은 소리인가 싶어 어이가 없기도 했거니와 어안도 벙벙했지만, 도굴이라는 것이 심각한 지경에까지 이르러 촉각이 곤두섰기 때문이라 여기고 말았을 뿐 대꾸

하지 않고 그저 웃기만 했다. 하지만 전화를 끊고 난 후, 내가 도굴꾼들의 정보통으로 전락해버린 것에 대해서는 심히 불쾌했고 유감이었다.

그러나 노미술사가의 말처럼, 알지 못하는 곳에서 이루어지는 도굴이 심각한 지경인 것은 사실이다. 현장을 다니다보면 쉽게 알 수 있는 일이다. 눈에 띄는 대로, 닥치는 대로 집어가는 것 같았으며 점점 더 과감해져 무인지경인 곳이 아니더라도 들이닥치는 일이 비일비재했다. 그러나 보다 더 큰 문제는 그렇게 사라져간 것들은 장기간 세상 밖으로 나오지 않는다는 사실이다. 누구나 공유해야 하는 것들이 한 개인의 소유물로 침잠하고 마는 격이다. 더구나 이미 소문난 것들일 테니 더욱 깊숙한 곳으로 들어가 소유주 자신만이 즐길 뿐 세상에 나오지 못하는 것은 빤한 일이다.

뻔뻔스러운 경우도 있다. 대개 그림 작품은 꼬깃꼬깃 접지 않는 법이다. 만약 내게 큰 그림이 있는데 미처 표구나 액자를 하지 못할 상황이라면 둘둘 말아놓을 뿐 접어놓지는 않을 것이다. 누가 시키지 않더라도 그림이 그려진 면이 상하도록 접지 않는 것은 본능이며 상식에 가까운 일이다. 부처님의 세계가 그려진 불화일 경우에는 더욱 그러할 것이다. 그런데 묘하게도 수 미터가 넘는 대형 불화들 중 상당수가 접혔던 자국이 고스란히 남아 있는 경우가 있다. 왜 그랬을까? 주로 비단에 그린 그림들이고 그린 지 오랜 세월이 지나 채색 염료 또한 상했을 것이지만, 그 손상을 감내하고서라도 구태여 접어야 했던 까닭 말이다. 혹시 접어놓으면 부피가 말아놓을 때보다 작아지기 때문은 아닐까? 부피가 작으면 보관하기에도 용이할뿐더러 운반하기에는 더욱 편리할 것이다.

불화들의 경우 하단의 모서리 부분에 화기畵記를 적는 것이 일반적이다. 화기는 대개 어느 절에서 언제 무슨 까닭으로 누가 그렸으며 또 누가 시주를 한 것인지에 대한 내용들이 적혀 있다. 그러나 유독 화기가 잘려나간 불화들이 눈에 띄는 것은 무슨 까닭일까? 간혹 뉴스에서 모 사찰에서 탱화를 비롯한 진영과 같은 그림들이 도난당했다고 할 때, 어김없이 칼로 도려내서 가져갔다고 하니 이 무슨 우연의 일치인가. 하지만 그들은 표구를 하면서 화기 부분이 접힌 것이라고 말한다. 그 표구장이 어지간히 솜씨 없는 사람임이 분명하다. 그림의 내용을 잡아먹었으니까 말이다. 표구를 할 수 있는 여백조차 남겨두지 않고 종이나 비단의 끝을 바투 잡는 경우는 드물기에 아이러니한 것이다.

나말여초 구산선문 중 성주산문聖住山門을 공부할 때였다. 개산조인 무염선사의 제자인 대경대사大鏡大師 여엄(862~930)의 탑비와 부도탑를 봐야겠기에 수소문해보곤 어이없음에 웃음을 지은 적이 있다. 그 부도탑이 감리교 계열의 선교사였던 스크랜턴(William Benton Scranton, 1856~1922) 부인이 세운 서울의 한 여자대학교에 있었기 때문이다. 그러나 많은 사람들이 볼 수 있는 학교 내 박물관이 아닌 총장 공관에 고이 모셔졌으니 의아한 일이었다. 더구나 그것을 보겠다고 해도 총장 비서실에 가서 허락을 받으려면 까다롭게 굴어서 그저 밖에서 바라보고 말았던 적이 있다.

기독교 계열의 학교 총장이 머무는 공관의 마당에 부도탑이 있는 것은 잘 이해가 되지 않는다. 불교마저 끌어안으려고 했던 포용심이 컸던 것일까, 아니면 조경용이었을까. 앞의 일이라면 다행이지만 그렇다고 해도 모든 사람이 자유롭게 볼 수 있는 곳에 두는 것이 옳은 일이다. 만약 조경용이었다면 크게 실수를 한 것이다. 본디 절에서도 부도는 마당 앞에 두지 않는 법이기 때문이다.

가만 생각해보라. 절 마당에서 부도탑을 본 적이 있는가. 부도탑은 스님들의 사리와 유골을 담은 탑이다. 그렇기에 절의 입구 한쪽이나 뒤편에 두지 않던가. 그럼에도 공관의 창을 열면 잘 가꾼 소나무 곁에 있는 그것이 한눈에 들어오게 두었으니 이런 것을 뭐라 해야 하는가. 어이없는 일이 아닐 수 없다.

이처럼 능글능글 시니컬하게 말하는 까닭은 그들이 공용의 자산을 사유화했음에도 떳떳하게 굴기 때문이다. 그들은 변명하기를, 자신들이 아니었으면 영영 사라지고 말았을 문화유산을 자신의 돈을 들여서 막았다는 얼토당토않은 이유를 댄다. 그래도 자신만큼 안목 있는 사람이 구했으니까 망정이지, 그렇지 않았다면 어찌 되었을지 모를 일이라는 반협박조의 발언도 서슴지 않는다. 따지고 보면 아주 틀린 말도 아니다. 모든 일에는 역기능과 순기능이 동시에 존재하니까. 그 때문인가? 그들은 간혹 자신만만하게 전시도 한다. 어떻게 그것을 가지게 되었느냐는 과정보다는 지금 현재 내가 가지고 있다는 결과만을 용인하는 사회 풍조가 이런 일들을 허락하는 것이다. 나라 간에도 이러한 일들이 벌어져 우리의 문화유산이 외국의 박물관이나 도서관에 버젓이 전시되어 있는 경우도 허다하다. 그러나 이제는 구한말 일제강점기에 서구열강들이나 일본에게 강탈당한 문화재들을 하나씩 돌려받고 있지 않은가.

사람이나 사물이나 제자리에 있다는 것은 무엇보다 중요하다. 제 분수를 알고 제자리를 지키는 것이 쉽지 않기 때문에 그 자리에 있는 사람이 돋보이는 것이다. 들꽃 한 포기도 제자리가 있는 법이거늘, 하물며 문화재나 문화유산인들 그렇지 않겠는가. 오래 묵은 것들이 만들어내는 특유의 뉘앙스는 매우 유혹적이어서 나 또한 좋아한다. 하지만 그 욕망을 절제하는 것이야말로 진정 전부를

전남 민속자료 제23호로 지정된 총지사지 돌장승이다. 수염이 길게 달린 할아버지임에도 키는 145센티미터에 불과하다. 그러나 맷집 하나는 전국 돌장승 중 둘째가라면 서러울 만큼 좋게 생겼다.

가지는 것이다. 내가 지니고 있지 않다고 해서, 내 것이 아닌 것은 아니다. 오히려 더 많은 사람들이 공유할 수 있으니 절제야말로 진정 사람이 할 일이다.

민간신앙과 불교의 만남, 돌장승

내게 하소연을 늘어놓던 그 또한 속이 상해 마음은 잔뜩 찌푸렸지만, 돌아서려고 하자 여느 촌부와 다름없이 미소를 아끼지 않았다. 마치 조금 전 법천사 오르는 길에 만났던 그 돌장승의 얼굴처럼 말이다. 발굴과 보존 그리고 생업의 갈래를 잘 조율하기를 바랄 뿐, 내가 더 이상 해줄 수 있는 일이 없으니 크게 웃으며 인사를 드릴 뿐이었다.

그것으로 마을을 떠난 것은 아니었다. 절터로 향하며 그냥 지나쳤던 총지사 들머리를 지키고 서 있는 돌장승 앞에 섰다. 할머니장승 위로는 분홍빛 목백일홍이 닫집처럼 걸쳤고, 할아버지장승은 무슨 일이 있었냐는 듯이 눈을 동그랗게 뜨고 있다. 앙다문 입술로 미루어 고집이 여간 아닐 듯했다. 법천사 오르는 길의 장승과는 너무나 다른 모습이다. 법천사 길목의 돌장승이 수더분하며 느긋해 보인다면, 총지사 들머리의 그것은 다부지고 똘똘해 보인다. 더구나 할머니장승은 이마에 백호까지 새겼다.

이렇듯 장승은 사찰에 따라, 마을에 따라 다르다. 그것은 사찰에 살던 스님들이 서로 다르고 마을에 사는 사람들이 서로 달랐기 때문이다. 지금은 마을이어서 마을장승인 것처럼 보이지만, 이곳에 총지사가 그 위세를 떨칠 때를 상상해보면 마을 전체가 곧 총지사의 사역이었다. 그렇다면 이 돌장승 또한 마을의 것이 아니라, 사찰 입구에 세웠던 호법장승의 역할을 했던 것으로 봐야 한다.

부처님도 신앙의 대상이며 장승 또한 신앙의 대상이지만, 부처님은 시대와 섬기는 경전에 따라 그 모습이 달라지고 장승은 마을에 따라 그 생김이 나뉜다. 장승은 본디 마을의 안녕을 위해 마을 사람들이 힘을 모아 동구에 세웠던 것들이다. 그러니 누구를 따를 것도 없고 마을 사람들이 그 모습을 정해 만들면 그만이었다. 또 그것은 분명 신앙이긴 하지만, 입에서 입으로 전해지는 민간신앙이기에 정형이 없어 그 모습이 천태만상이다. 전국에 흩어져 있는 장승들을 모두 찾아다녀보라. 그 어느 곳에서도 고약하거나 악하게 생긴 것들을 만나기가 쉽지 않다.

인도나 중국 그리고 일본이나 우리나라에 계신 그 많은 부처님들 중, 유독 우리나라의 부처님만 그토록 아름다운 미소를 짓고 있는 것은 왜일까? 그것은 우리 옛사람들의 마음이며 그 순박한 마음이 고스란히 배어 있기 때문이다. 장승 또한 다르지 않다. 불상은 그 상호나 자세와 같은 것들이 정형화되어 있지만 장승의 경우에는 그런 것이 없다. 있다면 부릅뜬 퉁방울눈과, 남자의 경우 턱 아래에 달린 채수염과 밖으로 삐져나온 송곳니 정도다. 하지만 반드시 그렇게 해야 하는 것은 아니다. 다만 같은 것은 얼굴만 강조해 조각하고 몸체는 밋밋한 돌기둥 그대로를 두되, 거기에 장승의 역할을 알리는 글씨를 새기는 정도다.

장승의 제작에는 마을의 솜씨 있는 사람이 달려들었을 것이며 마을 어른들이나 주민들의 온갖 참견과 훈수를 참고해 만들었을 것이다. 따라서 돌장승은 오로지 민중들의 솜씨로 빚어놓은 그들 자신의 얼굴이며 마음이다. 곧 마을 사람들의 마음과 돌의 만남이라고 봐야 한다. 얼굴을 새기는 사람은 마을에 따라 불상을 새겼던 장인일 수도 있다. 다행히 마을에 불상을 새기는 일에서 손을

수염이 없으니 할머니를 표현한 것일 텐데 이마에 백호도 있고 키도 172센티미터나 된다. 쌍계사터나 불회사 그리고 운흥사의 돌장승이 형식적인 관제미술 같아 보인다면 이곳의 돌장승에게서는 민중미술의 기운이 강하게 느껴진다.

놓은 이가 있었다면 당연히 그 솜씨를 장승에 부리지 않았겠는가. 그렇다면 그 마을의 장승은 다른 마을에 견줄 수 없을 만큼 빼어났을 것이니, 마을마다 그 새긴 수준이 전혀 딴판인 까닭이다.

　절집에서는 불법을 지키려는 의미에서 돌장승이나 목장승을 들머리에 세우기도 했다. 하지만 그보다는 절에 찾아오기를 저어해하던 사람들을 위해 마을 동구의 그것과 같은 장승을 만들어 친근감을 주려 했던 것일 수도 있다. 마치 산신각이나 칠성각이 절집 안에 하나의 전각으로 자리 잡았듯 말이다. 그것을 따로 호법장승이라 부르며 마을장승과는 달리 부처님 미간의 백호를 장승의 미간에도 새겼던 것이다. 아침에 들렀던 법천사의 돌장승도 그러한 연유이며, 남원의 실상사 돌장승도 이와 마찬가지다. 그러니 이것은 불교가 민간신앙과의 만남을 통해 대중들에게 절집을 드나드는 거부감을 없애려 한 방편이자, 다시 그것을 절의 가장 바깥에 세워 외호신장으로서의 기능도 겸하게 한 지혜의 산물로 봐야 한다. 말하자면 기존의 신앙 형태를 아우르며 대중들에게 좀더 가까이 다가가려 했던 불교의 고민이 배어 있는 흔적이며, 민간신앙과 불교가 습합된 모습을 보여주는 것이기도 하다.

　멀리 남도까지 절터를 찾아나선 길에 부처님은 만나지 못하고, 당골이 내놓는 애절한 소리에 젖고 절터 주변 주민들의 푸념을 듣고 길섶에 서 있는 돌장승과 이야기를 나눈 꼴이 되고 말았다. 그러나 부처님을 만나지 못했다고 해서 헛걸음을 한 것은 아니다. 정작 속 깊게 들여다본 것은 불교가 저 홀로 모나지 않고 민중들이 섬기던 기존의 신앙을 끌어안으며 정착을 꾀하려 한 모습이다. 21세기를 살아가는 우리들에게도 절실하게 필요한 모습이다. 종교 간의 화합은 당대를 살아가는 사람들이 풀어야 할 가장 큰 숙제이기 때문이다. 그 실마리를 찾고 풀며 다시 꿰나가는 일이야말로, 인류의 평화와 미래를 담보하는 것이다. 언제 날을 받아 당골네를 불러서는 스러졌다가 다시 일어서기를 거듭하다 끝내 사라져버린 절터를 위해 씻김굿이라도 해야 하는 것인가. 아니면 스님네를 모셔다가 수륙제水陸齋라도 벌여야 하는 것인가. 공부방으로 향하는 발길이 천근만근이다.

"묵고 살라고 안 그랬소, 땅이라도 파 묵어야지."

그렇게 총지사터를 다녀온 4년 뒤, 다시 그곳을 찾았다. 이번에는 영광 읍내에서부터였다. 엷은 안개가 대지를 뒤덮은 가을, 오래된 기억을 더듬어 영광읍 월평리와 단주리에 걸쳐 있는 3층석탑과 당간지주를 찾아나섰다. 월평사月坪寺가 있었다고 전하는 들판은 예전과는 달리 길이 돋우어진 때문인지 둘로 완연하게 나뉘었다. 그러나 당간지주와 3층석탑이 이렇듯 길 하나를 사이에 두고 있으니 둘 모두를 한 사찰의 석조 유물로 봐도 좋지 않을까? 하지만 법다배미로 불리는 당간지주가 있는 들판에는 따로 천작사天作寺가 있었다고 전하기도 한다.

대개 당간지주幢竿支柱는 지주만 남아 있고 간이 남아 있는 경우는 흔치 않지만, 이곳에는 비록 상단부가 부러지기는 했지만 당을 내걸었던 간도 함께 남아 있다. 더구나 돌로 만든 간이어서 흔히 보기 힘든 것이다. 당을 걸었던 간은 나무나 돌 그리고 쇠로 만든 것들이 대부분이다. 그중에서도 길고 굵어야 하는 간의 형태상 나무로 만든 것이 주류를 이루었지만, 쇠나 돌로 만든 것들도 있다. 하지만 돌 또한 부러지기 쉬워 여태 남아 있는 것은 그나마 잘 부러지지 않는 쇠로 만든 것들이 대부분이다. 쇠로 만든 경기도 안성의 칠장사 들머리와 청주시 남문로에 있는 국보 제41호 용두사지 철당간 그리고 보물 제256호로 계룡산 갑사에 있는 철당간이 대표적이며, 이곳처럼 돌로 만든 석당간은 보물 제505호인 담양읍 석당간과 보물 제49호인 나주 동문 밖의 것이 유명하다.

아직 해가 비치지 않은 새벽임에도, 당간 근처의 텃밭에는 배추를 돌보러 나온 노보살 한 분이 있었다. 무람없지만 살갑게 말을 건넸더니 배추에 붙어 있는 달팽이를 잡으러 나왔다고 한다. 잎을 갉아먹는 달팽이들이 해가 뜨면 숨어버리고 말아 도무지 잡을 수가 없어 이렇듯 서둘러 나왔다는 그이는 스물한 살에 이곳으로 시집와서 꼬박 50년을 살았다. 그것도 같은 자리에서 말이다. 그이에게 옛날 당간지주의 모습이 어땠냐고 물으니, 먼저 길 건너에 있는 탑 이야기부터 풀어놓너니 옛날에 이곳에 큰 절이 있었는데 알고 왔냐며 설명이 장황하다. 당신이 시집왔을 때에는 당간 끝에 쇠로 만든 둥근 가락지 같은 것이 끼워져 있었다고 했다. 담양 읍내리 석당간에 붙어 있는 그런 형태의 것이었을까? 그러나 밤새 바람이 거세게 불던 다음 날, 날이 밝아 밖에 나와 보니 그 가락지가 간데없이 사라졌다고 하는 것이 아닌가. 새벽부터 웬 농을 치냐고 했더니, 당신이 바로 이 당간 곁에서 50년을 살았는데 그걸 모르겠느냐고 웃음 섞인 타박을 했다. 바람에 날아갔다는 것은 그렇다 치더라도, 이 석당간에도 담양의 그것과 같이 상륜부가 매달려 있었다는 사실이라도 알았으니 그만하면 됐다. 건강하시라는 말 한마디 남기고 길을 건넜다.

하지만 차마 선뜻 다가서지 못했던 것은 옹색하게 남아 있는 3층석탑이 탑

영광에 드물게 보는 돌당간이 있다. 지주는 온전하나 당간은 1945년 태풍에 부러졌다.

곁의 폐창고와 함께 을씨년스러운 풍경을 자아냈기 때문이었다. 기단 면석을 잃어버려 기단부가 휑하니 뚫려 있기도 할 뿐더러, 몸돌이나 지붕돌마저도 삐뚤빼뚤 올라앉은 것이 안쓰럽기까지 했다. 그러나 한편 감사하기도 했다. 이렇게라도 자리를 지키고 있으니 말이다. 풍상에 닳고 닳은 돌들이 내놓는 묵은 느낌은 나무나 쇠의 그것과는 달리 아주 강렬해 더욱 쓰리다. 새벽이슬을 신발에 잔뜩 묻히고 서서는 삭아가는 돌탑을 한동안 어루만졌다. 거칠고 예리한 돌의 질감에 손끝이 에일 것만 같았지만, 흔적도 없이 스러져간 절터에서 홀로 삭아가는 돌탑에게 할 수 있는 진한 경배의 몸짓이기도 했다.

마음이 쓸쓸해 오래 머물지 못하고 훌쩍 떠나 다다른 곳은 군남면 설매리 미륵골의 불두佛頭 앞이었다. 막 햇살이 비쳐들기 시작한 불두가 서서히 표정을 드러내는 동안 숱한 생각에 사로잡혔다. 이토록 후미지고 좁은 골짜기에 이처럼 큰 불두가 조성될 수 있었던 것은 흔치 않은 일이기 때문이다. 설매리 서고마을 뒤편의 미륵골은 넓지 않은 골짜기다. 더구나 불두는 높고 가파른 경사면에 놓여 있어 참배하기도 쉽지 않은 위치다. 그만한 자리에 있다면 당연히 그를 바라볼 수 있을 만큼 거리가 떨어져야 하는데 그렇지 않았다.

그 형태는 더욱 난감했다. 자연석 위에 그저 불두만을 따로 깎아 올려놓은 것이었다. 아직 나라 안의 마애불이나 노천불을 모두 다 보지는 못했지만, 이런 경우는 처음이다. 이와 유사한 경북 봉화의 봉성리 마애불은 땅에 박힌 자연석에 몸체와 수인을 새기고 불두는 따로 만들어 올린 것이지만, 이곳은 자연석에 아예 아무런 조식을 하지 않았다. 앞서 말한 봉성리 마애불과 같은 형태는 나라 안 곳곳에서 만날 수 있다. 이처럼 자연석에 불두를 따로 올렸지만 불

영광군 군남면 설매리에 있는 불두다. 자연석에 불두만 깎아서 올려놓았다. 대개 이처럼 자연석에 불두를 올리는 경우는 요철凹凸을 만들어 고정시키지만 그 모습을 자세하게 볼 수 있는 곳은 드물다. 하지만 이곳에서는 볼 수 있다. 이처럼 자연석 위에 불두만을 다른 돌로 조각해 올려놓는 경우는 볼 수 있지만, 몸체에는 아무런 조각을 하지 않고 불두만 올려놓은 경우는 드물다.

두는 사라지고 자연석만 남아 있는 곳은 경북 영주 강동리의 마애보살입상이 있다. 그러나 그곳 또한 몸체를 이룬 자연석에 목 아랫부분이 새겨져 있으며, 그곳과 가까운 안동의 제비원 석불이나 경기도 광탄의 용미리 석불 또한 몸체가 새겨져 있기는 마찬가지다. 내 일천한 공부로는 가늠이 되지 않는 것이기에 더욱 난감했다.

볕이 들수록 점차 드러나는 표정 하나만은 압권이었다. 근엄하지만 인자하고 장중한 무게감으로 인해 불두 말고는 눈에 들어오지 않게 하는 묘한 매력이 있었다. 이 불두를 조성하던 이들이 그 점을 노린 것일까? 얼굴 하나만으로도 몸의 모든 것을 표현해버리려는 과감한 시도 말이다. 자연석과 불두의 비례가 서로 맞지 않아 조금 불편한 것을 빼면, 눈앞의 불두는 그저 불두만이 아니라 부처님 그 전체였다. 지긋하게 감은 눈이며 적당한 비례의 알맞은 코와 세련된 입매 그리고 길게 늘어진 귀까지, 허튼 구석 하나 보이지 않는 조각 솜씨가 빼어나다. 그로 미루어 통일신라 후기에서 고려 초기에 조성된 것이 아닐까 하는 생각을 했다. 아직 지방화된 양식이 얼굴에 두드러지게 드러나지 않기 때문이다. 언뜻 불두만을 조성하고 그 나머지는 여력이 되지 않아 새기지 않은 것은 아닐까 생각하기도 했지만, 가지고 간 사다리에 올라가 살펴보니 자연석과 불두는 요철凹凸의 형태로 고정되어 있었다. 이는 미리 계획하고 불두만을 조성해 견고하게 올려놓으려 했다는 말이 된다.

의문은 풀리지 않았지만 다시 길을 나섰다. 묘량면 신천리에 있는 이흥사 터利興寺址의 3층석탑과 부도는 눈여겨보지 못했다. 황금빛으로 물든 논과 논틀마다 가득 피어난 억새가 순한 아침 볕에 더없이 찬란하게 빛났기 때문이다.

마을을 지나 고갯마루에 있는 석탑 앞에 다다라서도 한눈에 보이는 농익은 가을 논밭의 아름다움에 취했을 뿐이다. 이처럼 가을에 취한 것은 이흥사터를 떠나서도 마찬가지였다. 총지사터로 가기 위해 불갑사 언저리를 지나치다가 허둥지둥 자동차를 세운 까닭은 무심하게 바라본 차창 밖으로 더없이 아름다운 가을 풍경이 펼쳐졌기 때문이었다. 아름다웠다. 무심히 지나치는 길섶에 펼쳐진 것이기에 더욱 고마웠다. 자칫 그냥 지나쳤을지도 모를 풍경이지만, 인연이란 참으로 묘하다.

그 인연은 총지사터에 다다라서도 이어졌다. 너덧 차례 총지사터를 찾았건만, 정작 만났어야 할 마을 어른 중 한 분을 뵙지 못하고 돌아서곤 했었다. 오늘도 가을걷이가 한창인 때여서 틀렸나보다 싶었는데, 자동차를 세우고 절터를 향해 걷는 순간 그이가 집 앞에 서 있는 것이 아닌가. 올해 여든 고개를 넘는 윤씨 할아버지였다. 총지마을에서 태어나 줄곧 그곳에서 살아온 이였으니, 절터에 대해서 누구보다 잘 알고 있을 것만 같았다.

아니나 다를까, 가는귀를 잡수신 어르신은 내 말을 잘 알아듣지도 못하면서도 절터 이야기를 하는 줄 알고는 옛날이야기를 풀어놓았다. 당신의 어린 시절만 하더라도 지금 절터 자리에 건물이 남아 있어 마을 어른들이 그곳에 모여 놀기도 했다는 것이다. 골짜기 깊숙한 곳까지 암자며 절터가 산재했다는 이야기도 보탰다. 또 일제강점기에는 주재소에서 나온 일본인들이 절터에서 작은 금부처를 하나 주워갔는데 그들도 인간인지라 그냥 가져가지는 못하고 소 한 마리를 사주고 가져갔다고 했다. 그 이야기를 끝으로, 힘들어 더 이야기하지 못하겠다며 들어가고 말았다.

이렇듯 또 한 더미의 이야기를 듣고 돌아서는 길에 자꾸만 윤씨 할아버지가 한 말이 생각났다. 내가 물었다. "어르신, 옛날에는 그래 좋았는데 지금은 절터에 아무것도 없잖아요. 왜 이렇게 되었대요?" 그이는 쑥스러운 웃음을 머금은 채 말을 내놓았다. "묵고 살라고 안 그랬소. 경제가 허약하니 어쩔 것이오. 땅이라도 파 묵어야지…."

무안 총지사터

　　전남 무안군 몽탄면 대치리의 총지사터로 가려면 먼저 서해안고속도로 무안 나들목으로 나가야 한다. 무안읍 방향으로 300미터쯤 가다가 첫 삼거리에서 16번 도로로 좌회전한다. 몽탄면 소재지를 지나 일로 방향으로 3킬로미터 남짓 가면 대치마을로 들어가는 삼거리다. 우회전해 1킬로미터가량 들어가면 길섶 양쪽에 돌장승이 있다. 대치리 노인회관이 있는 넓은 곳에 자동차를 세우고 오른쪽을 바라보면 왼쪽 산기슭 아래가 절터다. 공터에서 절터까지는 500미터 남짓 가면 된다.
　　절터에는 축대만 남아 있을 뿐 주춧돌 자리조차 가늠하기가 쉽지 않다. 전에는 주초석 18개가 가로 90미터, 세로 80미터의 크기로 서로 연결되어 있어 전각이 있었음을 알려주었지만, 지금은 그 흔적조차 사라져버렸다. 전남 민속자료 제23호인 돌장승은 마을에서 큰 길로 나오는 방향을 기준으로 왼쪽이 할아버지, 오른쪽이 할머니다. 사찰 앞에 나무나 돌로 만든 장승을 세운 예는 남도 땅에 허다하다. 나무로 만든 것은 국립민속박물관에 전시되어 있는 지리산 쌍계사의 그것과 함양 벽송사, 선암사의 것이 널리 알려져 있다. 돌로 만든 장승은 남원의 실상사, 나주의 운흥사와 그 이웃한 불회사, 영암 쌍계사터의 그것이 대표적이다. 이곳의 장승 중 할아버지는 높이 145센티

9장　무안 총지사터 · 359

승달산 남쪽에 총지사가 있었다면 북쪽에는 법천사法泉寺가 있었다. 법천사는 아직 법등을 꺼뜨리지 않고 이어가고 있는 곳이다. 그곳으로 가는 길, 산길 들머리에서도 돌장승을 만날 수 있다. 들어가는 길 오른쪽에 있는 할아버지다.

미터에 폭 95센티미터며, 할머니는 높이 172센티미터에 폭 85센티미터이고 이마에 백호가 있다.

    총지사는 그 이름에서도 알 수 있듯이 밀교적 성향이 강한 사찰이었을 것으로 추정된다. 인근의 법천사를 신라 성덕왕 때인 725년 서역 금지국金地國의 정명淨明스님이 세웠다는 이야기가 전하는데, 총지사도 그 무렵에 창건되었을 가능성이 크다. 목우암은 고려 원종 5년(1264) 원나라의 원명圓明스님이 세웠다고 하는데 총지사의 소 한 마리가 그곳으로 건너온 꿈을 꾸고는 세웠으니, 이미 그 이전에 총지사가 있었다는 이야기가 된다. 간다라 지역인 금지국과 원나라의 스님이 이곳을 찾은 까닭은 서해안이라는 지역적 특성 때문일 것으로 짐작된다. 또 산 이름이 승달산僧達山이 된 것

법천사의 할머니장승이다. 법천사를 외호하는 장승들은 다른 곳과는 달리 이마에 백호가 없다. 더불어 생김새 또한 수더분해 호법장승이 아니라 마을 장승과도 같은 느낌이다.

은 원명의 제자 500여 명이 그를 찾아 이곳으로 와서 수행을 하며 깨달음을 이루었기에 붙여진 것이니, 당시 서해안 지방과 다른 나라들 간의 교류를 어림으로나마 짐작해볼 수 있는 근거가 된다.

총지사의 창건은 모호하지만 고려 현종 7년(1016)에 화재로 소실되어 지금의 자리로 이건했으며, 임진왜란 당시 폐찰이 된 것을 다시 복원했다. 그러나 조선 순조 10년(1810) 무렵에 다시 불타서 사라져버리고 말았다. 다시 불타버린 까닭은 명당으로 소문난 총지사 뒷산에 충청도 현감을 지낸 임면수(1781~1843)가 아버지인 임관진의 묘를 썼기 때문이다. 절 뒤에 묘를 쓰자 스님들이 이를 반대했고 그러자 임씨 문중에서 절집을 불태워버렸다는 이야기가 전한다. 참으로 어이없는 일이다. 더 어이없는 일도 있다. 당시 호남에서 제일 정교하기로 소문났으며 사찰에 딸린 암자가 9개소, 승려의 수가 800여 명에 달했으며 승방이 200칸이 넘었다는 대찰이 19세기 초에 사라졌음에도 불구하고, 그 사실에 대한 정확한 기록은 물론 사찰에 대한 정보가 거의 남아 있지 않다는 것이다. 절터는 2009년 1월, 목포대학교박물관에 의해 발굴 조사가 이루어졌다.

월평리와 단주리는 서로 붙어 있고 영광 읍내에서 5분 남짓한 거리다. 이곳에 가려면 영광종합병원을 찾으면 된다. 읍내에서 23번 도로를 따라가다가 병원삼거리에 다다라 계속 50미터 정도 더 가면 길가에 자동차를 세울 수 있는 공간이 나온다. 그 오른쪽에 전남 유형문화재 제153호인 당간지주가 있고, 길 건너 왼쪽에는 3층석탑이 있다. 유형문화재 제230호인 군남면 설매리 불두는 읍내에서 808번 도로를 따라 가면 된다. 대략 15분 정도 걸리며 설매리 서고마을을 찾아가야 한다. 마지막 집에 다다르면 주차장처럼 넓은 공간이 있고 그 위로 좁은 시멘트 길이 나 있는데, 그곳으로 100미터 남짓 오르면 된다. 승용차로 갈 수도 있다.

이흥사터는 보물 제504호로 지정된 영광 신천리 3층석탑으로 알려졌다. 묘량면 신천리는 다시 영광읍으로 돌아오다가 읍내 못미처에서 22번 도로를 따라 우회전해 가면 된다. 대략 11킬로미터 정도 거리에 있으며 마을에 다다르면 이정표가 나온다. 신천리 3층석탑에서 총지사터로 가는 길은 23번 도로를 따라 불갑사를 지나 함평 나들목에서 서해안고속도로로 올라가야 한다. 고속도로를 따라가다가 무안 나들목이나 일로 나들목으로 나가면 된다.

마음과 짝하지 마라,
자칫 그에게 속으리니

1판 1쇄 펴냄 2012년 4월 9일
1판 2쇄 펴냄 2013년 2월 12일

지은이   이지누
펴낸이   정혜인
편집   배은희 천경호 성기승
디자인   윤종윤 문성미
책임 마케팅   심규완
마케팅   안정원
온라인 마케팅 김희숙 김상만 이원주 한수진
제작처   미광원색사(인쇄) 한영제책사(제본)

펴낸곳   (주)알마
출판등록   2006년 6월 21일 제406-2006-000044호
주소   (우)413-756 경기도 파주시 문발동 파주출판도시 513-7
전화   031) 955-8888(판매) 031) 955-3565(편집)
전송   031) 955-2557
전자우편   alma@munhak.com
트위터   @alma_books

ISBN 978-89-94963-31-0 03900
     978-89-94963-32-7 (세트)

이 책의 내용을 쓰고자 할 때는 저작권자와 (주)알마의 허락을 받아야 합니다.

(주)알마는 문학동네 출판그룹의 인문 교양, 교육 비평, 어린이·청소년을 위한 고전 부문의 계열사입니다.
살아 숨 쉬는 인문 교양, 대안을 담은 교육 비평, 오늘 읽는 보람을 되살린 고전을 펴냅니다.